쉽게 풀어 설명한

중국문학 48제

이철리 지음

中國文學 48題

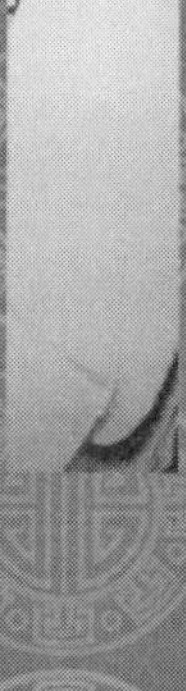

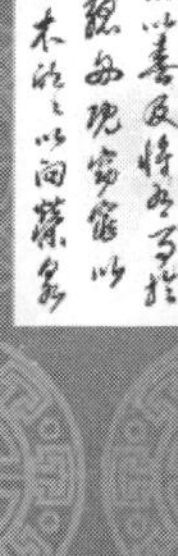

신아사

머리말

이 책은 중국문학의 기본적인 사항들을 개괄적으로 풀이 설명함으로써, 독자들이 중국문학의 중요 사항들을 쉽게 이해하고 나아가 전체적인 중국문학의 흐름을 제대로 파악하는 데 도움을 주고자 하는 취지에서 집필되었다.

필자는 그 동안 대학 강단에서 『중국문학사』·『중국문학개론』 등의 강의를 맡아 오면서, 학생들에게 망망대해茫茫大海와도 같은 중국문학의 세계를 어떻게 하면 보다 더 쉽게 이해시킬 수 있을까 고심해왔다. 사실 대학에서의 『중국문학사』나 『중국문학개론』 등의 강의가 시간적인 제약으로 인해 실제 작품들에 대한 감상을 병행할 수도 없는 실정일 뿐만 아니라, 설령 시간이 허용된다 하더라도 한문이나 중국어 독해 능력이 아직 제대로 갖추어지지 않은 재학생들을 대상으로 관련 작품들의 의미나 특징들을 제대로 이해시키기가 무척 힘들 수밖에 없다. 이러한 상황 하에서, 수천 년 동안 면면히 이어져 온 중국문학의 유구한 역사와 무수히 많은 중국문학의 작가와 작품들은 중국문학을 처음 접하는 초보자들에게 너무도 복잡하고 난해한 세계로 느껴질 수 있으며, 또 자칫하면 거부감이나 싫증을 안겨 주기가 십상이다.

그런 점에서 필자는 기왕에 출판되어 활용되고 있는 《중국문학사》나 《중국문학개론》 등등의 교재들보다 좀 더 편한 마음으로 부담 없이 읽어 내려갈 수 있도록 분량이 적당하면서도 쉽게 서술된

개설서 성격의 책이 필요하다는 생각을 하게 되었다. 이 책을 엮으면서 필자는 중국문학을 전공하는 학생들은 물론이고 일반인 독자들까지 누구나 편하게 읽으면서 중국문학과 친근해질 수 있도록 하자는 생각을 항상 염두에 두었으며, 그런 점에 착안하여 우선 중국문학에 있어서 기본적으로 알아야 할 48개의 중요 사항을 설정하여 이들에 대한 개략적이면서도 평이한 해설을 가하였다.

필자의 학문이 아직은 단천短淺한 관계로 책 가운데의 항목 설정 중에 불합리한 면이 더러 있을 수 있고, 또 설명 중에도 잘못된 부분이나 매끄럽지 못한 부분 또는 소홀한 면이 적지 않을 것으로 생각된다. 이러한 점들에 대해서는 독자 여러분들의 아낌없는 지적과 가르침을 기대한다.

모쪼록 중국 민족의 생성과 함께 시작되어 수천 년 동안 끊임없이 발전을 거듭해 온 중국 전통문학의 흐름을 이해하고 나아가 중국인들의 사고방식과 지혜의 일단을 파악하는 데 이 책이 조금이나마 도움이 되기를 바랄 뿐이다.

끝으로 어려운 여건 하에서도 출판을 기꺼이 승낙하신 도서출판 신아사의 관계자 여러분들께 진심으로 감사 드린다.

2012년 11월

이철리 씀

목차

쉽게 풀어 설명한

中國文學 48題

1
중국문학中國文學의 기원

문자文字로 기술되어진 중국의 역사는 대략 지금으로부터 4천여 년 이전까지로 거슬러 올라간다. 그렇지만 문자가 출현하기 훨씬 이전에도, 비록 문자화되지는 않았지만 민간인들 사이에 구전口傳되어 온 원시적인 형태의 문학 작품들이 존재하였음이 분명하다. 곧 원시가요原始歌謠나 신화神話와 전설傳說 등이 바로 선사先史 시대 사람들의 입과 귀를 통해 유전流傳되었던 구비문학口碑文學 형태의 작품으로 간주될 수 있을 것이다.

원시 가요는 백성들이 노동에 종사하는 가운데 자연스럽게 생겨난 것으로, 그것은 노동을 하는 데 있어서 동작을 적절히 통일시키고 정신을 집중시켜 주는 작용을 지니고 있기도 하였다. 이러한 점에 대해서는 고대인古代人들 역시 이미 충분한 인식을 갖고 있었던 것으로 보인다. 《회남자淮南子》 〈도응훈道應訓〉에는 「여러 사람들이 나무를 들어올릴 때, 앞에 있는 사람이 『야호邪呼』하고 한 번 외치면 뒤에 있는 사람도 따라서 소리를 질러 서로 받아넘기곤 하였다.」라고 기록되어 있다. 이러한 것이 바로 일군들이 합심 협력하여 노동에 임하면서 부르는 노래로 변화되었으며, 이는 훗날의 짐꾼들이 물건을 운반하거나 뱃사람들이 밧줄을 끌어당기면서 부르는 노래 소리들과 상당히 비슷한 면을 보이고 있다.

원시 가요는 그 당시에 흔히 음악音樂이나 무용舞踊 등과 한데 결합되어 존재하였다. 《여씨춘추呂氏春秋》 〈고악古樂〉편 중에 갈천씨葛天氏 때의 음악이 기재되어 있는데, 이는 세 사람이 소 꼬리를 잡고 발을 구르면서 노래를 부름으로써 풍년과 순탄한 생활을 기원하는 것이었다고 한다. 그들이 춤추면서 노래불렀던 가사歌詞가 바로 그 시대의 시가詩歌였던 것이다.

이러한 원시 가요들은 보존되고 있는 작품이 거의 드물 뿐만 아니라, 어떤 고서古書들 중에 기재되어 있는 가요歌謠들은 믿을 만한 것이 못되거나 또는 이미 후세 문인들의 손에 의해 상당 부분 가필加筆이 더해진 것들이기도 하다. 그렇지만 고적古籍들 중에 기재되어 있는 일부 가요들은 고대 사람들의 지혜나 생산 활동들을 충분히 엿보게 해 준다는 점에서 상당한 가치를 지니고 있다 하겠다. 예를 들어보면 〈탄가彈歌〉라는 작품은 다음과 같이 노래하고 있다.

> 대나무를 베어내고,
> 대나무를 매어라.
> 흙덩이를 날려서,
> 짐승들을 쫓아라.
> (斷竹續竹, 飛土逐肉.)

이 작품은 대나무를 잘라 그 대나무를 휘어서 양쪽 끝을 묶어 탄궁彈弓을 만든 다음, 흙으로 탄알을 만들어 짐승들을 사냥하는 내용을 노래부르고 있다. 형식이 간단하고 시詩다운 맛은 결여되어 있지만, 소박한 언어로 수렵狩獵 시대의 주요 생산 도구인 탄궁을 잘 묘사하고 있으며, 당시 사람들이 도구를 제작하고 노동에 종사하는 가운데 맛보았던 희열감 같은 것을 잘 반영하고 있다.

상고上古 시대의 신화와 전설 역시 원시 가요와 마찬가지로 당시 사람들의 생산 활동과 일상 생활 중의 산물產物들을 잘 묘사하고 있다. 다만 아쉬운 점은 이처럼 아름다운 신화들이 거의 보존되지 못하고 있으며, 그나마 《산해경山海經》이나 《회남자》처럼 상고 시대의 신화나 전설을 비교적 많이 싣고 있는 서적들마저도 그다지 상세하지 못하고 서로 차이를 보이고 있을 뿐만 아니라 심지어 문인들의 수정을 거치면서 이미 그 본래의 순수한 모습을 상실해 버렸다는 사실이다.

원시 사회 속에서 인류는 생산력의 저하로 말미암아 불가항력적인 여러 가지 자연 재해災害들로부터 극심한 피해를 입곤 하였다. 그들은 자연계의 허다한 현상들 곧 하늘과 땅·해와 달·바람과 비·천둥과 번개 등등에 대해서도 과학적인 해석을 내릴 방도가 없었으며, 그래서 상상想像의 힘을 빌어서 자연을 정복하거나 지배하고 또 상상을 통해 도무지 이해할 수 없는 자연 현상들을 해석해낼려고 하였다. 이리하여 상고 시대의 아름답고 감동적인 신화 전설들이 만들어지게 되었으며, 〈여왜보천女媧補天〉·〈과부추일夸父追日〉·〈곤절식양鯀竊息壤〉·〈황제전치우黃帝戰蚩尤〉·〈우치홍수禹治洪水〉 등등과 같은 신화들이 바로 그러한 대표적인 예이다.

〈여왜보천〉 신화에 대하여는 《회남자》 〈남명훈覽冥訓〉에 다음과 같이 기술되어 있다.

> 오랜 옛날에 하늘을 지탱하고 있던 네 기둥들이 무너져내려 구주의 넓은 땅이 완전히 꺼져버렸다. 하늘은 지면地面을 다 덮을 수 없었고, 땅은 사물을 두루 실을 수 없게 되었다. …… 그러자 여왜씨가 나와 다섯 가지 색깔의 돌을 구워서 푸른 하늘을 기워 놓았으며, 큰 자라의 다리를 잘라서 하늘의 네 모퉁이를 받쳐 주었다.(往古之時, 四極廢, 九州裂, 天不兼覆, 地不周載. …… 于是女媧煉五色石以補蒼天, 斷鰲足以立四極.)

여왜에 관한 신화 중에는 이 외에도 천지개벽의 태초太初 때에 여왜씨가 황토를 빚어 사람을 만들었다는 내용의 고사故事가 더 있기도 하다. 이러한 이야기들은 모두 여성의 위대하고 숭고함을 찬양한 신화들로써, 모계母系 사회 때에 지어졌을 가능성이 다분해 보인다. 그리고 그 특이하고 대담한 상상 속에는 당시 사람들이 천체天體의 구성과 인류의 출현에 대해 갖고 있었던 막연하고도 천진한 관념들이 잘 반영되어 있다.

〈곤절식양〉 신화는 《산해경》 〈해내경海內經〉 중에 보이는데, 자연재해와 맞서 싸우는 상고 시대 사람들의 강인한 의지와 단체를 위해 자기 개인을 기꺼이 희생하는 숭고한 정신을 감동적으로 잘 반영하고 있다. 고사故事의 내용은 당시에 홍수洪水가 져서 하늘까지 물에 잠길 지경이었는데, 곤이 이를 보고 자신에게 내릴 재난을 아랑곳하지 않은 채 천제天帝가 은밀히 감추어 두고 있던 『식양息壤』 곧 신성한 흙을 훔쳐서 그것으로 홍수를 막고 백성들을 구제하였다는 이야기이다. 훗날 천제가 이 사실을 알고는 곤을 살해하였다고 한다.

과학적인 관점에서 보면 이러한 이야기들이 한결같이 황당하고 우스꽝스러운 것들이긴 하지만, 그러나 이들은 중국 민족의 아동기적兒童期的인 천진스러움과 원기 왕성한 면을 잘 반영하고 있다는 점에서 영원한 매력을 지니고 있다 하겠다. 문학발전사文學發展史 측면에서 볼 때에도 그 특이한 상상과 대담한 과장이 중국문학 중의 적극적積極的 낭만주의浪漫主義 사조를 태동시킨 것으로 높이 평가되어진다.

2
최초의 시가집 《시경詩經》

《시경詩經》은 중국에서 가장 오래된 시가총집詩歌總集이다. 물론 중국에서 시가詩歌가 처음 지어진 시기는 이보다 훨씬 더 빨랐을 것으로 추측되지만, 현재 전하고 있는 시가총집으로서는 《시경》이 최초의 것이다. 이는 대략 동주東周 경왕景王(B.C. 544~B.C. 520 재위) 이전 즉 기원전 6세기 경에 편집되었다. 그리고 여기에 수록된 시가들이 그 당시 민간에서 유행되던 시가들의 전부는 결코 아니며, 또한 수집되어진 시가들이 모두 다 실려 있는 것도 아니다. 그 명칭이 처음에는 『시詩』 또는 『시삼백詩三百』이라고 불려 오다가, 전국戰國 시대에 이르러 유가儒家들이 이를 매우 중시하여 경전經典으로 떠받들게 되면서 『시경』이란 이름으로 불리게 되었다.

이러한 시가들이 수집된 배경으로는 채시采詩 · 진시陳詩 · 헌시獻詩 등을 들 수 있다. 채시는 임금이 각 지방의 풍속을 살피고 정치의 잘잘못을 깨달아 시정施政의 참고 자료로 삼기 위해, 각지의 민가民歌들을 채집하게 한 제도이다. 진시 역시 천자가 지방을 순수

巡狩할 때마다 태사太師들로 하여금 시를 진술하도록 함으로써 민심民心을 파악할 수 있도록 하였던 제도이다. 헌시 또한 동일한 목적으로 천자가 정사政事를 들을 때에 공경公卿으로부터 열사列士에 이르는 사람들로 하여금 시를 바치도록 하였던 제도이다. 이와 같이 《시경》 시 작품들은 주로 천자가 민의民意의 소재를 파악하기 위한 의도 하에서, 관리들에게 명하여 수집하도록 하는 과정을 통해 모아진 것으로 추정된다.

전통적으로는 공자孔子가 그 당시 유행하고 있던 3천여 수의 시 중에서 중복되는 것을 제외하고 예의禮義에 합당한 것만을 취하여, 현재의 305편으로 된 《시경》을 산정刪定하였다고 하는 견해가 받아들여져 왔다. 그러나 후세로 내려오면서 이 『공자산시설孔子刪詩說』은 여러 가지 근거에서 부정되고 있으며, 다만 공자에 의해 《시경》 시가 현재의 체재와 같이 정리되어졌을 것이란 정도로 인식되고 있다. 그리고 한대漢代 때에는 《시경》을 전수한 학자들로 제齊의 원고생轅固生·노魯의 신배공申培公 그리고 한영韓嬰(燕人)·모공毛公 등이 있었지만, 후에 《제시齊詩》·《노시魯詩》·《한시韓詩》 등은 모두 없어지고 현재 《모시毛詩》 곧 모공이 전한 《시경》만 남아 전하고 있다.

《시경》에 수록된 작품들의 개별적인 창작 연대에 대하여는 아직까지 자세하게 고증이 되지 않고 있다. 다만 가장 빠른 시기에 지어진 작품이 서주西周 초기 즉 기원전 11세기경에 지어졌고 가장 늦은 작품이 춘추春秋 중엽 즉 기원전 6세기경에 지어져서, 전후 약 500여년 간의 간격을 두고 창작된 것으로 보인다. 지역적으로는 황하黃河 중·하류 유역을 중심으로 장강長江과 한수漢水 유역의 일부 지역에 이르기까지 널리 분포되어 있었다. 그러므로 작품의 내용 역시 상당히 복잡하며, 광범위한 사회상들을 두루 반영하고 있다.

예로부터 《시경》에 관하여는 풍風·아雅·송頌·부賦·비比·흥興 등 이른바 『육의六義』라고 하는 설명이 있어 왔다. 이들 중 풍·아·송 세 가지는 《시경》에 수록되어 있는 작품들의 성질에 따른 분류 방식이며, 이에 반해 부·비·흥 셋은 그 작품들에 발휘되어 있는 표현 기법을 지적한 용어이다.

풍에 속한 작품들은 모두 160편으로, 거의가 그 당시 민간에서 유행되던 일반 평민들의 민요 가사들이다. 모두 15개의 제후국諸侯國들로부터 수집되었기 때문에 흔히 『십오국풍十五國風』이라 일컬어지기도 한다. 작품 내용으로는 남녀간의 사랑을 위시하여 농촌의 생활상·전쟁의 참상과 병역의 과중함·수렵 활동·자식의 효성·정치나 지배 계층에 대한 풍자·신세 한탄 등등에 이르기까지 다양한 면을 보여 주고 있으며, 《시경》 시 전편全篇을 통틀어 가장 생동적이고 소박할 뿐 아니라 예술적인 가치가 가장 높은 작품들로 인정받고 있다.

아는 조정의 연회宴會 때 사용되었던 음악 가사로서, 다시 소아小雅와 대아大雅 둘로 나뉘어진다. 모두 105편의 작품이 여기에 속하는데, 대부분 공경대부公卿大夫들의 제사나 잔치 등을 묘사하고 있는 사대부들의 작품이다. 그러므로 다분히 형식적이고 교훈적이며 서사적敍事的인 경향의 작품들로 채워져 있으며, 국풍國風 작품들처럼 꾸밈없고 솔직하며 생동적인 느낌은 거의 찾아볼 수 없다. 다만 〈소아〉 중의 〈채미采薇〉·〈시월지교十月之交〉·〈북산北山〉 등과 같은 작품들은 각기 변방 병사의 고향에 대한 그리움과 주周 유왕幽王의 실정失政에 대한 풍자 및 귀족과 천민賤民 사이의 불평등에 대한 불만 등등의 감정을 상당히 절실하게 묘사해 놓고 있다.

송은 당시 귀족들이 종묘제사宗廟祭祀 때에 사용하였던 음악의 가사로, 다시 주송周頌·노송魯頌·상송商頌 등 세 가지로 나뉘어진다. 모두 40편의 작품이 이에 속하는데, 대부분 무가舞歌나 악가樂歌 또는 제가祭歌들로 천지신명天地神明의 공덕을 찬송하거나 신神에게 축복을 비는 내용을 담고 있으며, 내용 면의 진실성이나 생동감 그리고 형식상의 세련미나 표현 기교 등 모든 면에서 풍과 아 작품들보다 수준이 훨씬 뒤떨어진다.

《시경》 시에 운용되어 있는 세 가지의 표현 기법 곧 부·비·흥에 대하여는 학자들에 따라 해석이 조금씩 차이를 보이고 있다. 송대宋代 주희朱熹의 해석에 따르면, 부는 어떠한 감정이나 사건을 직접적으로 토로하고 서술하는 수법 즉 직서법直敍法을 의미하며, 비는 다른 사물을 끌어와서 하나의 사물을 묘사하는 수법 즉 비유법比喩法을 가리키고, 흥은 우선 나타내고자 하는 내용과 전혀 별개의 사물을 언급함으로써 표현하려는 사실을 간접적으로 연상시켜내는 수법 곧 상징법象徵法과 유사한 수법을 가리킨다 하겠다.

어쨌든 《시경》 시의 근간을 이루는 민가 작품들은 한결같이 일반 평민들의 정서와 애환을 꾸밈없이 생동적으로 잘 표현해 놓고 있으며, 그 당시의 사회 현실과 일반인들의 생활상 같은 것들을 다양한 각도에서 잘 반영하고 있다. 그리고 수사 기교 면에서도 부·비·흥 등 세 가지 수법들을 적절히 운용함으로써, 시 작품에 선명한 형상감形象感을 부여하고 의미심장한 여운 같은 것을 잘 살려내고 있다. 뿐만 아니라 구형句形이 대체로 사언四言으로 정비되어 있고 상당히 세련된 압운押韻이 가해져 있으며, 장절章節의 중첩이나 반복 그리고 쌍성雙聲·첩운疊韻·첩자疊字 등 다양한 기법들을 두루 활용함으로써 그 예술적인 아름다움을 고도로 추구하고 있기도 하다. 이처럼 풍부하고 생동적인 내용과 함께 아름답고 짜임새 있는 형식을 통해, 《시경》은 후대 중국문학의 비조鼻祖로 군림해오면서 줄곧 절대적인 영향력을 행사해 왔던 것이다.

3
역사歷史 산문

중국에서는 은殷·주周 시대에 이르러 국가 대사大事의 기록을 담당하는 사관史官이라고 하는 전문 직종의 관리가 새로이 등장하게 된다. 이들은 천자天子의 행차 때마다 곁에서 수행을 하며 그 언행言行을 기록하였는데, 특히 좌사左史는 『언言』 즉 임금의 말을 주로 기록하고 우사右史는 『사事』 즉 임금의 행동과 그 주변의 일들을 주로 기록하였다고 한다. 현재 전하고 있는 자료들을 놓고 보면 『언言』을 기록한 것들 중 가장 빠른 것이 바로 《상서尙書》이며, 『사事』를 기록한 것들 중 가장 빠른 것이 바로 《춘추春秋》이다.

《상서》는 원래 『서書』라는 명칭으로 불려 왔는데, 후대로 내려오면서 『상고上古 시대의 책』이란 의미에서 『상서』라고 불리어지게 되었다. 전국戰國 시대에는 유가儒家들에 의해 『육경六經』 중의 하나로 열입列入되어, 『서경書經』이라 불리기도 하였다.

《상서》에 기록되어 있는 내용은 요堯 임금으로부터 하夏·은殷·주周 등 삼대三代의 여러 제왕帝王들이 남긴 정령政令과 훈고訓

誥들이다. 이들은 대체로 문장이 간결하고 예스러우며 이해하기가 매우 어려운 면을 보이고 있다. 문학 작품으로서의 가치는 뚜렷하게 내세울 만한 것이 없는 실정이지만, 중국 산문의 시조始祖로서 후대 산문에 지대한 영향을 끼쳐 왔을 뿐만 아니라, 상고 시대의 역사와 문헌에 관한 자료들을 잘 보존하고 있다는 점에서 그 주요한 가치를 널리 인정받고 있다.

《춘추》는 중국 최초의 편년체編年體 역사서이다. 그 당시에는 묵자墨子가 일찍이 주周 왕조와 연燕·제齊·송宋 등 제후국諸侯國들의 《춘추》를 열람하였다고 말한 데에서 짐작할 수 있듯이, 각 제후국들마다 모두 제각기 사관을 두어 자기 나라의 대사를 기록하게 하였으며, 그러한 기록들이 모두 『춘추』라는 명칭으로 불려졌던 것으로 추정된다. 그렇지만 현재까지 전해지고 있는 것은 노魯나라의 사관이 기록한 《춘추》 한 가지 뿐이다.

《춘추》는 노魯나라 은공隱公 원년(B.C. 722)으로부터 애공哀公 14년(B.C. 481)에 이르기까지 모두 12대의 임금에 240여년 간의 중대 사건들을 기록해 놓고 있다. 그 중에는 물론 노魯나라 국내의 사건들도 기록되어 있고, 또한 그 외의 다른 제후국들의 사건들도 상당 부분 포함되어 있다. 《춘추》 역시 전국戰國 시대 때 유가儒家들의 『육경六經』 중의 하나였다.

《춘추》는 연도 순에 의거하여 당시의 큰 사건들을 기록하고 있긴 하지만, 그 서술이 워낙 간단하게 이루어져 있어서 전체 분량이 1만 8천 자 정도에 불과하며, 마치 큰 사건들을 그대로 나열해 놓은 일종의 연표年表와 같은 인상을 줄 정도이다. 예를 들면 〈희공僖公 25년〉에는 『송살기대부宋殺其大夫』라고만 기술되어 있어서,

그 사건의 진상眞相이나 과정들을 제대로 이해하기 어려우며 심지어 그 살인자나 피살자의 이름조차도 알 수가 없는 실정이다. 《춘추》의 서술이 이처럼 지나치게 간결하고 난해한 폐단을 지니고 있었으므로, 전국 시대에 이르러 그에 대한 해석과 보충을 가한 저술들이 나타나게 되었다. 이들은 모두 《춘추》라고 하는 경전經典의 문장 곧 『경문經文』을 해석한 저술이란 의미에서 한결같이 『전傳』이라고 불려 왔다. 그 당시에는 《춘추》가 여러 사람들에 의해 해석되어졌던 것으로 추측되지만, 현재 전하고 있는 것들로는 다음에 드는 세 가지가 있을 뿐이다. 우선 전국 시대 때 좌구명左丘明이 지은 것으로 전하는 《춘추좌씨전春秋左氏傳》을 들 수 있다. 이는 흔히 『좌전左傳』이라는 약칭으로 많이 불리고 있는데, 어떤 학자들은 이를 《춘추》에 대한 해설서가 아니라 원래 독립된 하나의 역사서로 쓰여졌을 것이라고 추정하기도 한다. 그 외에 《춘추공양전春秋公羊傳》과 《춘추곡량전春秋穀梁傳》 등이 더 있는데, 이들은 원래 구두口頭로 전수되어 오다가 한대漢代 때 이르러 정식으로 책으로 엮어졌으며, 흔히 『공양전公羊傳』과 『곡량전穀梁傳』이라는 약칭으로 불리고 있다. 이들 세 저술들은 모두 후세에 『춘추삼전春秋三傳』이라 일컬어지면서, 십삼경十三經 속에 동시에 열입되어졌다.

『춘추삼전』은 모두 처음에는 《춘추》와 분리되어 단독으로 쓰여졌지만, 후대로 내려오면서 다들 『경문經文』을 앞에 제시하고 그 다음에 『전문傳文』을 나열하는 형식으로 《춘추》와 한데 합쳐지게 된다. 이들이 모두 《춘추》의 해설서라는 점에서 동일한 성격의 저술들이긴 하지만, 그들은 저마다 다른 독자적인 특성을 지니고 있기도 하다. 우선 《공양전》과 《곡량전》은 유가儒家의 관점에 입각하여

《춘추》의 『경문』 속에 담긴 대의大義들을 드러내어 밝히고자 하는 데에 중점이 두어져 있다. 그런 점에서 이 두 저술은 한결같이 경학사經學史나 사상사思想史 또는 교감학校勘學 등 분야에 있어서는 상당한 가치를 지니고 있음이 분명하지만, 문학적인 면에서는 별다른 가치를 인정받지 못하는 실정이다. 이에 반해 《좌전》은 《공양전》이나 《곡량전》 등과 달리, 역사적인 사실에 근거하여 《춘추》에 대한 많은 양의 보충과 개정을 가해 놓고 있다는 점에서 매우 주목시된다. 간혹 《춘추》의 『경의經義』를 밝혀 서술한 대목들이 있기는 하지만, 이들 역시 뚜렷한 사실史實의 바탕 위에서 기술되어 있으므로 《공양전》이나 《곡량전》과는 커다란 차이를 보이고 있다. 바로 이러한 특징 때문에 《좌전》은 『춘추삼전』 중에서도 특히 중요한 지위를 인정받으면서, 역대로 가장 커다란 영향력을 행사해 왔던 것이다.

《좌전》에 다루어져 있는 역사의 범위는 기원전 722년부터 노魯 애공哀公 27년(B.C. 453)까지의 약 250여년 간으로, 《춘추》와 동일한 시점으로부터 시작하여서 약간 더 긴 기간의 역사가 다루어져 있다. 이는 우선 선진先秦 시대 중국에 있어서 가장 중요한 편년체編年體 역사서일 뿐만 아니라, 사건 묘사의 뚜렷함이라든지 생동감 있는 인물 묘사 그리고 평이하면서도 유려流麗한 언어 구사 등 모든 면에서 실로 높은 문학적 가치를 지니고 있다. 그런 점에서 사마천司馬遷의 《사기史記》를 비롯한 중국 서사敍事 산문의 발전에 커다란 영향을 끼쳤으며, 오늘날에 이르기까지 각급 학교의 교과서에 그 문장이 수록되어 많은 이들에게 널리 읽혀 오고 있는 것이다. 대표적인 예로 『장공莊公 10년』의 『전문傳文』을 보면 단순히 노

魯나라와 제齊나라 사이의 전쟁 과정을 장황하게 묘사하는 대신에, 군사력과 정치와의 관계에 대한 조귀曹劌의 탁월한 견해와 아울러 그의 뛰어난 지휘 능력을 잘 부각시킴으로써, 군사적으로 약세에 놓여 있으면서도 군사력이 강한 나라를 능히 이길 수 있는 근본적인 원인 같은 것을 시사해 놓고 있다. 이러한 서술 방식을 통해 《좌전》은 그 당시의 전쟁 상황을 파악하게 해 줄 뿐만 아니라, 후인들에게 역사적인 교훈까지 아울러 제공해 주고 있는 것이다. 그런 점에서도 《좌전》은 서술이 지나치게 간략한 《춘추》나 또는 무미건조하게 『경문經文』의 대의大義 설명에만 그치고 있는 《공양전》과 《곡량전》 등에 비교될 수 없는 높은 가치를 지닌다. 아무튼 《좌전》은 그 산뜻하고도 생동감 넘치는 사건 서술로 인해, 역대의 사학가史學家나 문학가들 모두로부터 대단한 중시를 받아 왔던 것이다.

4
제자諸子 산문

중국은 춘추春秋 시대 말기로 접어들면서 사회가 급격히 변화하여, 노예奴隷 사회로부터 봉건封建 사회로 전환되는 새로운 국면을 맞게 된다. 이러한 사회의 일대 변혁에 발맞추어 사람들의 의식이나 사상의 폭도 전례 없이 넓어졌으며, 각양각색의 주장과 학설들이 자유분방하게 출현하여 서로 경쟁을 거듭하게 되었다. 이리하여 전국戰國 시대의 이른바 『백가쟁명百家爭鳴』이라고 하는 다양한 사상思想 난립 현상의 막이 올랐던 것이다.

이 『백가百家』라는 말은 그 당시 사상계思想界의 난립상을 표현한 말일 뿐, 실제적인 수數 100을 의미하는 것은 결코 아니다. 당시에 사상적인 유파의 종류가 얼마나 되었던가 하는 문제에 대하여는 학자들마다 견해를 달리하고 있다. 《한서漢書》 〈예문지藝文志〉에는 『구류십가九流十家』라는 언급이 보이고 있는데, 이들은 곧 유가儒家 · 도가道家 · 음양가陰陽家 · 법가法家 · 명가名家 · 묵가墨家 · 종횡가縱橫家 · 잡가雜家 · 농가農家 · 소설가小說家 등이다. 《한서》 〈예문지〉

에서는 또 각 유파들의 저술들을 『일백팔십구가一百八十九家』로 묶어 소개해 두고 있는데, 이들 중에는 천문가天文家·의가醫家·병가兵家 등과 같이 『구류십가』에 열입되지 않은 부류들도 포함되어 있다.

이러한 여러 유파들 중에서도 후세에 끼친 영향 면에서는 유가가 단연 으뜸이었다. 유가의 학설은 선진先秦 시대 때 이미 『현학顯學』으로 자리잡기는 하였지만, 사실 그 당시만 하더라도 다른 학파들 만큼 그렇게 중시되지 못하였다. 특히 당시의 많은 통치자들은 유가의 이론이나 관점들을 외면한 채 거의 채택해 주지 않았는데, 이 때문에 공자孔子와 맹자孟子 같은 이들은 그들의 학설을 전

孔子

파시키기 위해 평생 동안 온갖 정열을 다 쏟았지만, 결국은 그러한 노력들도 그 당대에는 전혀 빛을 보지 못한 채 수포로 돌아가고 말았다. 진시황秦始皇이 중국 천하를 통일한 후에는 유가들이 한층 더 수난을 겪게 되어, 대부분의 서적들이 모두 불타 없어지고 많은 유학자들이 살해 당하기에 이르렀다. 한대漢代로 내려와서야 유가의 학설은 차츰 빛을 보게 되었는데, 특히 한漢 무제武帝가 유학을 숭상하고 다른 학설들을 억압하는 정책을 시행하면서 유가의 학설은 급기야 중국 봉건사회 하에서의 통치 이념으로 자리를 확고히 굳히게 되었다. 그 후로도 사회의 변화 추세에 따라 그 모습이 약간씩 달라지기는 하였지만, 그 기본적인 사상만은 줄곧 변함없이 각 시대의 철학과 정치·경제·교육·문학 및 윤리 도덕 등 모든 분야의 내면에 깊이 뿌리를 내린 채 완벽한 체계를 견지해 왔다. 그렇지만 유가의 학설은 봉건체제 내에서의 사회 질서를 확고히 다지는 데 크게 이바지하였다고 하는 긍정적인 측면 외에도, 봉건사회 후기로 접어 들면서는 사회의 발전과 진보에 중대한 장애 요인의 하나로 작용하기도 하였다. 철학이나 문학 방면에서 본다면, 도가 사상 특히 그 중에서도 장자莊子의 학설이 역시 후세에 커다란 영향을 끼친 바 있다. 더욱이 그 중에 보이고 있는 전통傳統에 대한 회의懷疑나 부정 그리고 현실 사회에 대한 비판적 태도 등은 역대의 봉건제도에 대한 맹목적인 추종과 선전 또는 허위에 찬 예교주의禮敎主義의 도도한 흐름 속에서 신선한 하나의 충격으로 작용하기에 충분한 것이었다.

제자백가諸子百家들은 각기 자기 학파의 이론과 관점들을 널리 전파시키기 위해 저마다 경쟁적으로 학설들을 체계화하여 책을 저술해내곤 하였는데, 그 결과 논설적論說的 산문의 발전이 대대적으로 촉진되기에 이르렀다. 선진先秦 시대의 제자諸子 산문散文들 중 유가를 대표하는 저술이 바로 공자孔子(이름은 『구丘』)의 《논어論語》이다. 이는 공자의 제자弟子들이 공자의 말과 행동을 기록한 어록체語錄體의 산문으로, 논리성이나 문학적인 가치 면에서 그다지 뛰어난 편은 못되지만, 간결한 표현을 통해 공자의 생활 철학을 진술하고 생동감 있게 기록하고 있어서 후세에 어느 경전經典보다도 널리 읽혀 왔다. 그 다음으로 《맹자孟子》를 들 수 있다. 이 역시 맹자(이름은 『가軻』)와 그 제자들이 맹자의 언행言行을 기술한 책으로, 현재 7편이 남아 있다. 상대방을 감복시키는 탁월한 추리력과 비유를 적절히 구사함으로써 시비是非를 설득력 있게 가려내는 수법 등이 아주 돋보이므로, 후세 사람들에게 매우 중시되어 온 이론理論 산문 중의 하나이다. 그 외에도 유가의 저술로는 《순자荀子》를 빼 놓을 수 없다. 이는 순자(이름은 『황況』)와 그 제자들이 지은 책으로, 논점이 명확하고 논리가 정연할 뿐만 아니라 치밀한 구성이나 명쾌한 언어 구사도 갖추고 있어서 선진先秦 시대 제자 산문의 독자적인 전형典型으로 자리잡았으며, 후세 논설문論說文의 발전에도 커다란 영향을 끼쳤다.

묵가 학파의 대표적인 저술인 《묵자墨子》는 노魯나라 묵적墨翟의 언행을 기술한 책으로, 『겸애兼愛』와 『비공非攻』을 주된 내용으로 하고 있다. 문장이 명쾌하고 조리정연하여, 근엄한 변론가辯論家의 모범을 보여 주었다.

법가 학파의 대표적인 저술로는 《한비자韓非子》를 들 수 있다. 이는 한비韓非가 지은 책으로 분명한 논점과 예리한 필봉을 특색으로 하며, 또한 우언고사寓言故事를 적절히 운용함으로써 생동적인 비유를 통해 자신의 견해를 효과적으로 입증시키고 있다는 점에서 후세 문학가들의 칭송을 받은 바 있다.

그렇지만 선진先秦 시대 제자諸子들의 여러 서적들 중에서도 가장 높은 문학적 가치를 지니고 후세 문학에 가장 큰 영향을 끼친 저술로는 단연 《장자莊子》를 꼽을 수 있다. 이는 도가 학파에 속하는 장주莊周와 그 제자들이 지은 책이다. 《장자》가 그 외의 다른 제자 산문들과 구별되는 가장 두드러진 특색으로는 아무래도 그 중의 풍부한 낭만주의 색채를 지적하지 않을 수 없다. 그 속에는 무한한 상상의 세계가 전개되어 있으며, 대담한 과장과 기발한 비유 그리고 세밀한 묘사 등을 통해 현묘玄妙한 철리哲理가 잘 설명되어 있다. 뜻이 표일飄逸하고 문사文辭가 빼어나서 실로 위대한 문학 작품이 아닐 수 없다.

선진先秦 시대의 제자 산문들은 대체로 다른 학파들의 학설을 비판하는 중에 가끔씩 자신이 속한 학파들의 이론의 정당성을 부각시켜내는 형식을 취하고 있다. 그들은 때때로 역사적인 자료나 일상 생활 중의 실례實例들을 인용하기도 하고 심지어는 신화나 전설 또는 우언寓言 등을 활용해가면서, 상대방 학파들의 논리적인 모순을 증명해내고 아울러 자신들의 견해의 타당성을 설파하고자 하였다. 이러한 과정을 거치면서 중국의 이론 산문은 차츰차츰 그 형상성形象性과 서정성抒情性을 더해 갈 수 있었던 것이다.

5
굴원屈原과 《초사楚辭》

屈原

굴원屈原(B.C. 340?~B.C. 278?)은 이름이 평平이며, 전국戰國 시대 말엽의 초楚나라 귀족이었다. 그가 생존하였던 당시는 각 국의 분쟁이 한창 심화되어, 바야흐로 중국 대륙 대통일大統一의 전야前夜에 해당하는 시점이었다. 이러한 때에 그는 조국인 초나라의 정치를 과감히 개혁하여 국력을 더욱 배가시키고, 그럼으로써 천하 통일의 기반을 확고히 조성할 것을 적극 주장하였다. 그리하여 초楚 회왕懷王의 두터운 신임을 얻은 그는 한때 내정內政과 외교外交 등 모든 방면의 중요 정책 입안에 깊이 관여하였으며, 아울러 정치 개혁에 관한 법령의 초안 작업까지 맡은 바 있었다. 그렇지만 그는 오래지 않아 수구守舊 세력 간신배들의 모함을 받아 결국 회왕으로부터 소외 당하게 되고 말았다. 이렇게 조정에서 축출된 그는 그 후 오랜 기간 동안 한수漢水 이북 지역을 떠돌아다니며 가슴속 깊이 간직한 비분과 조국을 위한 불굴의 신념 같은 것들을 절실하게 묘사해내었으니, 『천고千古의 절창絶唱』이란 평을 받고 있는 중국 최초의 장편 서정시抒情詩 〈이소離騷〉가 바로 이 기간 중에 지어진 작품이다. 경양왕頃襄王이 즉위한 후 잠시 복권되었던 굴원은 곧바로 다시 쫓겨나 강남江南(오늘날의 호남성湖南省 원수沅水·상수湘水 일대 지역)으로 추방되고 말았다. 경양왕 20년(B.C. 279)에는 진秦나라의 장수 백기白起에 의해 자신의 조국 초나라의 수도 영도郢都(오늘날의 호북성湖北省 강릉현江陵縣 동남쪽)가 함락되었다는 소식을 듣고, 그 슬픈 심정을 〈애영哀郢〉이란 작품을 통해 표현한 바 있다. 곧 이어 그는 초나라의 조정이 갈수록 부패해지고 국력이 날로 쇠락해져서 급기야 멸망의 위기에까지 봉착하게된 현실을 직감하였으며, 끓어오르는 애국심과 의분義憤을 억누를 길이 없어 결국 멱라수汨羅水에 몸을 던져 세상을 하직하고 말았다. 굴원은 정치적인 면에서는 자신의 포부를 제대로 실현시키지 못한 채 세상을 떠났다. 그렇지만 문학적인 면에 있어서만은 그 당시로서 가장 고결하고 가장 아름다운 시詩 작품들을 남겨 놓음으로써, 중국문학사에 있어 최초의 위대한 시인으로 군림하면서 후세 사람들로부터 영원한 흠모를 받아 왔다.

《한서漢書》〈예문지藝文志〉에 따르면 굴원의 작품은 모두 25편이라고 한다. 동한東漢 시대 때 왕일王逸이 편찬한 《초사장구楚辭章句》에는 〈이소離騷〉 1편·〈구가九歌〉 11편(〈동황태일東皇太一〉·〈운중군雲中君〉·〈상군湘君〉·〈상부인湘夫人〉·〈대사명大司命〉·〈소사명少司命〉·〈동군東君〉·〈하백河伯〉·〈산귀山鬼〉·〈국상國殤〉·〈예혼禮魂〉 등)·〈천문天問〉 1편·〈구장九章〉 9편(〈석송惜誦〉·〈섭강涉江〉·〈애영哀郢〉·〈추사抽思〉·〈회사懷沙〉·〈사미인思美人〉·〈석왕일惜往日〉·〈귤송橘頌〉·〈비회풍悲回風〉 등)·〈원유遠游〉 1편·〈복거卜居〉 1편·〈어부漁父〉 1편 등 도합 25편이 수록되어 있지만, 이들 가운데 〈구장〉 중의 〈석왕일〉과 〈비회풍〉 그리고 〈원유〉·〈복거〉·〈어부〉 등등의 작품들은 실제로 굴원이 지은 작품이 아닐 것이라는 의문이 많이 제기되어 왔다.

〈구장〉 9편이 원래부터 일시에 한 장소에서 지어진 것은 아니었는데, 서한西漢 시대 문인들이 한데 묶어 편찬하면서부터 『구장』이란 명칭으로 불려지게 되었다. 이들 아홉 수의 시詩 작품들은 대부분 굴원이 초 회왕으로부터 소외 당하고 경양왕에 의해 유배 당한 이후에 쓰여진 것들로서, 모두 작자 자신의 곧은 성품을 잘 표현하고 있을 뿐만 아니라, 초나라의 암울한 정치 현실에 대해 비판을 가하고 있으며 수난을 겪는 백성들에 대하여 무한한 동정을 표하고 있다.

〈구가〉 11편은 대체로 굴원이 강남으로 유배당한 뒤, 그가 민간에서 전해지던 신에게 제사지내는 가곡 가사들을 개편하여 만들어낸 작품들이다. 그 중 〈동군〉은 태양 신神을 〈운중군〉은 구름 신을 〈상군〉과 〈상부인〉은 상수湘水의 신을 〈대사명〉은 사람의 수명을 주재하는 신을 그리고 〈하백〉은 황하黃河의 신을 각각 찬미하고 그들에게 제사지내는 내용으로 되어 있다. 여기서 그는 단순히 미신적인 신앙심을 노래부른 것이 아니라, 신의 역량을 묘사하는 동시에 그 속에 사람의 사상이나 감정 그리고 자기 내심의 고민 같은 것들을 불어넣음으로써, 그러한 신령神靈들을 아름다우면서도 인간을 위하여 능력을 발휘하는 존재로 부각시켜 놓고 있다.

〈천문〉편은 중국시사中國詩史에 있어서 매우 독특한 형태의 작품이다. 전편全篇이 거의 4자구四字句로 이루어져 있으며, 자연 현상과 신화 전설 및 역사 고사 등 여러 분야에 걸쳐 모두 172가지의 의문 사항들이 폭 넓게 두루 제기되어 있다. 작자의 전통 사상에 대한 회의라든지 현실에 대한 비판 의식 그리고 끊임없는 탐구 정신 같은 것들이 잘 반영되어 있는 작품이다.

〈이소〉편은 굴원의 대표작인 동시에 《초사》를 대표하는 작품이기도 하다. 모두 375구에 2,490자나 되는 중국 고대 서정시 중 가장 길이가 긴 작품이다. 내용으로는 작자의 가계家系와 출생 및 정치적 포부 등에 대한 묘사로부터 시작하여, 자신에게 가해진 간신배들의 모함과 정치적인 박해 그리고 조국 초나라의 암울한 정치 현실 등을 폭로하는 한편, 그러한 와중에서도 나름대로 확고한 이상을 견지하고자 다짐하지만 혼자 힘으로는 도저히 해결점을 찾을 수 없는 데 대한 안타까운 심정을 표현해 놓고 있다. 예술적인 면에서 〈이소〉는 세 가지의 주요한 특징을 지니고 있다. 첫째로는 표현 기법상 비比와 흥興을 많이 운용하고 있는 점이 돋보인다. 곧 향초香草로써 자신의 충성심을 상징하였고 미인美人으로써 임금을 비유한 경우 등이 바로 좋은 예가 된다. 두번째로는 신화와 전설이 역시 대량으로 활용되어 있다는 점이다. 전편全篇을 통해 태양신과 바람 신·구름 신·천둥 신 그리고 복희씨伏羲氏와 유융씨有娀氏의 딸들에 관한 전설 등등이 두루 등장되고 있다. 마지막으로는 대담하고 신기한 환상의 세계가 펼쳐져 있는 점을 들 수 있다. 시인은 현세에서 자신의 이상이 실현될 수 없고 또 자신을 알아주는 이도 없음을 깨닫게 되자 환상의 나래를 활짝 펴서 나름대로 이상 실현의 길을 두루 모색하려 하였으며, 그러한 일련의 과정들로 순舜 임금을 찾아가 고충을 토로하기도 하고 영분靈氛을 청하여 자신의 길흉을 점쳐 달라고 부탁하기도 하는 등등의 내용을 마음껏 구사하였던 것이다. 이리하여 〈이소〉는 예전 작품들에서 그 유래를 찾아볼 수 없을 정도로 농후한 낭만주의적 색채를 지니게 되었다. 형식적인 면에서 보면 〈이소〉는 〈구가〉나 〈구장〉 등 작품들과 마찬가지로, 《시경詩經》 시詩의 4언四言 위주의 틀에서 벗어나 구句의 자수字數가 일정치 않은 장단구長短句에다 『혜兮』자를 많이 사용한 형식을 취하고 있다. 이 역시 작자의 다양한 사상 감정을 거리낌없이 자유롭게 표현할 수 있을 뿐만 아니라 억양돈좌抑揚頓挫와 같은 음악적 아름다움도 잘 살릴 수 있다는 측면에서, 하나의 큰 발전이라 하지 않을 수 없다.

굴원에 의해 창조된 이러한 새로운 시詩 형식은 원래 초나라 지방 곧 오늘날의 호북湖北·호남성湖南省 일대를 중심으로 하는 지역의 민가를 바탕으로 하여 발전되어 나온 것이다. 《좌전左傳》『성공成公 9년(B.C. 582)』에는 이미 그 당시에 초나라 지역을 중심으로 불려졌던 남방 민가들을 『남음南音』이라 일컬었다고 하는 기록이 보이고 있다. 굴원 이전의 남방 민가 중 현재까지 보존되고 있는 〈창랑가滄浪歌〉와 〈월인가越人歌〉 등 작품들을 보면 각 구의 장단長短이 일정하지 않고 『혜兮』자가 많이 사용되어 있어서, 당시의 북방 민가들과는 확실히 다른 면을 보여 주고 있다. 그런 점에서 굴원이 초나라 지역의 민가 형식을 채택하여 새롭게 창조해낸 이 신체시新體詩를 흔히 『초사』라고 일컫는 것이다. 한漢나라 성제成帝 때에는 유향劉向이 이러한 새로운 시체詩體로 창작된 시가詩歌들을 한데 모아 《초사》라는 시집을 편찬하였는데, 그 후로 『초사』는 시詩의 체재를 일컫는 말로서 뿐만이 아니라 서명書名으로도 두루 통용되게 되었다.

《초사》는 그 중의 대표적인 작품이 〈이소〉이기 때문에, 후세에 와서 흔히 『이소』라고도 불려 왔다. 이는 〈국풍國風〉을 대표로 하는 《시경》 시詩 작품들과 함께 중국 선진先秦 시대 시가의 최고봉으로 군림하면서 흔히 『풍風』과 『소騷』라는 약칭으로 일컬어지기도 하였으며, 중국의 고대 시가에 있어서 현실주의와 낭만주의라고 하는 양대 문학사조를 대표해 왔을 뿐만 아니라 역대로 수많은 유명 시인들의 학습 본보기로 활용되어 왔다.

6
사마천司馬遷의 《사기史記》

司馬遷

《사기史記》는 『태사공太史公』 또는 『태사공서太史公書』라고도 불리는데, 중국 최초의 뛰어난 기전체紀傳體 역사서이면서 아울러 고대 중국의 가장 훌륭한 사전문학史傳文學 작품집이기도 하다. 이 불후의 명작은 바로 위대한 사학가이자 위대한 문학가인 사마천司馬遷에 의해 지어졌다.

사마천(B.C. 145~B.C. 86?)은 자字가 자장子長이고, 오늘날의 섬서陝西 한성韓城 사람이다. 대대로 내려오는 사관史官의 집안에서 출생하였으며, 36세 이전에 일찍이 두 차례의 유람을 통해 양자강揚子江 중·하류 유역과 산동성山東省·산서성山西省·하남성河南省·하북성河北省·사천성四川省·운남성雲南省 등지를 두루 돌아다니면서 많은 역사 자료와 이야깃거리들을 수집하고 또 각 지방의 풍속들을 널리 이해할 수 있었다고 한다. 그 후에도 그는 태사령太史令에 임명되어서 황실皇室의 도서관에 소장되어 있던 대량의 역사 서적들을 두루 열람할 수 있는 기회를 얻기도 하였다. 그의 이러한 경험들과 자료 수집 활동이 바로 훗날 《사기》라는 대작을 저술하는 데 탄탄한 기초가 되었을 것으로 보인다. 곧 그는 태사령에 임명된 지 얼마 되지 않아서 바로 《사기》의 저술에 착수하였다. 훗날 그는 이릉李陵이 패전하여 흉노족匈奴族에게 투항한 사건을 변호하다가 한漢 무제武帝로부터 치욕적인 궁형宮刑을 당하게 되는데, 그 후부터 본격적으로 《사기》의 저술에 매달려 전심전력을 다 쏟았던 것으로 추정된다. 그런 점에서 《사기》는 저자의 발분發憤의 산물로 이해될 수 있다. 〈보임안서報任安書〉에서 사마천은 자신이 《사기》를 지은 목적에 대해 「하늘과 사람의 관계를 규명하고 고금의 변화를 통찰함으로써 일가언을 이루고자 함」(欲以究天人之際, 通古今之變, 成一家之言.)이라 천명한 바 있다. 이 중의 『구천인지제』란 곧 천명天命과 인력人力 사이의 상관 관계를 깊이 연구한다는 뜻이라 하겠다. 한대漢代 때에는 천인감응天人感應의 학설이 학계 전반에 널리 유행하고 있었는데, 그는 역사상의 허다한 중대 사건들을 다룸에 있어서 당시의 그런 진부한 천명天命 사상思想의 굴레로부터 과감히 벗어나 위대한 한 사학가로서의 소박하고도 진보적인 역사관을 잘 표현해 놓았다. 그의 관점에 따르면 상商 왕조가 하夏나라를 멸망시키고 주周 왕조가 상商나라를 멸망시킬 수 있었던 것이 모두 「하나라 걸왕桀王과 상나라 주왕紂王이 제왕으로서의 상규常規를 벗어났던」(桀紂失其道) 때문이며, 또 진秦 제국의 말기에 진승陳勝 같은 이가 반란을 일으켜 왕위에까지 오를 수 있었던 것도 바로 진秦 2세二世 황제의 실정失政 탓이었다는 것이다. 그는 더욱이 〈항우본기項羽本紀〉에서 항우가 자신의 실패를 하늘의 뜻으로 돌리고 자기의 용병술用兵術이 잘못되었음을 죽을 때까지 깨닫지 못하였던 사실을 통렬히 비웃고 있다. 또한 그는 〈백이열전伯夷列傳〉 중에서 선善한 사람이 반드시 선한 업보業報를 받는 것은 아니며 악인惡人이라고 반드시 악한 업보만을 받는 것이 아님을 일단의 사실들을 들어 증명해 둠으로써, 『천도天道』의 존재를 완전히 부정하고 있기도 하다. 그 다음으로 그가 밝힌 목적 중 『통고금지변』이란 대목은 곧 고금古今의 변통變遷과 역사적인 발전 상황에 두루 통달한다는 의미로 이해될 수 있다. 그런 점에서 사마천은 풍부한 자료들을 바탕으로, 역사의 발전이란 관점으로부터 출발하여 그 연변演變 과정 중에 드러나는 여러 가지 경험이나 교훈들을 실사구시實事求是의 정신에 입각 총체적으로 서술해내었던 것이다. 이러한 면들을 통해 볼 때 《사기》는 확실히 사마천이 언급한 바와 같이 『일가지언』을 이룬 불후의 명저名著라 할 수 있다.

《사기》는 옛 전설 중에 나오는 황제黃帝 때로부터 한漢 무제武帝 때까지의 약 3,000년에 이르는 기간 동안의 중국 역사를 기록하고 있으며, 모두 130편에 52만여 자로 이루어져 있다. 그 체제를 간략히 정리해 보면, 〈본기本紀〉 12편에 역대 제왕帝王들의 사적事蹟이 기술되어 있고, 〈표表〉 10편에는 중대 사건 및 중요 인물들의 표表와 보譜가 열거되어 있으며, 〈서書〉 8편에는 정치·경제·문화 및 지리 등 각 방면의 제도와 그 연혁들이 기술되어 있고, 〈세가世家〉 30편에는 제후諸侯와 왕王 그리고 주요 공신功臣 및 특수 인물들의 사적이 기술되어 있으며, 마지막 부분인 〈열전列傳〉 70편에는 각계 각층의 여러 유형을 대표하는 인물들과 소수민족少數民族이나 인접 국가들의 일들이 기술되어 있다. 여기서 우리는 《사기》의 중점이 〈본기〉·〈세가〉·〈열전〉 등 세 부분에 두어져 있으며, 이들이 전체의 4/5를 초과하는 양을 차지하고 있음을 알 수 있다. 그래서 이처럼 인물의 전기傳記를 위주로 기술된 역사서들을 흔히 『기전체紀傳體』라고 일컬음으로써, 《춘추春秋》와 같이 연도 순에 입각하여 기술된 『편년체編年體』 역사서와 구별지워 부른다. 사마천 이후로부터는 역대 왕조의 역사가 주로 이러한 체제로 기술되어 왔으므로, 이 『기전체』가 결국은 중국 역사서들 중 정사正史의 모범으로 자리를 잡게 되었다. 청대淸代 건륭乾隆 황제는 사마천의 《사기》를 위시하여 반고班固의 《한서漢書》·범엽范曄의 《후한서後漢書》·진수陳壽의 《삼국지三國志》 등 4종의 역사서(이들은 흔히 『사사四史』라 불리며, 정사正史들 중에서도 특히 높은 성과를 거둔 것으로 정평이 나 있다.)와 그리고 《진서晋書》·《송서宋書》·《남제서南齊書》·《양서梁書》·《진서陳書》·《위서魏書》·《북제서北齊書》·《주서周書》·《수서隋書》·《남사南史》·《북사北史》·《구당서舊唐書》·《신당서新唐書》·《구오대사舊五代史》·《신오대사新五代史》·《송사宋史》·《요사遼史》·《금사金史》·《원사元史》·《명사明史》 등 모두 24종의 역사서를 정사正史로 인

준한 바 있는데, 이들이 바로 후세에 흔히 『이십사사二十四史』라 일컬어지고 있는 역사서들이다.

문학적인 가치를 놓고 보더라도, 《사기》 중의 〈열전〉이나 〈본기〉 및 〈세가〉 등에 실린 일부 전기들은 그 자체가 바로 예술성이 아주 높은 전기傳記 문학 작품이다. 중국의 전기 문학은 일찍이 선진先秦 시대 때부터 나름대로의 성과를 거두기 시작하였지만, 사마천이 《좌전左傳》과 《전국책戰國策》 등의 성공적인 인물 묘사 사례들을 계승한 위에 자신의 창의성까지 한껏 발휘함으로써 그 발전에 더더욱 박차를 가하였다 하겠다. 《사기》야말로 중국 고대 사전문학의 수준을 새로운 차원으로 끌어올린 훌륭한 문학 작품이며, 그런 점에서 후세 사람들로부터 전기 문학의 전범典範으로 높이 칭송 받아 왔던 것이다.

사전문학 작품은 반드시 역사적인 진실성과 문학성의 통일을 잘 기하여야 한다. 《사기》는 바로 그런 면에서 후세의 사전문학에 훌륭한 본보기를 제공한 바 있다. 《사기》 중의 많은 인물 전기들은 일단 믿을 만한 역사적 사실의 바탕 위에서 기술되고 있으며, 그 위에 작자의 예술적인 재창조 과정을 거쳐 감동적인 사건 전개와 인물 성격의 선명한 묘사 등을 실현시킨 뛰어난 문학 작품으로서의 면모를 갖추고 있다. 예를 들면 〈위기魏其·무안후열전武安侯列傳〉에는 위기후魏其侯 두영竇嬰과 무안후武安侯 전분田蚡 그리고 장군 관부灌夫 등 세 사람 사이의 투쟁 과정이 기술되어 있는데, 그들의 각기 다른 출신 성분이나 지위 및 성격들이 잘 묘사되어 있을 뿐만 아니라 그들 상호간의 투쟁 원인으로부터 경과와 결말 등에 이르기까지 심지어는 특정한 투쟁 장면까지도 구체적으로 생동감 있게 묘사되어 있는 정도이다. 사마천은 이들 인물들에 대한 묘사를 통해서 당시 귀족 집단 내부의 모순과 암투의 흑막을 폭로하고자 하였던 것으로 보인다. 또한 〈진섭세가陳涉世家〉에서는 중국 최초의 농민 봉기의 영수領袖였던 진승陳勝과 오광吳廣의 전기를 서술하면서, 그들의 성명과 자호字號·적관籍貫·관직 등을 소개하는 데 그치지 않고 역시 그들이 난을 일으키게 된 원인과 경과 등을 생생하게 묘사해 놓고 있다. 진승과 오광은 원래 농민들을 이끌고 변방을 지키는 『둔장屯長』 즉 하급 장교였는데, 임무 수행 도중에 큰 비를 만나 기일을 어기게 되었다고 한다. 당시 진秦나라의 법규에 의하면 기일을 어긴 장교는 사형에 처해지게 되어 있었으므로, 이래도 죽고 저래도 죽을 목숨 차라리 포악한 진나라 조정을 무너뜨리고 나라를 위해 목숨을 바치자고 생각하여 결국 농민들을 선동 반란을 일으켰다. 이들은 곧 농민들의 광범하고 열렬한 지지를 받으면서, 여러 성城들을 함락시키고 왕으로 등극하기까지 하였다. 이러한 묘사들은 상당히 구체적이고 생동감 있게 이루어져 있을 뿐만 아니라, 봉건제도 하에서 『관료들의 핍박을 받아 백성들이 반란을 일으키는』(官逼民反) 객관적 현상을 잘 대변해 주고 있다. 여기서 사마천은 또 진승과 오광 등이 미신과 민심 등을 교묘히 이용하여 자신들을 합리화시키고 반란의 여론을 조성함으로써 군중들의 대대적인 호응을 받을 수 있었던 과정을 생생하게 묘사하고 있으며, 아울러 진승 등이 후일에 와서는 신하들을 잘못 등용하고 그들의 참소를 경솔하게 받아들이면서 조직력이 차츰 와해되어, 결국 민심도 잃고 실패로 끝을 맺고 말았음을 상세하게 기록하고 있다. 그리고 〈고조본기高祖本紀〉에서도 한漢 제국을 건설한 유방劉邦에 대해 그가 진秦 왕조를 멸망시키는 과정 중에 여러 의견들을 두루 잘 청취하고 인재들을 적재적소에 잘 등용하였던 점이 바로 군웅群雄들의 각축 현장에서 단연 승리를 거둘 수 있었던 원동력이 된 것으로 묘사하고 있는 한편, 아울러 그가 보여 주었던 여러 가지 무뢰한 행동들까지도 낱낱이 폭로해 둠으로써 유방의 진면목을 제대로 이해하는 데 큰 도움을 주고 있다.

《사기》는 생동감 있고 세련된 언어 구사와 정연하고 짜임새 있는 구성을 통해 작자의 격정激情을 잘 함축하고 있는 저술이다. 다양한 유형의 인물들의 형상을 마치 살아 있는 사람을 대하는 느낌을 갖게 할 정도로 생생하게 부각시켜 놓고 있으며, 아울러 그러한 옳고 그른 인물들의 여러 활동들을 통해 유익한 역사적 경험 내지는 교훈을 많이 제공해 주고 있다. 그런 점에서 《사기》는 수천 년 동안 줄곧 사학가들은 물론 문학가들로부터도 대단히 높은 평가를 받아 왔던 것이다. 노신魯迅 같은 이는 일찍이 《사기》를 일컬어 「역사가의 절창이요, 운韻이 없는 〈이소〉이다.」(史家之絶唱, 無韻之離騷.)라고 극찬한 바 있다.

7

한대漢代 악부시樂府詩

한대漢代 문학 전반全般을 통해 사마천의 《사기》가 산문 분야의 최고봉이라고 한다면, 악부시樂府詩는 시가詩歌 방면을 대표하는 작품들이라 할 수 있다.

『악부樂府』는 원래 한漢 무제武帝 때에 설치된 음악을 관장하던 기구의 명칭이다. 여기서는 주로 각 지방의 민요들을 두루 채집 정리하였으며, 한편 새로운 음악을 작곡하여 채집된 민요 가사에 곡을 붙여 보급하기도 하였다. 그런데 이처럼 악부에서 정리가 되고 또 곡이 붙여진 이러한 가사들이 흔히 『악부시』라는 명칭으로 불리게 되었으며, 또한 약칭으로 『악부』라고도 불리게 되었다. 곧 『악부』라는 용어가 음악을 주관하는 관청의 이름에서 시가들을 지칭하는 단어로 바뀌어 쓰이게 된 것이다. 후대로 내려 와서는 시인들이 한대 악부시를 모방하거나 또는 단순히 그 제목을 원용하여 지은 시 작품들까지 『악부』라고 부르게 되면서, 시가의 명칭으로부터 다시 특정 시체 즉 시가의 형식을 통칭하는 용어로 바뀌어졌다.

한대 때에는 민간 가요들을 아주 대대적으로 채집하여서, 그 대상 지역이 매우 넓었을 뿐만 아니라 수량 또한 굉장히 많았다. 다만 아쉽게도 현재 전하고 있는 작품들은 극히 일부분에 불과한 실정이다. 송대宋代 문인 곽무천郭茂倩이 편찬한 《악부시집樂府詩集》에 가장 많은 양의 한대 악부시가 수록되어 있는데, 여기에는 한대로부터 당대唐代까지의 악부시들이 모두 12종으로 분류 수록되어 있다. 이들 작품들은 그 성질이나 용도에 따라 크게 세 종류로 구분될 수 있다. 첫째로는 묘당廟堂의 악가樂歌를 들 수 있으니, 이들은 대체로 조정의 제사나 연회 때에 사용되었다. 둘째로 군악軍樂을 들 수 있는데, 이들은 주로 군대 내에서 병사들의 사기를 앙양시키거나 그들을 위로하는 데에 쓰였으며, 더러는 외빈들을 접대하고 관리들을 영접하는 데에 사용되기도 하였다. 마지막으로 일반 민간인들의 오락에 주로 사용되었던 민가民歌들을 들 수 있는데, 여기에는 악곡이 붙여지지 않은 민요 가사들도 포함된다.

이들 세 가지 종류 중에서도 특히 민가와 군악에 속하는 작품들이 바로 한대 악부시의 정수라고 할 수 있다. 이들은 대체로 민간으로부터 유래되었으며, 「슬픔과 기쁨으로부터 느낌을 받고 사실에 말미암아서 발로되어진」(感于哀樂, 緣事而發.) 작품들이란 점에서 그 창작 태도나 방법 면에 있어 《시경詩經》 시의 현실주의적인 전통을 다분히 이어받은 것으로 보여진다. 그래서 대부분의 한대 악부시 작품들은 그 당시의 사회 현실과 백성들이 지니고 있는 애증愛憎의 정서 등을 폭넓게 반영하고 있다. 우선 백성들이 겪는 생활고를 잘 반영한 작품들로 〈부병행婦病行〉과 〈동문행東門行〉 등을 들 수 있다. 〈부병행〉은 빈궁한 한 가정의 비참한 생활상을 묘사한 작품인데, 여주인공이 오랜 병고 끝에 자식들을 남겨 둔 채 세상을 떠나는 처절한 장면과 그 후 남편과 아이들이 굶주림과 헐벗음을 견디지 못해 울부짖는 참상을 독자들이 차마 끝까지 읽어 내려가기 어려울 정도로 생생하게 묘사하고 있다. 〈동문행〉 역시 지극히 곤궁한 생활을 참다 못한 한 가장家長이 마침내는 반항의 결심을 굳히게 되는 처절한 상황을 적나라하게 묘사해 놓고 있다. 그 외에 계속되는 전쟁으로 인해 백성들이 겪게 되는 고충을 잘 반영한 작품들로 〈전성남戰城南〉과 〈십오종군정十五從軍征〉 등을 들 수 있다. 〈십오종군정〉은 15세에 종군하여 80세가 되어서야 고향으로 돌아온 늙은 병사를 내세워, 고향이라고 돌아와 보았지만 친척들은 이미 모두 세상을 떠났고 집도 다 쓰러져버리고 없는 처참한 정경을 묘사해 둠으로써 당시 병역兵役 제도의 잔혹함을 여실히 폭로하고 있다. 한편 귀족 계층 사람들의 사치스런 생활상과 비뚤어진 정신 상태를 폭로한 작품들도 상당수 있다. 예를 들면 〈상봉행相逢行〉과 〈장안유협사행長安有狹斜行〉 같은 작품들은 귀족들의 호화로운 저택이나 연회석으로부터 그들의 정신 상태에 이르기까지 폭 넓고 심각한 폭로를 가해 놓고 있어서, 앞에 열거한 것처럼 백성들의 생활고를 반영한 작품들과는 매우 뚜렷한 대조를 이루고 있다. 마지막으로 한대 악부시들 중에는 혼인이나 남녀 간의 애정을 반영하고 있는 작품들도 매우 많다. 이들 중 어떤 작품들은 연인에 대한 굳은 정절을 표현하고 있고, 어떤 것들은 강렬한 사랑의 고백을 털어놓고 있으며, 또 어떤 것들은 버림받은 여인의 불행한 처지를 묘사하고 있기도 하다. 그리고 위에 든 몇 가지 부류들 외에도, 〈고아행孤兒行〉처럼 고아가 받는 학대를 묘사함으로써 당시의 가족 제도나 사회 구조에 대한 문제점을 반영한 작품이 있는가 하면, 또한 〈고어과하읍枯魚過河泣〉이나 〈접접행蜨蝶行〉처럼 우언寓言 형식을 취하고 있어서 그 중에 반영된 내용이 무엇인지를 구체적으로 지적해내기 어려운 작품들도 일부 있다.

한대의 악부시 작품들 중 가장 관심을 끄는 작품은 바로 장편 서사시敍事詩 〈공작동남비孔雀東南飛〉이다. 이 작품은 『고시위초중경처작古詩爲焦仲卿妻作』이라고도 불리는데, 원문 앞에 부가된 소서小序 중에 「한말漢末 건안중建安中」이라 언급되어 있는 점으로 보아 동한東漢 헌제獻帝의 건안(196~219) 연간에 지어졌을 것으로 추정된다. 모두 353구에 1,765자로 이루어져 있으며, 초중경焦仲卿과 유란지劉蘭芝 부부의 혼인에 얽힌 비극을 상세하게 묘사함으로써 봉건 가족제도의 폐단을 신랄하게 폭로한 작품이다. 여주인공인 유란지는 원래 부지런하고 선량한데다가 온순하면서도 강인한 성격의 소유자였다. 그녀는 남편 초중경과 사이가 매우 좋았는데도 불구하고, 시어머니로부터 갖은 학대를 받다가 결국은 친정으로 쫓겨나고 만다. 친정으로 돌아온 유란지는 재혼을 강요하는 오빠의 성화를 견디다 못해 드디어 맑은 못에 투신 자살해버렸으며, 이 소식을 전해 들은 남편 초중경 역시 목을 매어 자살하고 말았다. 이들 부부는 이렇게 세상을 뜬 후 한데 합장合葬되었고, 결국 한 쌍의 원앙새로 변하여 매일 밤 무덤 주위의 소나무·측백나무·오동나무 등의 맞닿은 가지 위에서 밤새도록 서로를 향해 구슬프게 울부짖었다고 한다. 작자는 이러한 비극적인 내용의 이야기를 통해서, 절개 굳고 선량한 유란지와 진실하고 후덕한 초중경 두 사람에게 무한한 동정과 찬사를 보내고 있으며, 동시에 괴팍하고 잔인한 초중경의 어머니와 물욕에 눈이 어두운 유란지의 오빠 등에게 냉혹한 비판을 가하고 있다.

〈공작동남비〉는 이처럼 이야기의 전개가 매우 뚜렷할 뿐만 아니라, 다양한 인물들의 형상을 아주 성공적으로 잘 부각시켜 놓고 있다. 전편全篇을 통해 7·8명의 인물들이 등장하는데, 인물들마다 묘사가 간략하고 상세한 차이는 있지만 기본적으로 그 성격들이 모두 선명하게 부각되어 있다. 비근한 예로 유란지의 오빠는 단 한 차례 등장되어 있을 뿐인데도, 그가 여동생에게 개가할 것을 권유하는 몇 마디의 말 속에 그의 물욕에 찬 추악한 정신 상태 같은 것이 잘 표현되어 있다. 한편 주인공인 유란지는 작자가 상세한 필치로 가장 심혈을 기울여 부각시키고자 한 인물이다. 작품 첫머리에는 우선 그녀가 부지런하고 선량하며 지식과 예의범절을 고루 갖추고 있는 여인인데도, 시어머니의 박대를 받으며 고통스런 나날을 보내고 있는 것으로 묘사되어 있다. 그리고 그녀가 남편과 이별하게 되고 급기야 친정 식구들에게 개가를 허락하는 과정들 속에 그녀의 높은 식견과 내적인 강인한 성품 등이 잘 표현되어 있다. 특히 그녀가 남편과 이별하는 장면을 보면, 용모를 단정히 갖추고 시어머님과 시누이에게 작별 인사를 고하는 내용을 상세하게 묘사함으로써, 그녀의 차분한 성격과 교양미 그리고 다정한 성품 같은 것들을 효과적으로 잘 표현해 놓고 있다. 어떻게 보면 시집에서 쫓겨나면서도 세세한 예의범절을 빠뜨림 없이 두루 갖추고 남편이나 시어머니에 대해 추호의 원망도 표시하지 않는 그러한 태도나 행실을 묘사함으로써, 외유내강형의 한 여성상을 성공적으로 잘 그려내었다고 할 수 있을 것이다.

한대의 악부 민가들은 당시의 사회 현실을 폭 넓게 반영하고 있으며 고도의 예술적인 성과까지 거두고 있다는 점에서, 한대의 시가詩歌 발전에 있어 새로운 국면을 개척한 것으로 평가된다. 아울러 이 민가 작품들은 시가의 형식 면에 있어서도 새로운 변화를 야기시켰다. 주지하다시피 《시경》 시 작품들이 대부분 정제整齊된 4언체四言體로 이루어져 있으며 《초사》에 잡언구雜言句가 많고 『혜兮』자가 많이 사용되어 있는 데 반해, 한대의 악부시들 중에는 5언五言·7언七言 및 잡언구들이 적절하게 혼용되어 있다. 특히 이들 중 정제된 5언체나 기본적으로 칠언의 골격을 유지하고 있는 형식들은 곧 후세의 5언시와 7언시의 형성에 직접적인 영향을 끼쳤다. 곧 7언을 위주로 한 민간 가요로는 《속한서續漢書》 〈오행지五行志〉에 실려 있는 〈대맥요大麥謠〉 같은 작품이 있으며, 전편全篇을 통해 정제된 5언 형식을 취하고 있는 작품들은 한대의 악부 민가들 중에 이미 상당히 보편화되어 있었으니 〈상봉행〉·〈음마장성굴행飮馬長城窟行〉·〈십오종군정〉·〈맥상상陌上桑〉·〈우림랑羽林郎〉·〈공작동남비〉 등이 바로 그러한 유형의 작품들이다. 그리고 후세 사람들에 의해 『고시古詩』라고 일컬어지는 일련의 작품들은 그 자체가 바로 이미 예술적으로 상당히 성숙된 5언 고체시古體詩였다. 특히 소통蕭統의 《문선文選》에 수록된 〈고시십구수古詩十九首〉를 살펴보면, 이들은 대부분 그 당시의 실의에 찬 문인들이 지은 작품으로, 예술적인 기교 면에서 이미 대단히 성숙되어 있으며 주로 사회 혼란의 와중에서 겪게 된 방황과 고민 혹은 격분 등을 토로해 놓고 있다. 이렇게 볼 때 〈고시십구수〉 작품들은 서정적抒情的인 색채가 아주 농후하여서 악부 민가 작품들이 주로 서사敍事를 위주로 하고 있는 점과 좋은 대조를 보여 주고 있으며, 그런 점에서 후대의 시가에 대단히 큰 영향을 끼쳤다. 결론적으로 중국의 고대 시가들 중 5언이나 7언과 같은 형식들은 모두 한대의 악부 민가로부터 생겨나서 차츰차츰 그 틀을 이루어 나왔다 하겠다.

8
한부漢賦

문학사가文學史家들은 일반적으로 한대漢代의 대표적인 문학 장르가 바로 부賦라고 생각해 왔으며, 흔히 이 부를 초사楚辭나 당시唐詩 또는 송사宋詞 등과 함께 병칭竝稱하곤 하였다. 물론 이러한 견해가 지나치게 획일적인 측면도 없지는 않지만, 다만 부가 한대에 와서 커다란 발전을 보았고 또 후대의 문학에 상당한 영향을 끼치기도 하였던 한대의 주요 문학 양식이었던 점은 분명한 사실이다.

부는 형식적인 면에서 산문散文과 운문韻文의 속성을 동시에 지니고 있으며, 그 안에는 배구排句가 많이 사용되어 있고 때로는 『혜兮』자가 활용되어 있기도 하다. 한대 이후에는 이른바 『배부排賦』·『율부律賦』 등이 출현하기도 하였는데, 이들은 평측平仄이나 대우對偶 등 면에서 보다 엄격한 규율規律이 요구되었기 때문에 이들과 구별짓기 위해서 한부漢賦를 흔히 『고부古賦』라고 부르기도 하였다. 이러한 한부 특히 장편長篇의 대부大賦 작품들이 지니고 있는 가장 두드러진 특징으로는 미사여구美辭麗句를 최대한 많이 늘어놓음으로써 사물들을 아름답고 상세하게 묘사하고 있는 점을 들 수 있다.

부賦라고 하는 문학 양식은 본래 《초사楚辭》의 영향을 받아 형성되었으며, 굴원屈原보다 조금 늦게 생존하였던 송옥宋玉과 순황荀況 등 작가들이 부 문학의 발전 과정에 있어 중대한 공헌을 하였다. 그 중에서도 송옥은 〈풍부風賦〉·〈신녀부神女賦〉·〈고당부高唐賦〉 등 작품을 통해 한대 대부大賦의 배비포장排比鋪張하는 기풍을 개척하였는데, 특히 그의 〈고당부〉는 초楚나라의 운몽雲夢에 있는 고당高唐이라는 누대樓臺 주변의 산수山水와 수목樹木 등 경물景物들에 대해 질서정연한 배비排比 수법을 운용하여 각기 3·40구씩의 묘사를 가해 두고 있다. 도시都市와 궁전宮殿 그리고 원림園林과 유렵游獵 등을 묘사하고 있는 한대의 대부 작품들 치고 실로 이러한 형식의 영향을 입지 않은 것이 없을 정도이다. 곧 한대의 대부 작품들은 대부분 장법章法 면에 있어서 이처럼 질서정연한 배비排比 형식을 채택하여서, 산山을 묘사할 때에도 우선 몇몇 구로 산을 묘사한 다음 이어서 그 주위의 강물이나 수목樹木 및 조수鳥獸 등을 차례대로 묘사하고 또 방위方位에 있어서도 동서남북과 상하좌우上下左右 등으로 나누어 일일이 상세한 배비排比를 가해 놓고 있다. 구체적인 묘사描寫 면에 있어서는 대체로 정적靜的이고 반복적反復的인 묘사 수법을 택하고 있어서, 독자들에게 아주 견실한 느낌을 주고 있다. 이러한 대부의 대표적인 작가와 작품들로는 사마상여司馬相如의 〈자허부子虛賦〉와 〈상림부上林賦〉, 양웅揚雄의 〈감천부甘泉賦〉와 〈우렵부羽獵賦〉, 반고班固의 〈서도부西都賦〉와 〈동도부東

都賦〉(흔히 『양도부兩都賦』라 약칭됨), 장형張衡의 〈서경부西京賦〉와 〈동경부東京賦〉(흔히 『이경부二京賦』라 약칭됨) 등을 들 수 있다. 이들은 모두 한대의 도시나 궁전 및 원림園林 등의 장엄하고 화려한 풍경들과 천자天子의 웅장하고 호화스러운 수렵狩獵 장면들을 묘사한 작품들로, 한결같이 규모가 광대하며 극히 화려하고 정교하다는 공통된 특성을 지니고 있다. 이들 작품들은 어느 면에서 봉건시대封建時代 통치 계급의 호화스런 생활상과 천하天下를 통일한 한漢 왕조의 위세威勢를 반영하고 있으며, 아울러 나약하고 무기력하긴 하지만 어느 정도의 풍자諷刺 의식도 내포하고 있는 것으로 보인다. 그렇지만 내용적인 가치 면에서 볼 때 각기 당시의 사회 현실을 심각하게 반영하고 있는 악부시樂府詩나 《사기史記》 등 작품들과는 도저히 비교가 될 수 없을 정도에 불과하다. 또한 예술적인 면에서도 이들은 오로지 격식화格式化된 경향을 띠고 있고 사조辭藻에만 지나치게 집착하고 있어서, 악부시나 《사기》등 작품들에서와 같은 생동감이나 선명한 인상을 거의 찾아 볼 길이 없다.

부 문학 자체만 놓고 본다면, 오히려 가의賈誼나 매승枚乘·왕포王褒·조일趙壹 등 작가들의 작품들 특히 그들 중에서도 서정적抒情的인 색채가 농후한 소부小賦 작품들이 훨씬 더 우수할 뿐만 아니라 또한 후세의 부 문학에도 커다란 영향을 끼친 것으로 평가된다.

9
건안建安 문학

동한東漢 헌제獻帝 때의 건안建安(196~219) 연간은 중국 역사상 대단히 혼란한 시기였지만, 문학발전사적文學發展史的 측면에서 볼 때 매우 중요한 시기가 아닐 수 없다. 이 기간 동안에는 많은 인재들이 새로 배출되면서, 각종의 문학 양식들과 문학 이론들이 모두 대단한 발전을 보았다. 특히 시가詩歌 부문에 있어서는 오언시五言詩가 흥성하여 성숙 단계에 접어들었을 뿐만 아니라, 칠언시七言詩 역시 그 지위가 완전히 확립되기에 이르렀다. 시의 기풍氣風 면에서 보면, 이 시대 작품들 특유의 울분에 차 있고 쓸쓸한 느낌을 주는 특징이 갖추어지기도 하였다. 그런 점에서 문학사가文學史家들은 흔히 이 시기의 문학을 따로 떼어 『건안建安 문학』이라고 일컫는 것이다.

동한東漢 영제靈帝의 중평中平 원년元年 즉 서기 184년에는 황건적黃巾賊의 난亂이 일어났다. 훗날 이 난이 진압되기는 하였지만, 난리를 진압하는 데 참여하였던 여러 세력들이 서로 각축전을 벌이면서 천하天下는 다시 군웅群雄들이 할거割據하는 새로운 국면을 맞게 된다. 그 중에서도 조조曹操는 차츰 북방北方을 통일해 갔으며, 유비劉備는 사천성四川省과 호북성湖北省의 일부 지역을 장악하였고, 손권孫權은 양자강揚子江 중·하류 지역을 차지하여 각기 팽팽한 대립상을 연출하였다. 그러다가 한漢 헌제獻帝 연강延康 원년 즉 서기 220년에 조비曹丕가 헌제를 폐위시키고 위魏나라 정권을 수립하게 되자, 유비·손권 등도 뒤질세라 황제皇帝를 칭하고 각기 촉蜀나라와 오吳나라의 정권을 수립하였다. 이리하여 바야흐로 중국 역사상 위·촉·오라고 하는 삼국三國의 대립 시기가 전개되기에 이르렀던 것이다. 그러나 이와 같은 혼란의 와중에서도 문학 분야는 오히려 상당한 발전을 이룰 수 있었으니, 그 주된 원인은 바로 황건적의 난이 당시 막강한 힘을 과시하던 귀족 세력들에게 커다란 충격을 가하고 동한 왕조의 부패한 통치 상황과 사상적인 제약들을 마구 뒤흔들어 놓게 되면서, 중·하층 출신의 새로운 지식인 집단이 형성되어 정치 무대와 문학 분야에서 두루 활약하게 된 때문이라 하겠다. 특히 조조와 유비·손권 등의 휘하에는 한결같이 일단의 재능 있고 식견 높은 인재들이 모여들어서, 정치·사상·문화 등 각 방면에 걸쳐 나름대로의 개혁을 단행한 바 있다. 이러한 정치적인 전기轉機와 사상적인 해방이 곧 문학의 발전과 번영을 촉진하였던 것이다.

『건안 문학』의 특징과 성과는 대체로 조조 주위에 모여들었던 여러 시인들의 작품 활동에서 두드러지게 나타난다. 이러한 현상에 대해 노신魯迅은 일찍이 「조조는 자신이 작품 창작 능력을 갖추고 있었을 뿐만 아니라 또한 천하의 방사方士나 문사文士들을 대거 불러모으는 탁월한 수단도 지니고 있었기 때문에, 자연히 그의 휘하에는 방사와 문사들이 특별히 많을 수밖에 없었다.」라고 하여, 비교적 예리한 설명을 가한 바 있다. 사실 조조는 문인을 매우 중시하여서, 흉노족匈奴族에게 포로로 잡혀갔던 채염蔡琰이란 여류 시인을 구출해내기 위해 금품을 제공하면서까지 결국 석방시키고야 말았던 미담을 남기기도 하였다. 그리고 그는 호탕한 성격의 소유자로 고집이나 편견을 버리고 이단異端이나 외래 사상까지도 기꺼이 받아들이려 하였으므로, 당시에는 공문孔門 이외의 다른 사상들이 끊임없이 유입되었다. 이처럼 인재를 중시하며 사상을 해방시키고 문학을 제창하였기 때문에, 조조의 휘하에는 문인들이 특히 많이 운집하게 되었고 문학 작품들도 번영을 누릴 수 있었던 것이다.

조조라고 하면 일반인들은 우선 소설小說 《삼국지연의三國志演義》 중에 나오는 간신奸臣 정도로 이해하기가 쉬운데, 사실 이는 역사적인 진실에 비추어 볼 때 타당하지 못한 평가이다. 그는 서기 155년에 태어나 220년에 세상을 떠났으며, 자字는 맹덕孟德이었다. 부유하기는 하나 사회적 지위가 별로 높지 못했던 가정에서 출생한 그는 결국 위대한 한 명의 정치가이자 군사가로서 동한 말기의 혼란스럽고 분열된 국면을 종결짓는 데 커다란 공헌을 하였을 뿐만 아니라, 동시에 걸출한 한 명의 시인으로서 문학 양식을 개조하는 대 스승의 역할까지도 톡톡히 수행해내었던 것이다. 현존하는 그의 시 작품 23수는 모두 악부시樂府詩 형식을 취하고 있는데, 비록 악부시의 구제舊題를 채택하긴 하였지만 그 당시의 현실 상황을 잘 묘사해 놓고 있다. 비근한 예로 〈호리행蒿里行〉 같은 작품은 당시 여러 군벌 세력들이 할거割據하며 서로 혼전을 거듭함으로 말미암아 토지는 황폐해지고 백성들이 대량 학살 당하는 참혹한 현실을 심각하게 반영하고 있다. 그 외에도 그는 자신의 웅대한 포부를 표현한 작품들도 일부 남기고 있으니, 〈보출하문행步出夏門行〉이 바로 그러한 예에 속한다. 특히 그 중의 마지막 장章인 〈귀수수龜雖壽〉 가운데 보이는 「노쇠한 천리마는 마판에 엎드려서도 그 뜻을 천 리에 두고 있나니, 장렬한 지사가 만년이 되었다 하여 그 웅대한 포부를 저버릴 수 없으리라.」(老驥伏櫪, 志在千里; 烈士暮年, 壯心不已.)와 같은 대목은 곧 역대로 수많은 사람들의 입에 오르내렸던 명구名句이다.

曹操의 시 〈步出夏門行〉

조조의 아들인 조비와 조식曹植 역시 문학을 대단히 애호하여서 문학 발전에 뚜렷한 공헌을 남겼다.

조비(187~226)는 자字가 자환子桓으로, 한나라의 황위를 찬탈하여 위나라를 건립하고 위魏 문제文帝가 되었던 인물이다. 그의 시는 사회 현실의 반영도가 낮고 내용 범위가 협소하여, 부친인 조조의 수준에는 훨씬 못 미친다. 그렇지만 남녀간의 사랑과 이별에 얽힌 애환을 묘사한 작품들이 상당히 뛰어나다는 평가를 받고 있는데, 그 중 가장 유명한 작품이 바로 〈연가행燕歌行〉이다. 이 시는 전편全篇을 통해 세밀한 서정적 필치를 구사하여, 한 여인이 남편을 그리워하는 심정을 잘 묘사해 놓고 있다. 특히 주목을 끄는 점은 이 작품이 모두 7언구七言句로 이루어져 있어서, 예술 기교가 비교적 성숙된 초기 7언시의 명작으로 평가받고 있으며 7언시의 발전 과정에 있어 중요한 지위를 차지하고 있다는 사실이다. 조비는 이러한 실제 작품 창작 외에도, 《전론典論·논문論文》이란 저술을 남김으로써 중국문학비평사中國文學批評史 분야에 커다란 영향을 끼치기도 하였다. 이 문장을 통해 그는 무엇보다도 문학의 가치와 효용을 부르짖어 문학 행위가 곧 『나라를 다스리는 위대한 사업』(經國之大業)이라고 역설한 바 있다. 그리고 문인들이 남의 작품을 과소평가하는 폐단을 지적한 다음, 작가의 개성個性과 작품 풍격風格과의 관계 및 각종 문체文體들의 기본 속성에 대한 자신의 견해를 밝히는 한편, 당시의 저명 작가들에 대해 구체적이면서도 타당성을 지닌 평론을 가하고 있기도 하다.

조식(192~232)은 조씨 부자들 중 문학적 수준이 가장 높았을 뿐만 아니라, 건안 시기의 전체 작가들 중에서 가장 추앙을 받았던 작가이기도 하다. 그의 작품으로는 현재 시가詩歌 80여 수와 사부辭賦 및 산문 40여 편 등이 전하고 있어서, 건안 시대 작가들 중 현존하는 작품이 가장 많다. 조식의 작품 세계는 그의 생활 환경의 변화로 말미암아 전기前期와 후기後期 두 시기로 확연히 구분된다. 전기의 작품들은 대부분 자신의 포부나 의지를 표현하고 있으며, 〈백마편白馬篇〉이 대표적인 작품이라 할 수 있다. 부친인 조조가 세상을 뜬 후에 조식은 조비·조예曹叡 등과의 갈등이 심화됨으로 인해, 황제인 조비·조예 등으로부터 온갖 박해를 받게 된다. 이리하여 조식의 후기 작품들은 주로 조비가 가한 박해를 폭로하거나 또는 마음 속의 분노를 털어놓은 것들이 주종을 이루고 있다. 〈야전황작행野田黃雀行〉 같은 작품을 보면 비흥比興의 수법을 운용하여, 조비로부터 박해받는 자신을 그물에 걸린 참새에 비유함으로써 자유를 갈망하는 그의 심정을 표현하고 있다. 또 〈우차편吁嗟篇〉의 경우에도 항상 핍박받으며 끊임없이 떠돌아다니는 고통스런 자신의 신세를 마치 한 포기 쑥이 자신의 운명을 개척해나가지 못하고 힘없이 바람에 나부끼고 있는 것에다 비유해 두었다. 이런 작품들은 모두 슬프고 원망스러운 감정을 절실하게 나타내고 있으며, 예술적인 기교 역시 상당히 성숙된 면을 보이고 있다. 일찍이 조비가 『시와 부는 화려하여야 한다』(詩賦欲麗)는 주장을 피력한 바 있는데, 시·부의 이러한 속성이 바로 조식의 시 작품들 중에 아주 선명하게 구현되어 있다. 조식의 시에는 화려한 수식 뿐만 아니라, 이미 대구對句의 운용이나 평성平聲과 측성仄聲의 성조聲調 조화 및 경구警句의 활용 등 여러 가지 기법들이 시도되었다. 이러한 점은 곧 중국 시가의 격률화格律化 과정에 있어서 상당히 중요한 의의를 지닌다. 조식은 시가 이외에 사부辭賦 분야에서도 새로운 경지를 개척하였다. 특히 그는 한대漢代 대부大賦의 판에 박힌 서술 방식과 미사여구를 남용하는 그릇된 습관을 버리고, 아름다우면서도 난해하지 않은 어휘들을 사용하여 자기 감정을 서술하였다. 〈낙신부洛神賦〉가 바로 그의 대표작이다.

조씨 부자 외에도 이 당시에는 중국문학사상 흔히 『건안칠자建安七子』라고 일컬어지는 문인들이 활약하였다. 조비가 《전론·논문》에서 비평을 가한 공융孔融·왕찬王粲·유정劉楨·진림陳琳·완우阮瑀·서간徐幹·응창應瑒 등 7명이 바로 그들인데, 이들 중에서는 공융이 정치적으로 조조와 약간의 갈등을 빚었을 뿐 나머지 6명은 모두 조씨 정권에 결탁하여 함께 작품 활동을 전개하였다. 그 중에서도 왕찬의 작품 수준이 가장 뛰어났으며, 그의 〈칠애시七哀詩〉와 〈등루부登樓賦〉 같은 작품들은 역대로 수많은 사람들의 입에 오르내린 명작이다.

10
위진魏晋 시대의 시·부

위魏나라 조정朝廷은 제왕齊王 조방曹芳의 정시正始(240~248) 연간으로 접어들면서 통치권을 거의 상실하였고, 대신 사마씨司馬氏 일파들이 대권을 송두리째 장악하였다. 드디어 서기 265년 즉 위나라 원제元帝 함희咸熙 2년에는 사마염司馬炎이 위나라로부터 황제 자리를 빼앗아 서진西晉 왕조를 수립하였으며, 이를 전후하여 263년에는 촉蜀나라를 280년에는 오吳나라를 각각 멸망시키고 완전한 통일국가를 이루게 된다. 그러나 서진 왕조는 극도로 부패한 왕조여서, 겨우 51년을 지탱하고는 백성들의 반항과 통치 집단 내부의 끊임없는 내분으로 인해 316년에 결국 멸망하고 말았다. 그 후로 황하黃河 유역은 북방 유목 민족들 간의 세력 각축장으로 변하여 중국 역사상 그 유래를 찾아볼 수 없을 정도로 극심한 혼란상이 전개되었으니, 곧 흉노족匈奴族·선비족鮮卑族·갈족羯族·저족氐族·강족羌族 등 오랑캐들이 번갈아 가면서 크고 작은 16개의 정권들을 수립하여 이른 바 오호십육국五胡十六國 시대라 일컬어지고 있다. 뒤이어 북방에서는 386년부터 581년에 이르기까지 북위北魏·동위東魏·서위西魏·북제北齊·북주北周 등이 차례로 건립되었고, 이 시기를 중국 역사에서는 흔히 『북조北朝』라고 부르고 있다.

서진이 멸망한 후에 양자강揚子江 유역으로 달아났던 진나라 왕족 사마예司馬睿는 그곳에서 동진東晋 왕조를 수립하였다. 그러나 영토를 죄다 내어주고 쫓겨온 동진 왕조는 서진이 멸망한 교훈을 되새기기는커녕 여전히 향락에만 탐닉하고 서로 간에 배척을 일삼음으로써, 결국 백성들이 안심하고 살아갈 수가 없는 지경이 되고 말았다. 여러 가지 모순점들을 야기시키며 겨우겨우 목숨을 부지해 나오던 동진은 드디어 420년에 유유劉裕에 의해 멸망 당하고 만다. 이 이후로 160여 년을 거치는 동안에 양자강 유역에서는 송宋·제齊·양梁·진陳 등 네 왕조가 차례로 교체되었으니, 이를 중국 역사에서는 『남조南朝』라고 일컫고 있으며 또한 이 네 왕조들에 동진과 삼국三國 중의 오吳나라를 보태어서 흔히 『육조六朝』라고 일컫기도 한다.

위나라로부터 남북조 시대에 이르는 이 기간 동안은 정치적인 면에서 서로 이념을 달리하는 다양한 집단들 간에 극심한 투쟁과 무참한 살육이 계속 벌어져서, 하안何晏·혜강嵇康·육기陸機·반악潘岳·곽박郭璞·사령운謝靈運 등 유명 문인들이 모두 정치 집단들에 의해 살해 당하였다. 또 이 시기에는 문벌제도門閥制度가 확고하게 자리를 잡게 되었으니, 일찌기 조비曹丕가 『구품중정법九品中正法』이란 관리 등용 정책을 시행한 이래로 차츰차츰 출신 가문에 대한 차별이 심화되어, 결국 「고관들 중에는 빈한한 가문 출신이 없고, 하급 관리들 중에는 귀족 집안 출신이 없다.」(上品無寒門, 下品

無世族.)는 말이 나올 정도로 빈한한 가문 출신 인사들이 정치적으로 자신의 재능을 발휘할 기회는 극히 적었으며 반면에 귀족 인사들은 정권을 독차지한 채 대량의 토지와 재산을 소유하고서 사치스럽고 방탕한 생활을 하며 못된 짓을 제멋대로 자행하기도 하였다. 한편 사상적인 측면에서는 이 시기에 노장사상老莊思想이 대단한 성행을 누리게 되었으며, 고대의 무속巫俗 신앙이나 음양오행술陰陽五行術·도술道術 등을 종합하여 형성된 도교道教 역시 광범하게 전파되어 나갔다. 뿐만 아니라 서한西漢 말기에 중원中原 지역으로 유입된 불교도 커다란 발전을 보았다. 그리고 이처럼 여러 가지 사상이나 종교들이 유행함에 따라, 점차적으로 종교들 간에 서로 침투되거나 혹은 흡수 당하는 현상도 나타나게 되었다.

嵇康

당시의 이러한 정치 상황과 사상적 흐름은 문화 방면에도 그대로 반영되어, 대부분의 문인들이 노장사상을 숭배하고 공담空談을 숭상하며 방종스러운 행위를 일삼거나 음주와 신선 세계에 대한 동경으로 소일하는 예가 허다하였다. 그들의 작품 역시 전통적인 사상 체계와 세속적인 정서를 부정하고, 개인적인 해탈이나 자유를 추구하는 내용을 주로 표현하고 있다. 이처럼 노장사상 계통의 허무주의虛無主義를 예찬하는 내용의 시 작품들은 지극히 평범하고 무미건조한 『현언시玄言詩』라고 하는 새로운 시풍詩風을 형성하게 되었는데, 이러한 풍조가 바로 정시正始 연간의 하안何晏·왕필王弼 등 문인들에 의해 시작되었기 때문에 후세 사람들이 이들을 흔히 『정시명사正始名士』라고 일컫고 있다. 이들과 거의 동시대 인물들로 흔히 『죽림칠현竹林七賢』이라 일컬어지는 완적阮籍·혜강嵇康·유령劉伶·상수向秀·산도山濤·완함阮咸·왕융王戎 등 7명의 문인들이 더 있었다.

죽림칠현 중에서도 가장 대표적인 인물로는 역시 혜강(224~263)과 완적(210~263)을 꼽을 수 있다. 이들은 모두 당시 사마씨司馬氏 일파들의 전횡과 암울한 정치 현실에 대해 불만을 표시하거나 관직에 대한 불안감을 토로하였으며, 또한 출세를 위해 권력에 빌붙어 몰염치한 행동을 서슴지 않고 있는 일부 사대부들의 세태에 대해 비판을 가하기도 하였다. 그들은 모두 노자老子의 『소국과민小國寡民』이라는 청사진으로부터 착상하여, 군신君臣도 없고 착취나 경쟁도 없으며 영욕榮辱마저 없는 그래서 모든 사람이 자유롭게 생활할 수 있는 하나의 사회를 구상해내었다. 그런데 이들이 각기 암울하고 추악한 현실에 대해 비판을 가한 방식은 서로 상당한 차이를 보이고 있다. 우선 혜강은 작품을 통해 도도하게 세태에 대한 분개를 표시하거나 귀족 권세가들에 대한 멸시를 나타냄으로써, 시문詩文 속에서 자신의 견해를 대담하게 표현하였다. 그런 점에서 노신魯迅은 그의 작품에 담긴 사상이 매우 참신하다고 평한 바 있지만, 한편으로는 이러한 성향 때문에 그는 결국 살해당하는 화를 입게 되기도 하였다. 〈유분시幽憤詩〉·〈여산거원절교서與山巨源絶交書〉·〈관채론管蔡論〉·〈태사잠太師箴〉 등과 같은 시문들이 모두 그의 사상과 성품을 선명하게 잘 반영하고 있다. 이에 반해 완적은 혜강과 달리 암울하고 혼탁한 사회 속에서 주로 미치광이 시늉을 하면서 세상을 회피하는 방식을 택하였고, 한번은 사마염司馬炎의 혼사 제의를 거절하기 위해 술에 만취한 채로 두 달 동안 깨어나지 않음으로써 상대가 말을 꺼낼 기회조차 주지 않았다고도 한다. 그는 특히 시 방면에 뛰어난 성과를 남겼으며, 대표적인 작품으로는 역대로 수많은 사람들의 입에 오르내린 〈영회시詠懷詩〉 82수가 있다. 이들은 모두 한꺼번에 지어진 것이 아니고 시상詩想이 떠오를 때마다 지어 두었다가 나중에 한데 모아 제목을 그렇게 붙인 것으로 보이는데, 내용은 주로 현실에 대한 불만과 삶의 우환에 대한 한탄을 표현하고 있다. 표현 기법 면에서 비比와 흥興의 수법을 많이 채용하여 작자의 의도가 상당히 복잡하게 얽혀 있고 매우 불명확한 느낌을 주며, 따라서 남조南朝 송宋의 문인인 안연지顔延之도 일찍이 완적의 〈영회시〉가 상당히 이해하기 어렵다고 말한 적이 있을 정도이다.

서진 시대의 유명 작가로는 이른 바 『삼장三張·이륙二陸·양반兩潘·일좌一左』라 일컬어지는 일련의 문인들을 들 수 있다. 『삼장』

은 장재張載·장협張協·장항張亢 3형제를 가리키고, 『이륙』은 육기陸機·육운陸雲 형제를 가리키며, 『양반』은 반악潘岳·반니潘尼 숙질叔姪을 가리키고, 『일좌』는 곧 좌사左思를 가리킨다. 그들 중에서도 반악(247~300)과 육기(261~303)가 당시 문단에 가장 큰 영향을 끼친 시인으로, 이들은 대체로 문사文辭와 대우對偶 등 형식적인 아름다움을 상당히 중시하였다. 한편 이들은 귀족 세도가들에게 아부하면서 권력에 빌붙어 생활한 비열한 인물들이고 작품을 통해 현실 사회를 진실되게 반영하려는 노력을 전혀 기울이지 않았다는 지적을 받고 있기도 하다. 그런 반면에 동시대 문인이었던 좌사(250?~305?)는 당시의 사회 현상들과 자신의 진솔한 감정들을 작품을 통해 충실히 잘 반영해 놓고 있다. 그의 작품으로는 현재 시 14수와 〈삼도부三都賦〉 등이 전하고 있으며, 시 중에서는 〈영사시詠史詩〉 8수가 가장 뛰어나다. 이 〈영사시〉는 대체로 강건한 필치에 고상한 뜻을 담아, 당시의 문벌제도가 인재들을 말살하고 사회 발전을 저해하고 있음을 강력히 규탄하면서 아울러 귀족 권세가들에 대한 멸시를 가하고 있다.

동진 시대로 넘어 오면 노장사상老莊思想과 도교道教에 심취한 곽박郭璞(276~324)이란 작가가 출현하였다. 그는 박학다식한 학자로서도 대단한 명성을 떨쳤는데, 현재 20여 수의 시를 남기고 있으며 그 중 〈유선시游仙詩〉 14수가 대표적인 작품이다. 신선 세계에 대한 묘사를 통해 간접적으로 현실 상황을 반영하고 아울러 자신의 감회를 표현해 놓고 있는데, 이러한 수법은 일찍이 굴원屈原의 작품에서 처음 사용된 후로 한대漢代 악부시樂府詩에서도 활용된 예들이 더러 보이고 있으며, 가까이로는 조식曹植의 〈선인편仙人

篇〉·〈승천행升天行〉·〈유선游仙〉 등 작품들이 곽박의 〈유선시〉에 직접적인 영향을 미친 것으로 보여진다. 그러나 이 〈유선시〉는 예전 작품들보다 한층 더 발전된 면모와 창의적인 면을 보여 주고 있다. 곧 생동감 있는 묘사와 맑고 화려한 어휘 구사를 통해 작자의 격렬한 감정과 모순된 심리 등을 잘 표현함으로써, 당시의 혼탁한 사회상과 어려운 인생살이 등 현실적인 문제점들을 잘 굴절시켜 놓고 있다. 특히 당시처럼 현언시가 한창 성행하고 있던 문단 풍조 하에서 그의 이 〈유선시〉야말로 정말 진귀한 문학 유산이라 하지 않을 수 없다. 그런 점에서 유협劉勰과 종영鍾嶸 같은 걸출한 문학비평가들 역시 한결같이 곽박을 『중흥제일中興第一』의 시인이라 극구 칭찬하였던 것이다.

동진으로부터 남조 송나라에 이르는 사이에 시 경향이 또 한 차례 두드러진 변화를 보이게 된다. 곧 농촌 풍경을 주로 묘사한 전원시田園詩와 산수 경치를 주로 묘사한 산수시山水詩 등이 본격 출현하였는데, 전원시의 대표 작가는 도잠陶潛이며, 산수시의 대표 작가는 바로 사령운謝靈運이다. 도잠에 대해서는 뒷부분에서 따로 장을 설정하여 설명하기로 하고, 여기서는 사령운에 대해서만 간단히 살펴보기로 한다. 사령운(385~433)의 시는 비록 현언시 경향을 완전히 탈피하지 못하였고 또 사회성을 충분히 살리지도 못한 것이 한계점으로 지적되고 있기는 하지만, 그러나 참신하고 정교한 필치로 대자연과 산수의 빼어난 경치를 묘사해내어 독자들로 하여금 아름다움을 만끽하게 해 줌으로써, 그 당시에 마치 노장사상 해설서처럼 무미건조하기만 하던 현언시 경향 하에서 나름대로 청신하고 상쾌한 바람을 시단에 불어넣어 준 것으로 평가받고 있다.

사령운보다 조금 늦은 시기에 활동한 포조鮑照(414~466) 역시 매우 뛰어난 시인이었다. 그는 재능은 아주 출중하였으나 신분이 미천하여 관직 생활이 그다지 순탄치 못하였는데, 당시 시단에서 현언시가 차츰 쇠퇴되고 전고典故의 사용이나 대우對偶를 추구하는 기풍이 서서히 고개를 들 무렵에 특정한 시체詩體에 구애받지 아니하고 악부시樂府詩의 현실주의적 경향을 이어받아 사상성이 풍부하고 예술적 가치도 높은 작품들을 써내었다. 특히 그의 〈행로난行路難〉 18수는 7언을 위주로 하여 5언이나 8언 등이 복잡하게 뒤섞여 있는 변화로운 형식을 통해 암울한 현실에 대한 답답하고도 불만스러운 심정을 토로하고 있는 작품으로, 7언체 악부시의 발전에 크게 기여한 바 있다.

하안何晏으로부터 차츰 형성되기 시작하였던 현언시 경향은 서진과 동진 두 왕조를 통틀어 100여년 이상 동안 대대적인 성행을 누려 왔다. 그렇지만 이 기간 동안에도 일부 시인들은 이론적인 측면에서나 또는 실제 창작 방면에서 현언시의 굴레를 벗어나기 위한 여러 가지 탐색과 시도를 꾀한 바 있다. 곧 혜강·완적·좌사·곽박·포조 등이 모두 그런 인물들로서, 이들은 모두 나름대로 독자적인 풍격을 형성하여 약간씩 정도 차이는 있지만 작품을 통해 각기 자신이 처했던 시대적인 상황을 충실히 반영하고 또 자신들의 고매한 인격과 지조 등을 잘 표현해냄으로써, 모두들 위·진 시대 동란기動亂期를 장식한 중요 작가들로 군림하게 되었다.

11
도잠陶潛과 전원시

서진으로부터 남북조 시대까지 대략 300여년 동안에 활동한 가장 뛰어난 시인 한 명을 꼽는다면 단연 도잠陶潛(365~427)을 들 수 있다.

그는 일명 연명淵明이라고도 불리며, 자字가 원량元亮이고 시호諡號가 정절선생靖節先生이었다. 심양潯陽 시상柴桑 곧 오늘날의 강서江西 구강九江 사람으로, 본래 원대한 정치적 포부를 지니고 있었으나 몇 차례 하급 관직에 임용되었을 뿐 자신의 재능을 제대로 펴 나갈 기회를 얻지 못하였다. 결국 엄격한 문벌제도가 확립되어 암울하기만 한 당시 사회에서 자신의 이상을 펴 나갈 수 없음을 실감하고, 드디어 팽택현령彭澤縣令을 마지막으로 벼슬을 그만두고 「내 어찌 오두미五斗米 때문에 구차스럽게 하찮은 관리들에게 허리를 굽힐소냐?」하면서 고향으로 돌아와 버린다. 이 때부터 그는 곧 전원에서 직접 밭을 갈고 농사를 지으며, 시와 술을 벗삼고 대자연을 즐기면서 남은 여생을 보냈다. 그는 시종일관 자신의 이상과 지조를 견지해 나왔으며, 청빈淸貧한 생활을 기꺼이 감내하면서 세상의 부정부패에 물들지 않는 고상한 품격을 잃지 않았다.

도연명의 시는 현재 120여 수가 전하고 있는데, 그 중에서도 농촌 풍경과 전원 생활의 즐거움을 묘사한 작품들이 가장 칭송을 받아왔다. 그래서 후세 평론가들이 흔히 그를 『전원시인』이라 일컫고 있으며, 아울러 이로부터 『전원시파』가 새로 형성되기도 하였다.

陶潛

도연명의 우수한 시 작품들은 대부분이 모두 농촌 생활로부터 제재를 취해온 것들이다. 그런데 후세의 허다한 전원시인들이 대체로 이상과 현실 사이의 괴리를 실감한 후에 마치 현실을 회피하듯 임시방편 삼아 시골로 내려가 무위도식無爲徒食하며 복잡한 세상사로부터의 해방감과 시간적인 여유를 즐겼던 것과 달리, 도연명은 자기 몸을 완전히 농촌에 의탁하고 자신의 순결한 영혼을 계속 그대로 견지해 나왔을 뿐만 아니라 아울러 자신이 직접 생산활동에도 참여하였다는 차이점을 보여 주고 있다. 그의 시에서는 농촌의 모든 산수 풍경들이 한결같이 즐거움을 불러일으키는 대상이었으며, 곧 시골집의 밥짓는 연기라든지 멀리서 들려오는 닭 우는 소리나 개 짖는 소리들에 이르기까지 모든 것들이 그로 하여금 희열을 느끼게 해 주었던 것이다. 그의 이러한 감회는 〈귀원전거歸園田居〉 제1수 중의 「오래도록 새장 속에 갇혀 지내다가, 다시금 자연의 품으로 돌아왔다네.」(久在樊籠裏, 復得返自然.)란 언급 속에 잘 나타나 있다. 그는 곧 순박하고 자연스러운 농촌 분위기가 기만으로 가득 차 있고 출세를 위해 권세에 빌붙어 비열한 행동만을 일삼는 관료 사회의 그것과 완전히 대조를 이루는 것으로 생각하였으며, 그런 점에서 혼탁한 새장과 같은 관계官界를 떠나 이처럼 깨끗하고 순진무구한 농촌으로 돌아온 것을 지극히 다행스럽고 즐겁게 느꼈다. 가난하지만 청렴결백한 농촌 생활을 해 나가면서 이곳이야말로 바로 자신이 평생을 의지할 곳이며 여기서는 얼마든지 자신의 순결한 영혼과 고상한 의지를 지켜나갈 수 있겠다는 생각을 마음 속 깊이 깨달았으며, 아울러 비할 바 없는 자유와 희열까지도 맛볼 수가 있었던 것이다.

한편 도연명의 전원시 작품들은 그가 직접 농사를 지으며 노동에 참여를 하고 또 농민들과 많은 접촉을 가진 후에 지어진 것들이어서, 자신이 깨달은 노동의 참 가치와 함께 자기와 농민들과의 친밀한 관계 등까지도 뚜렷하게 잘 묘사해 놓고 있다. 특히 〈귀원전거〉 제3수와 〈경술세구월중우서전획조도庚戌歲九月中于西田獲早稻〉 등 작품 속에 그가 몸소 체험한 노동 현장의 상황이나 마음 속으로 느낀 감회 같은 것이 진실되게 잘 묘사되어 있다. 그 역시 노동의 힘겨움을 실감하였지만, 그러나 그는 한시도 노동을 천한 일로 여기지 않았을 뿐만 아니라 오히려 힘겹게 수확을 거두는 과정 속에서 일종의 위안이나 희열을 맛보았다. 그래서 앞으로도 줄곧 이러한 농촌 생활을 해 나가겠노라는 다짐을 밝히고, 아울러 일을 하지 않고 무위도식하는 인사들에 대해 비판을 가하기도 하였다.(〈권농勸農〉 참조) 그의 이러한 감정과 희망은 당시와 같은 봉건사회 하에서는 매우 찾아보기 어려운 것이었다. 한편 그는 농사일을 하는 과정에서 감정의 변화를 겪을 때마다 농촌의 자연 풍물風物에 대해 깊은 감흥을 느꼈을 뿐만 아니라, 심지어 농사 현장이나 농산물의 작황 등에 대해서도 큰 관심을 기울이며 그로 인한 감정의 기복 같은 것을 묘사하기도 하였다. 〈시운時運〉에서처럼 남풍이 솔솔 불어와서 밭의 새로 돋아난 여린 싹들이 가볍게 흔들거리는 것을 보고 매우 아름답다는 느낌을 갖기도 하였으며, 〈계묘세시춘회고전사癸卯歲始春懷古田舍〉 제2수에서처럼 광활한 들판 위에서 바람에 흔들거리고 있는 싱싱한 농작물들을 보고 눈앞에 다가온 풍작豊作에 대한 희열을 느끼기도 하였으며, 〈귀원전거〉 제2수에서처럼 때로는 기후가 불순하여 수확에 나쁜 영향을 미치지나

않을지 걱정하는 심경을 표현하기도 하였다. 그가 가졌던 이러한 생각들이 결국은 그와 농민들 간의 거리를 더욱 더 좁혀 주어서 서로 만나면 언제나 아주 자연스럽게 서로의 작황을 묻곤 할 정도로 친근한 관계로 엮어 주었다. 특히 〈이거移居〉 제2수 중의 「농사 일 마치고 각기 집으로 돌아온 후, 한가할 무렵이면 문득 이웃 사람들이 그리워지곤 한다. 그리워지면 바로 옷을 걸치고 찾아가는데, 웃고 이야기 나누며 오랜 시간을 보내도 도무지 싫증이 나지 않는다.」(農務各自歸, 閑暇輒相思. 相思則披衣, 言笑無厭時.)라고 한 대목에서 그와 농민들 간의 친밀하였던 관계를 충분히 짐작할 수가 있다.

농촌 풍물을 묘사하고 농촌 생활의 즐거움을 표현한 도잠의 이러한 시 작품들은 참되고 진실된 느낌을 고스란히 잘 간직하고 있어서, 그 높은 문학성을 널리 인정받고 있다. 물론 이처럼 진지한 감정 표현이나 객관 사물에 대한 절실한 묘사가 가능할 수 있었던 것은 바로 그가 장기간 동안 농촌 생활을 하면서 직접 느끼고 체험한 결과의 산물이라고 할 수 있을 것이다. 송대宋代의 문호 소식蘇軾은 일찍이 도잠의 〈계묘세시춘회고전사〉 중의 「넓은 들판에 비바람이 교차하더니, 잘 자란 곡식들 또한 생기를 머금었다.」(平疇交遠風, 良苗亦懷新.)와 같은 시구가 직접 농사 일에 참여해 보지 않은 작가들로서는 도저히 지어낼 수 없는 훌륭한 구절이라고 칭찬한 바 있다.

노신魯迅이 지적한 바와 같이, 도연명의 작품 중에는 농촌 풍물이나 전원 생활의 묘미를 표현한 이러한 작품들 외에 자신의 웅대한 포부와 정계에 대한 불평을 때로는 섬뜩한 느낌을 주기까지 할 정도로 강도 높게 표현한 작품들도 일부 있다. 곧 〈영형가詠荊

軻〉나 〈독산해경讀山海經〉 같은 작품들이 그러한 예이다.

그 외에 역시 도연명의 대표작 중 하나인 〈도화원시桃花源詩〉가 사상적인 측면이나 예술적인 측면 어느 면으로 보나 아주 뚜렷한 특색을 지닌 작품으로 높은 평가를 받고 있다. 여기서 작자는 우아하고 아름다우면서도 서정적인 필치로 빼어난 자연 풍경이나 백성들의 노동 현장 그리고 세상과 완전히 격리되어 즐거움으로 가득한 별천지 낙원 즉 도화원을 묘사해 두었다. 그는 현실 사회의 암흑상에 대한 불만을 품은 나머지 실제로는 존재하지 않는 허구적인 이상理想 세계 도화원을 설정하여, 누구든 자발적인 노동을 통해 필요한 만큼의 양식을 자급자족하고 아무런 조세租稅 부담 없이 편안하게 생활해나가는 사회상을 그려내었으며, 이러한 이상 세계와 현실 사회의 극명한 대조를 통해 독자들로 하여금 현실에 대한 회의감과 부정적인 사고를 불러일으키게 하였던 것이다.

도연명은 고상한 인품의 소유자인 동시에, 탁월한 문학적 성과를 남긴 인물이기도 하다. 그런 만큼 그는 중국문학사 전반에 걸쳐 아주 지대한 영향을 끼쳤으며, 특히 시詩 분야에 있어서는 당대唐代로부터 청대淸代에 이르기까지 대부분의 시인들이 도연명의 영향을 많든 적든 간에 다 입었다고 하여도 과언이 아닐 정도이다.

12
영명永明 문학

남조 시대 제齊나라의 무제武帝 영명永明(483~493) 연간에 이르러 『영명체永明體』라고 하는 새로운 시체詩體가 문단에 대두된다. 이는 성률聲律과 대우對偶를 중시하는 새로운 시 양식으로서, 격률시格律詩의 발전 면에서 볼 때 아주 중요한 비중을 차지하고 있다.

중국의 시가詩歌는 《시경詩經》 이래로 작품들마다 그 전체 길이나 매구每句의 자수字數 등이 각기 다르기는 하지만, 그래도 대체로 형식이 상당히 자유롭다고 하는 공통된 특징을 지닌 채 그 맥락이 유지되어 왔다. 곧 시작詩作에 있어서 자수나 구수句數·대우 및 성조 등 격식에 관한 엄격한 규정들이 적용되지 않았으며, 압운押韻 면에 있어서도 환운換韻이 허용되는 등 상당히 자유로운 면을 보여 왔다. 이러한 시 작품들을 넓은 의미에서 흔히 『고체시古體詩』라고 일컫고 있으며, 간단히 『고시古詩』라고 일컫기도 한다. 구식句式 면에서 사언시四言詩·오언시五言詩·칠언시七言詩·잡언시雜言詩 등으로 나눌 수 있기 때문에, 오언고시五言古詩·칠언고시七言古詩와 같이 분류하기도 한다.

한편 이 당시에 불경을 통한 인도의 범어음운학梵語音韻學의 영향 하에 중국의 성운학聲韻學이 새로운 발전을 보게 되면서 시작詩作에 있어서도 차츰차츰 엄격한 격식과 규칙들이 형성되기에 이르렀고, 이런 엄격한 격률을 따른 시 작품들을 『근체시近體詩』·『율체시律體詩』 또는 『율시律詩』라고 부르게 되었다. 근체시 역시 작품 전체의 길이나 구식의 차이에 따라 오언율시五言律詩·칠언율시七言律詩·오언절구五言絶句·칠언절구七言絶句·오언배율五言排律·칠언배율七言排律 등으로 나누어진다.

규범화된 근체시의 규칙을 간단히 정리해보면 다음과 같다. 첫째 5·7언율시는 전편이 8구로 이루어지고, 5·7언절구는 4구로 이루어지며, 배율은 대체로 구수에 제한을 받지 않는다. 두번째로 성조聲調의 조화를 엄격히 따진다. 『성조』란 원래 한자漢字 발음상의 고저高低·장단長短을 가리키는 말인데, 고대 음운학자들은 한자의 실제 독음讀音에 입각하여 성조를 평平·상上·거去·입入의 네 가지로 나누고 이를 사성四聲이라 일컬었다. 참고로 현대 중국어의 성조는 이와 달리 보통화普通話를 비롯한 여러 지역의 방언들 중에 이미 입성入聲 글자들이 소실되어버렸고, 그 대신에 평성平聲 글자들이 음평陰平과 양평陽平 둘로 나누어져서 음평·양평·상성·거성 등 사성으로 변화되었다. 그런데 근체시 창작에 있어서는 성조를 크게 평성과 측성仄聲 두 가지로만 구분하여 따지며, 측성에는 평성을 제외한 상·거·입성 등이 모두 포함된다. 근체시의 성조 규칙으로는 주로 세 가지 사항을 들 수 있다. 우선 한 구 속에서 기본적으로 두 글자를 한 묶음으로 하여 평측 성조가 서로 교체되도록 한다. 곧 같은 구 내에서 평성 글자 두 자를 사용한 후에는 원칙적으로 측성 글자 두 자를 이어서 쓰도록 되어 있으니, 7언율시를 예로 들면 『평평측측측평평』 또는 『평평측측평평측』의 형태를 취한다. 물론 특정 위치의 일부 글자들은 비교적 자유로운 변통이 허용되기도 한다. 그 다음으로는 두 구씩을 한 묶음으로 하여 한 연聯을 이루는데, 하나의 연 안에서는 두 구의 평측이 반드시 상반되게 지어져야 하고 이 규칙을 『대對』라고 부른다. 특히 각 구의 둘째 넷째 여섯째 글자들은 이 규칙을 엄격히 따라야 하며, 7언율시를 예로 들어보면 첫째 연(제1·2구)의 상구上句(出句라고도 함)가 『평평측측측평평』으로 이루어져 있을 경우 하구下句(對句라고도 함)는 당연히 『측측평평측측평』으로 되어야만 한다. 또 한 가지 두 연이 서로 이어지는 위치에 있는 두 개의 구 즉 제2구와 제3구 등의 경우 평측이 반드시 기본적으로 일치되어야만 하며, 이 규칙을 『점粘』이라고 부른다. 특히 두번째 글자는 꼭 이 규칙을 따라야 하는데, 7언율시를 예로 들면 상연上聯의 하구 즉 제2구가 『측측평평측측평』으로 이루어져 있을 경우 하연下聯의 상구 즉 제3구는 당연히 『측측평평평측측』으로 되어야만 한다. 세번째로 운각韻脚 곧 압운 위치가 쌍구雙句의 제일 마지막 글자로 완전히 고정되어서, 반드시 평성운을 사용하여 한 운으로 작품 끝까지 일관되게 끌고 가야지 도중에 환운이 불가능하게 규정되었다. 다만 첫째 구의 마지막 글자에는 압운할 수도 있고 하지 않을 수도 있다. 네번째로 대우對偶 또는 대장對仗 규칙을 들 수 있다. 대우는 근체시 중 한 연에 속하는 두 개의 구 곧 출구出句와 대구對句가 반드시 사열을 받고 있는 의장대儀仗隊와 마찬가지로 서로 상대되게 짝을 이루는 어구로 엮어져야 하는 규칙인데, 각 구 중의 단어들 속성이나 품사는 물론이고 심지어는 의미상에 있어서까지도 완벽하게 대를 이루어야만 한다. 예를 들어 두보杜甫의 시 〈강촌江村〉 중의 두번째 연을 보면 「自去自來堂上燕」·「相親相近水中鷗」 두 구가 단어들의 성질이나 품사 그리고 시구의 구성 등 모든 면에서 완전히 정교한 대를 이루고 있다. 특히 5·7언율시 중의 둘째 연과 셋째 연 안에서는 두 구가 필수적으로 대를 이루어야 하고, 절구는 대를 이루거나 이루지 않거나 크게 문제되지 않으며, 배율의 경우 첫째 연과 마지막 연을 제외한 나머지 연들은 모두 대를 이루어야 한다.

근체시의 다양한 격률들은 당대唐代에 이르러서야 완성을 보게 되지만, 그러한 격률들이 형성되는 과정 중에 이 『영명체』 시 작품들이 매우 중요한 작용을 한 바 있다. 우선 시의 대우 면에서 보면 물론 대우를 이루는 구가 이미 《시경詩經》 시 중에 보이고 있기는 하지만, 이들 중의 대우는 근체시의 그것과 비교해 볼 때 조잡하기 이를 데 없는 수준에 불과하다. 그러나 위魏·진晋 시기에 이르면 조식曹植의 〈정시情詩〉 중의 「游魚潛綠水, 翔鳥薄天飛. 始出嚴霜結, 今來白露晞.」와 같은 정교한 대우구對偶句가 나타남으로써, 그 기교가 상당히 성숙된 면을 보여 준다. 제齊·양梁 시기로 내려오면 대우구의 운용이 더욱 더 성숙되었을 뿐 아니라, 매우 보편화되는 양상을 띠게 된다. 곧 심약沈約(441~513)과 사조謝朓(464~499)의 시 작품들을 보면 그 중 상당 부분의 대우구들이 매우 정교하고 선명한 느낌을 준다. 성조의 조화 면에서 볼 때 제·양 시기는 더욱 더 중요한 시기라 할 수 있다. 동한東漢 말기에 손염孫炎과 위소韋昭 등 시인들이 두 글자를 이용하여 한 글자의 자모字母를 붙여 읽도록 하는 방식으로 독음을 표기하는 반절법反切法을 발명하면서, 최초로 성운학이 태동되기에 이르렀다. 삼국시대 위魏나라의 이등李登이 저술한 《성류聲

類》는 성조에 대한 초보적인 분석을 나름대로 가하고 있으며, 이 시기의 조식의 작품 중에 이미 상당히 규칙적으로 평측의 조화를 살린 시구들이 나타나고 있으니 곧 앞에서 예로 든 〈정시〉 중의 두 구는 이미 근체시의 평측 규율에도 상당히 부합되고 있는 정도이다. 제·양 시기에 주옹周顒이 저술한 《사성절운四聲切韻》과 심약의 《사성보四聲譜》등은 이미 사성에 대한 명확한 분석을 가하고 있으며, 아울러 심약은 사성을 적절히 구사함으로써 시의 운율을 살리는 데에 착안하여 『사성팔병설四聲八病說』을 제창하기도 하였다. 이 『사성팔병설』은 시의 평측 성조를 배열하는 데 대한 초보적인 규칙을 정립한 것으로, 훗날 시가의 격률화에 중요한 공헌을 하게 된다.

시의 성률과 대우를 중시하는 이러한 풍조는 고체시로부터 근체시로 넘어가는 교량에 해당하는 『영명체』 시가를 만들어내었을 뿐만 아니라, 심지어는 부賦와 변려문騈儷文의 작풍에도 영향을 끼쳐 형식적인 수식이나 대우 등에 치중하는 바탕 위에 성률을 강조하는 율부律賦의 성행과 변려문의 사륙화四六化를 촉진하기도 하였다. 그리고 성운학의 발전으로 말미암아 당시 문단에 형성된 이처럼 독특한 작품 동향은 곧 바로 『영명 문학』이 그 이전 문학 작품들과 구별되는 특수한 풍격을 이루게 되었다.

양梁나라 이후에는 황실 귀족들 사이에서 영명 연간에 생겨난 신체시新體詩 형식을 통해 궁정宮庭 및 일반 부녀자들의 생활상을 묘사하는 풍조가 유행하게 되었는데, 이런 작품들을 흔히 『궁체시宮體詩』라고 부른다. 이들 작품들은 시어詩語가 곱고 화려하며 성률과 대우가 정교하게 이루어져 있는 반면에, 내용적인 면에서는 대부분 지나치게 저속하다는 평을 받고 있다.

13
변려문騈儷文

변려문騈儷文은 흔히 변문騈文 또는 변체문騈體文이라고도 하는데, 넓은 의미에서 보면 산문 체재의 일종이라 할 수 있다. 『변騈』은 원래 두 필의 말이 나란히 수레를 끈다는 뜻으로, 변문의 앞뒤 두 구가 서로 대우를 이루고 있는 점이 마치 두 마리 말이 나란히 수레 한 대를 끄는 것과 같다는 점에서 이러한 명칭으로 불리게 되었다. 그런 점에서는 하나 하나의 구들이 각각 독자적으로 구사되는 좁은 의미에서의 산문과 상대되는 개념의 용어라 할 수 있다.

대우란 본래 문장에 아름다운 수식을 가하는 일종의 수사修辭 및 조구造句의 수단인데, 선진先秦 시대 산문 중에도 이미 이러한 대우구들이 더러 보이고 있다. 곧 《논어論語》와 같은 어록체語錄體의 저술 속에서 그러한 구들을 찾아볼 수 있으니, 〈이인里仁〉편 중의 「君子喩于義, 小人喩于利」 두 구에서 『君子』와 『小人』 그리고 『義』와 『利』가 서로 대를 이루고 있다. 《순자荀子》 〈권학勸學〉편 중의 「登高而招, 臂非加長也, 而見者遠; 順風而呼, 聲非加疾也, 而聞者彰」 역시 대우구의 한 예이다. 그러나 당시의 문장들 중 이와 같은 대우구들은 일부분에 불과하고, 전체적으로 볼 때 역시 단구산행單句散行 즉 하나하나의 구들이 각각 독자적으로 구사된 형태가 위주로 되어 있으며, 사용된 대우구들의 기교 또한 그다지 정교하지 못한 수준에 머물고 있다.

동한東漢 말기에 이르러 문인들이 이러한 대우구의 사용에 많은 주의를 기울이게 되었고, 이로 인해 대우구들을 조합하여 문장을 엮어내는 이른 바 변문이 생겨나게 되었던 것이다. 위魏·진晋 시기에는 변문의 대우 방법이나 기교가 더욱 더 세련되어져서, 대우구 중의 단어의 속성이나 단어의 의미 그리고 단어들의 결합 구조 등 여러 면에서의 대우에 세심한 배려를 하였다. 아울러 문장의 수식도 점점 화려한 경향을 띠게 되었으며, 전고典故의 사용도 차츰 많아지게 되었다.

제齊·양梁 시기에는 성률학聲律學의 발전으로 말미암아 변문 창작에 있어 대우·수식·전고 사용은 물론 평측平仄 성조의 조화와 구식句式의 통일 등까지도 매우 중시하게 되었으며, 또한 4자구四字句 6자구六字句를 많이 사용하게 되었다. 그래서 중당中唐 시기로 내려오면 변문을 『사륙문四六文』이라고 일컫게 된 것이다.

변문의 성률은 기본적인 원리가 율시의 그것과 마찬가지여서 평측 성조의 교체와 대비對比 및 조화 등을 지키도록 요구한다. 다만 구들이 시에서처럼 그렇게 가지런하지 않기 때문에 율시의 경우처럼 간단명료하게 규칙을 정리해낼 수는 없다. 그렇지만 한 가지 매우 중요한 규칙은 대를 이루는 두 구의 가장 마지막 글자의 평측이 반드시 서로 달라야 한다는 점이다. 예를 들어 왕발王勃의 〈추일등홍부등왕각전별서秋日登洪府滕王閣餞別序〉 중의 「落霞與孤鶩齊飛, 秋水共長天一色」에서 앞 구의 『飛』자는 평성이고 뒤 구의 『色』자는 측성으로 되어 있다. 또 「關山難越, 誰悲失路之人; 萍水相逢, 盡是他鄕之客.」에서는 각각 4자 6자로 된 대우구 둘 중 앞 부분 4자구의 『越』이 측성이고 6자구의 『人』이 평성이며, 뒷 부분 4자구의 『逢』자와 6자구의 『客』자가 앞 부분 구들과 상반되게 평성과 측성으로 이루어져 있다.

4·6변문의 구법은 대체로 가지런한 가운데 간혹 들쑥날쑥한 대목들이 포함되어서 문장의 선율에 풍부한 변화를 불어넣고 있다. 앞에서 예로 든 왕발의 문장 중 등왕각滕王閣을 묘사한 「時維九月, 序屬三秋. 潦水盡而寒潭淸, 烟光凝而暮山紫. 儼驂騑于上路, 訪風景于崇阿. 臨帝子之長洲, 得天人之舊館. 層台聳翠, 上出重霄; 飛閣翔丹, 下臨無地. 鶴汀鳧渚, 窮島嶼之縈迴; 桂殿蘭宮, 即岡巒之體勢. 披繡闥, 俯雕甍. 山原曠其盈視, 川澤紆其駭矚.」이란 대목을 보면, 구법이 전반적으로 가지런한 가운데 풍부한 변화가 가해져 있음을 알 수 있다. 곧 두 구로 이루어진 연들이 모두 4자구·7자구·6자구·3자구 등으로 다양하게 구성되어 있고 또한 앞뒤 구가 각각 4자·6자로 된 구도 보이고 있다. 이러한 형태는 변화가 풍부할 뿐만 아니라 강렬한 선율감을 갖추고 있으며 나아가 평측이나 성운의 조화까지 잘 이루어져 있어서, 읽기에 매우 은은하고 완곡한 느낌을 주며 극히 풍부한 음악성을 지니고 있다.

변문의 형성과 발전은 문장상의 성운미의 증가와 예술 기교의 제고란 측면에서 중요한 작용을 하였음에 틀림이 없다. 다만 후세에 와서 일부 문인들이 오로지 대우·성률·수식·전고 사용 등만 전적으로 추구한 나머지, 문장의 내용을 소홀히 하면서 점점 그릇된 길로 빠져들게 되고 말았다.

14
위진남북조魏晋南北朝 문학비평

위진남북조魏晋南北朝 300여년 동안은 중국문학사에 있어서 매우 중요한 시기임에 틀림이 없다. 창작 면에 있어서 각종 문체들이 두루 대단한 발전을 보았으며, 새로운 문체들이 일부 더 생겨나기도 하였다. 문학이론이나 문학비평 분야에 있어서도 《문심조룡文心雕龍》을 정점으로 그 발전이 예전에 볼 수 없었던 최고의 수준에까지 도달하였다.

이 이전까지는 문학이론에 관한 연구가 일부 저술들 속에 여기저기 흩어져서 산발적으로 다루어졌을 뿐이며, 그나마 전혀 체계적이지도 못할 뿐더러 문학의 개념 정립 역시 명확하게 이루어지지 못한 실정이었다. 건안建安 시기에 이르러 조씨曹氏 부자父子들은 문학을 매우 중시하는 한편, 문학이론과 문학비평 분야에 대해서도 진지한 탐구를 진행하였다. 특히 조비曹丕는 《전론典論》이란 저서 중에 〈논문論文〉편 부분을 따로 설정하여, 문장文章(시·부·산문 등 문학 작품 전반을 두루 포괄하는 의미)의 가치와 각종 문체의 특징 그리고 문학비평에 임하는 태도 등 여러 방면에 대해 자기 나름의 견해를 밝혀 놓고 있다. 조식曹植의 〈여양덕조서與楊德祖書〉 역시 문학비평과 문학의 효용 등 문제에 대해 언급해 놓고 있다. 육기陸機는 훌륭한 작가로서의 창작 경험을 살려 〈문부文賦〉를 발표하였는데, 이 작품은 부賦 형식을 빌어 쓰여진 것이긴 하지만 작품 구상으로부터 어휘 구사 내지는 조구造句 등에 이르기까지 문학 창작에 관련된 일련의 문제들을 두루 다루고 있으며, 중국문학사에 있어서 최초의 비교적 완벽하고 체계를 갖춘 문학이론 관계 문장으로 그 중요성을 널리 인정받고 있다. 제齊·양梁 시기에는 문학이론 분야의 전문 연구서인 《문심조룡》과 본격적인 시 비평서인 《시품詩品》이 속속 출현함으로써, 중국문학비평사의 기나긴 흐름 중에 실로 획기적인 전기가 마련되게 된다.

《시품》은 일명 《시평詩評》이라고도 불린다. 저자 종영鍾嶸의 출생 시기는 분명하지 않고, 사망 시기는 양梁 원제元帝 승성承聖 원년元年 곧 552년으로 추정된다. 그는 당시 제·양 무렵 시인들이 성률이나 전고 사용에 지나치게 치중하는 폐단을 비판하고, 시를 통해 작가의 진실된 느낌이 표현될 수 있어야 한다고 강조하였다. 곧 독자들로 하여금 깊이 음미할 수 있도록 하는 치밀한 사물 묘사와 절실한 감정 표현을 주장한 반면, 단편적으로 성률이나 전고 사용만을 추구하는 것은 작품의 자연스러운 『진미眞美』를 손상시킨다고 반대하였다. 그는 이러한 관점에 입각하여서, 《시품》을 통해 한대漢代 〈고시古詩〉로부터 양梁나라 시인들에 이르기까지 모두 123명의 시인들을 각기 상上·중中·하下 삼품三品으로 나누어 품급品級을 매겨 놓고 있다. 각 품 중에서는 시대 순으로 시인들을 배열하였으며, 조목條目마다 일일이 시인들에 관한 품평品評을 가해 두었고 경우에 따라 시인들 간의 상호 우열 비교나 영향 수수 관계 등을 지적하기도 하였다.

《시품》은 문학이론 면에서도 나름대로의 공헌을 인정받고 있을 뿐만 아니라, 작가들에 대한 평가를 훌륭하게 잘 내린 것으로 정평이 나 있다. 다만 논급 대상을 오언시五言詩 분야에만 한정해 두고 있어서, 시인들의 전반적인 작품 수준에 대한 평가가 정확하고 공정하게 이루어지기 어려울 수밖에 없는 한계를 드러내었다. 또한 삼품으로 나누어 너무 기계적으로 시인들을 분류한 나머지 부당하게 품급된 경우들이 더러 있다는 비판도 받고 있으니, 예를 들면 도잠陶潛이 〈중품中品〉에 품급된 것과 조조曹操가 〈하품下品〉에 품급된 것이 편파적인 평가의 대표적인 예로 거론되고 있다. 시인들 간의 작풍 영향 수수 관계를 논한 부분 중에도 억지로 꿰어 맞춘 듯한 견강부회적인 대목들이 더러 보이고 있어서, 이러한 몇몇 가지 점들이 모두 《시품》의 뚜렷한 결점으로 지적되고 있다.

《문심조룡》의 작자 유협劉勰(465?~532?)은 자字가 언화彦和이고, 선조의 적관籍貫이 오늘날의 산동山東 거현莒縣이다. 여러 방면에 두루 박학다식하여, 유가의 경전이나 문학이론 방면에 밝았음은 물론이고 불학佛學에도 아주 정통하였으며, 만년에는 출가하여 법명法名을 혜지慧地라 하였다 한다.

《문심조룡》은 제나라 말기에 완성되었는데, 중국 고대문학이론 분야에 있어서 가장 전면적이고 가장 깊이 있는 최고의 저술이다. 전편全篇이 변문으로 기술되어 있으며, 서문에 해당하는 〈서지序志〉편을 포함하여 모두 50편에 약 4만 자 정도의 분량을 차지한다. 작자는 〈서지〉편에서 유가 학설을 중심 사상으로 삼아 저술에 임한다고 밝혀 놓았으며, 전체적인 체제에 대해서도 간단한 설명을 가하고 있다. 〈서지〉편을 제외한 나머지 부분을 크게 네 부분으로 나누어볼 수 있다. 곧 제1편인 〈원도原道〉로부터 〈정위正緯〉까지의 4편은 총론에 해당하는 부분으로, 작품 창작이나 문학에 관한 작자의 기본적 견해가 서술되어 있다. 〈변소辨騷〉부터 〈서기書記〉까지의 21편은 문체론에 해당하는 부분으로, 각종 문체의 발전 과정에 대한 설명과 역대 작가들 작품의 우열에 대한 평가가 가해져 있다. 〈총술總述〉부터 〈과식夸飾〉까지의 17편(대부분이 산일되어버린 〈은수隱秀〉편 1편을 포함)은 창작론에 해당하는 부분으로, 창작 과정에 대한 작자의 견해와 창작 시의 요구 사항들이 기술되어 있다. 〈지음知音〉부터 〈지하指瑕〉까지의 7편은 비평론에 해당하는 부분으로, 예전의 문학 경향과 작가들의 성과에 대한 비평이 가해져 있다.

창작 이론에 관하여 유협은 《문심조룡》에서 몇 가지 아주 중요한 견해들을 제시한 바 있다. 첫째로 그는 모든 문학 작품들이 다 객관적인 현실 세계가 작가의 머리 속으로 투영되어 나타난 산물이라고 인식하였다. 두번째로 그는 문학의 사회적인 효용과 교화 작용을 매우 강조하였다. 세번째로 그는 문학 작품의 내용과 형식이 반드시 조화를 이루어야 하며, 내용에 따라 형식이 결정되는 것이라고 주장하였다. 네째로 그는 문학 작품의 풍격이 작가의 개성과 후천적인 학습 상태에 따라 형성되는 것으로 인식하였다. 그 외에 전통 계승과 창조의 관계·작가의 상상력 그리고 작품 구상 및 어휘 구사 등 수사 기교 방면에 대해서도 진귀한 견해들을 다

수 제시하여, 오늘날에 이르기까지 변함 없이 계속 참고할 만한 가치를 인정받고 있다.

문학비평에 대해서는 우선 작품에 근거해서 작가를 객관적으로 공정하게 비평하여야 함을 강조하고 있다. 곧 작가가 객관 사물로부터 창작 충동을 느끼게 된 후에 자신의 체험이나 인식 또는 사상 감정 등을 작품으로 표현해내는 것이 바로 창작의 과정이라고 전제하고, 그러므로 반드시 작품에 입각한 상태에서 비평이 이루어져야만 비로소 작가의 사상이나 감정에 대한 정확한 이해가 가능할 수 있다고 설명하였다. 그 다음으로 그는 비평가들이 반드시 작품 창작의 규율을 제대로 이해하고 문학적인 수양도 어느 정도 갖추고 있어야 하며, 태도 면에 있어서도 개인 감정에 얽매이지 않고 내용의 깊이나 형식적인 아름다움 등 여러 측면에서의 작품 성과를 객관적으로 평가해낼 수 있어야 한다고 강조하였다.

유협이 《문심조룡》에서 밝히고 있는 이러한 견해들은 예전의 문인들은 물론이고 그 당시의 어느 문인들도 설파하지 못하였던 매우 탁월한 것들이다. 그래서 그 가운데 일부 문제점들이 내포되어 있기도 하지만, 전체적으로 중국문학비평사상 아주 중요한 하나의 이정표로서 확고한 자리를 차지하게 되었다.

《문심조룡》과 같은 이러한 걸작은 별안간에 이루어질 수 있었던 것이 아니라, 당시에 이미 축적된 문학 창작상의 경험들과 또 문학이론 및 문학비평의 성과들을 총 집대성함으로써 가능할 수 있었던 것이다. 실제로 《문심조룡》은 선진先秦 시대로부터 제齊나라에 이르는 기간 동안의 수많은 작가들과 그 작품들을 두루 다루고 있으며, 이론 분야에 있어서는 〈서지〉편에서만 하더라도 조비의

《전론·논문》을 비롯하여 조식의 〈여양덕조서〉·응창應瑒의 〈문론文論〉·육기의 〈문부〉·지우摯虞의 《문장유별집文章流別集》·이충李充의 〈한림론翰林論〉 등 저술과 그리고 환담桓譚·유정劉楨·응정應貞·육운陸雲 등 문인들이 소개되어 있다. 그러므로 《문심조룡》이 이룩한 문학비평 분야의 높은 성과는 곧 이전 문인들의 문학에 관한 논술들과 비평들을 계승하고 비판하는 바탕 위에서 가능할 수 있었던 것이라 하겠다.

《문심조룡》은 완성된 후에 당시 대단한 명성을 누리고 있던 심약沈約으로부터 대단한 칭송을 받았으며, 당대唐代 이후로 여러 작가와 학자들에 의해 그에 대한 비평이나 연구 또는 주석과 교정 작업들이 계속 이어져 오면서 오래도록 지대한 영향력을 행사해 왔다.

15
《문선文選》과 시문선집詩文選集

《문선文選》은 중국에서 현존하는 가장 오래되고 가장 방대한 고대 시문선집詩文選集이다. 양梁나라 무제武帝 소연蕭衍의 장남인 소명태자昭明太子 소통蕭統(501~531)이 편찬하였기 때문에, 흔히 『소명문선昭明文選』이라고도 불린다.

그 안에는 선진先秦 시대로부터 제齊나라에 이르는 800여년 동안의 127명 작가들의 시·부·산문 등 모두 640여편 작품이 수록되어 있다. 소통은 〈서序〉에서 작품 선별 범위에 대해 나름대로의 견해를 피력하였는데, 곧 《논어論語》와 같은 유가儒家 경전經典들이나 노자老子·장자莊子 등 제자諸子 산문 그리고 역사적 사건을 다룬 역사서 등은 모두 문학 작품의 범주를 벗어나는 것으로 간주하여 전혀 수록하지 않았으며, 반면에 문장이 아름답고 높은 예술성을 지니고 있어서 독자들을 매료시킬 수 있는 작품들만을 선택하였음을 밝히고 있다. 여기서 우리는 그가 문학의 예술성 곧 형식미를 상당히 중시하였음을 알 수 있다. 그런데 그는 형식미를 중요시하는 한편, 작품의 내용적인 측면도 결코 소홀히 여기지 않았다. 당시에 유행하였던 궁체시宮體詩 작품을 내용이 빈약하다고 보아서 한 수도 수록하지 않은 점이 바로 그러한 사실을 잘 증명해 준다. 그러나 그가 형식미나 수사 기교 등을 중시하여 역사적인 문장들을 수록 범위에서 제외하였음을 밝히고는 있지만, 그래도 《사기史記》나 《한서漢書》 중의 아름다운 사전문학史傳文學 곧 역사산문 작품들을 문학 범주에 속하지 않는 것으로 여겨 배제한 반면에, 오히려 사서史書들 중 수사가 화려한 일부 찬贊·논論 등은 문학 작품으로 간주하여 수록하고 있다. 또 한대漢代의 악부시樂府詩는 제외하였으면서도, 반면에 변문駢文으로 쓰여진 일부 응용문들은 허다히 수록하고 있기도 하다. 이런 점에서는 작품 선정 기준에 약간의 아쉬움이 뒤따르는 것으로 지적되기도 한다.

그렇지만 전체적으로 보아 《문선》의 작품 선정 기준은 매우 온당하다는 평을 받고 있다. 기본적으로 선진 시대로부터 제나라까지의 800여년 동안에 걸쳐 각 시대마다 각종 문체의 대체적인 면모를 엿볼 수 있도록 대표적인 작품들을 두루 망라하여 수록해 두고 있다. 이 기간 동안의 상당 수 작품들은 《문선》에 수록되었기 때문에 지금까지 보존될 수가 있었으며, 그런 점에서 《문선》이 당시의 작가나 문학사를 연구하는 후세 학자들에게 매우 요긴한 자료로 활용되고 있는 것이다. 《문선》은 발표되자마자 바로 대단한 주목을 받으면서, 각종 작품선집들의 편찬에 끼친 영향은 말할 필요도 없고 그 외 여러 면에서 매우 중시되어 왔다. 곧 많은 작가들이 작품 창작 수업 시에 《문선》을 교재로 활용하였으니, 예를 들면 두보杜甫같은 위대한 시인 역시 자기 아들에게 《문선》의 이치를 충분히 숙지하도록 요구한 바 있다. 뿐만 아니라 《문선》을 연구하는 학자들도 날로 많아져서, 마침내는 『문선학文選學』이라고 하는 일종의 전문 학문 분야가 따로 생겨날 정도로까지 되었다.

《문선》의 출현도 우연으로 볼 수가 없고, 당시 문단에 창작 열기가 고조되면서 그 동안 많은 양의 작품들이 축적되고 또 문학비평 역시 지속적으로 발전해 나온 데 따른 필연적인 결과로 해석되어진다. 문학 작품 선집의 편찬은 대체로 일반인들의 문학에 대한 관심이 높아짐에 따라, 무수히 많고 다양한 작품들 중 각종 문체의 핵심적인 것들만 골라 감상하고자 하는 일반인들의 이러한 수요를 충족시키기 위해 이루어지게 된다. 한편 그러한 작품 선집에는 편찬자의 문예이론이나 문학관 또는 자신이 제창하는 작품 경향 등이 반영되기 마련이다. 《문선》 이전에도 이미 서진西晋의 두예杜預가 편찬한 《선문善文》·이충의 《한림》·지우의 《문장유별집》 등 작품 선집들이 간행된 바 있었다. 그러나 이들은 모두 일찍이 실전되어버렸고, 오직 《문선》과 《문선》보다 조금 늦게 진陳의 서릉徐陵에 의해 편집된 《옥대신영玉臺新詠》 등 둘만 지금까지 전해 내려오고 있다. 그런데 《옥대신영》은 염시艷詩 곧 궁체시를 제창하고자 하는 소강蕭綱의 명을 받들어 편찬한 것으로, 주로 여인을 묘사한 한漢·위魏 이후의 시들을 모아 놓고 있는데, 그 중 일부 작품들만 사상이나 예술적 면에서 어느 정도의 성과를 인정받는 정도에 불과하다. 이런 점에서 《옥대신영》은 작품 선정의 기준이나 범위 나아가서는 연구 내지 참고 자료로서의 가치 어느 면에서 보더라도 《문선》에 훨씬 못 미치는 것이 사실이다.

16
북조北朝의 민가民歌

남조南朝와 북조北朝가 서로 대치하고 있던 200여년 기간 동안에 북방에서는 흉노족匈奴族과 선비족鮮卑族 등 5개 민족들이 서로 전쟁을 벌이는 와중에서 각 방면에 극심한 파괴가 뒤따르게 되었고, 문화 중심이 자연히 진晋 황실의 남천南遷과 함께 장강長江 유역으로 옮겨오게 되었다. 이에 따라 선비족이 전쟁의 폐허를 딛고 건립하였던 위魏·제齊·주周 등 북조의 여러 정권들은 문화적인 면에서 상대적으로 남조보다 낙후될 수밖에 없었다.

북위北魏에서는 효문제孝文帝(471~499 재위) 때부터 통치자들이 백성들에게 한어漢語를 사용하게 하고 한족의 복장을 착용하도록 하며 한족의 성씨를 사용하도록 하는 등 전면적인 한화漢化 정책을 추진하기 시작하였다. 또한 남·북의 교류도 점점 증가되었고, 한족 선비들이 북조의 정부 기구에 참여하는 예도 차츰 많아지게 되었다. 이러한 추세 속에서 북조의 문학은 수식과 기교를 중시하는 남방 문학의 영향을 많이 받게 되었으며, 심지어 일부 작가들은 임방任昉·심약沈約 등 남조의 작가들 작품을 자신의 문학 수업 모델로 삼기도 하였다. 오직 역도원酈道元(? ~527)이 저술한 《수경주水經注》 중의 산수를 묘사한 일부 산문 작품들만이 나름대로 독특한 풍격을 구축한 채, 남조에서 유행한 변문처럼 화려한 수식이나 정교한 대우 등을 추구한 흔적이 없이 매우 청신한 필치를 구사하고 있다. 이러한 산수 산문들은 후세 문인들로부터 아주 높이 평가되면서 유기문遊記文 즉 기행문의 초석으로 숭배를 받아왔다.

그러나 진정으로 북조 문학을 대표할 만한 작품으로는 역시 북조의 민가民歌를 들 수 있다. 남·북방의 문학 경향은 근본적으로 그 형성 과정이나 문화 배경 및 풍속 습관 그리고 미美를 추구하는 취향 등등이 모두 서로 다르기 때문에, 원래 상당한 차이를 보이며 발전을 거듭해 왔다. 그런데 이 당시 남조의 문인들은 수식과 성률 조화 및 전고 사용 등을 열심히 추구하였고 북조의 작가들도 남조 문학의 이러한 경향을 모방하는 데 여념이 없었는데, 북조의 민가는 이러한 남·북조의 대부분의 작가들 작품들과 아주 다른 경향을 보이고 있다. 뿐만 아니라 주로 감정 표현이 완곡하고 묘사가 섬세한 남조의 민가와도 판이하게 다른 성격을 지닌 채, 강건剛健하면서 질박質朴한 풍격을 잘 드러내고 있다.

북조의 민가는 현존하는 작품의 양이 남조 민가보다 적기는 하지만, 그 제재의 범위나 반영하고 있는 사회상 그리고 예술적인 성과 등 어느 면에서 보더라도 남조 민가보다 훨씬 폭이 넓고 높은 수준을 보여 주고 있다.

현재 《악부시집樂府詩集》 중에 북조 민가가 70수 가량 수록되어 전하고 있다. 이들 가운데 일부는 선비족·저족氐族·강족羌族 등이 지은 것이고, 일부는 한족들에 의해 지어진 것이다. 그 중 한족이 아닌 다른 민족들에 의해 지어진 민가들은 대체로 본래 그들 민족들의 언어로 지어졌다가 나중에 한어漢語로 번역되었다고 한다. 이 민가 작품들 중에는 당시 북방 민족들 간의 혼전 양상을 그린 작품들도 있고, 또 전란으로 인해 백성들이 보금자리를 잃고 떠도는 고통스러운 역경을 묘사한 작품들도 있으며, 더러는 빈부의 격차로 야기되는 갈등을 표현하거나 또는 북방 민족들의 상무적尙武的인 정신과 용감하고 날쌘 활약상을 묘사한 작품들도 있다. 그 중 남녀간의 애정을 그린 작품들도 남방 민가들처럼 다정하고 달콤한 분위기 대신에 대담하고 솔직한 감정을 표현해 놓고 있다. 예를 들어 〈착닉가捉搦歌〉 중의 「誰家女子能行步, 反著裌禪后裙露. 天生男女共一處, 願得兩個成翁嫗.」란 대목을 보면, 앞 두 구에서는 한 여인이 빠른 걸음으로 길을 가는데 겹옷이 뒤집어져 치마가 드러나 보인다고 하여 건강미를 추구하는 북방 민족들의 심미審美 취향을 나타내고 있으며, 뒷부분 두 구에서는 이러한 여인과 함께 평생을 행복하게 살아가고 싶다는 희망이 소박하면서도 명쾌하게 직접적으로 밝혀져 있다. 이 외에도 북방 민족들의 유목遊牧 생활과 초원 풍경을 묘사한 작품들도 있는데, 그 중 가장 유명한 작품으로 〈칙륵가敕勒歌〉를 들 수 있다. 《악부광제樂府廣題》의 설명에 따르면 이 시의 원래 가사는 선비족 말로 되어 있었는데 북위北魏의 효문제孝文帝가 이민족의 언어를 금지한 후에 제齊나라의 말 곧 한어로 번역되었으며, 그래서 구의 장단長短이 들쑥날쑥해졌다고 한다. 전편이 「敕勒川, 陰山下. 天似穹廬, 籠蓋四野. 天蒼蒼, 野茫茫, 風吹草低見牛羊.」으로 되어 있는데, 전체적으로 칙륵 부족들의 초원과 유목 생활에 대한 애착을 잘 묘사해 두고 있다. 앞 두 구에서 칙륵 부족들이 거주하는 대초원을 광범위하게 설정한 다음, 제3·4·5·6 구에서는 하늘이 마치 천막처럼 대지를 뒤덮고 있는 장면과 파아란 하늘 그리고 끝없이 넓게 펼쳐진 초원 등등을 그려내고 있다. 마지막 구에서는 한 바탕 바람이 휘몰고 간 뒤, 무성한 풀들이 바람에 넘어져서 풀을 뜯고 있는 소와 양들이 모습을 드러내고 있는 광경을 아주 훌륭하게 묘사하였다. 전체적으로 생동감이 넘쳐나고 유목 생활의 정취를 짙게 풍기는 가운데, 유목민들의 초원을 아끼는 끈끈한 감정을 잘 표현해내고 있다. 이러한 감정이 시가 그려내고 있는 광활한 화면과 한데 결합됨으로써 이 작품 특유의 호방한 풍격을 구축하게 되는데, 바로 이러한 풍격과 정취야말로 남조의 시 작품들 속에서 전혀 찾아볼 수가 없는 것들이다.

그렇지만 작품의 내용과 예술적인 성과 그리고 후세 문학에 끼친 영향 등을 놓고 볼 때, 북조 시의 대표작으로는 당연히 〈목란시木蘭詩〉를 들 수 있다. 이 작품은 전편이 62구로 된 장편 서사시이다. 처녀인 목란이 아버지를 대신하여 전쟁터로 출정하여 많은 공을 세우며 전쟁을 승리로 이끈 다음, 관직과 작위 등을 모두 마다하고 고향으로 돌아와 다시 평화로운 가정 생활을 꾸린다는 내용이다. 작품 중에서 주인공 목란은 무예가 아주 뛰어나고 그러면서도 부귀공명을 전혀 탐하지 않는 감동적인 인물로 그려져 있다. 그녀는 원래 시골에서 베를 짜며 생활하던 평범한 한 처녀였는데, 연로하신 아버지가 징병의 대상에 들게 되자 자신의 안일을 돌보지 않은 채 아버지 대신 남장을 하고 분연히 전쟁터로 나선다. 10년 간 전쟁터를 종횡무진 누비며 천신만고 끝에 혁혁한 무공을 세우고 결국은 전쟁을 승리로 이끌었다. 그러나 그녀는 어떠한 포상이나 벼슬도 전부 사양하고 고향으로 돌아왔으며, 그 후 군복을 벗고 여자 옷을 갈아 입은 목란을 본 동료들이 그제서야 그녀가 여자였음을 알게 되었다고 한다. 중국시사中國詩史를 통틀어 목란과 같은 여자 주인공을 내세워서 영웅적인 인물로 묘사하고 있는 작품은 극히 드물다.

표현 기교 면에서 볼 때 〈목란시〉 중에는 후세 문인들에 의해 수정이 가해진 흔적이 뚜렷이 보이기는 하지만, 그래도 기본적으로는 북조 민가의 특색을 잘 보존하고 있다. 곧 명쾌하고 생동감 넘치는 어휘 구사는 물론이고, 연속적인 비유와 중복된 어구의 운용 역시 그 두드러진 특징으로 지적될 수 있다. 예를 들어 제2단에서 목란이 전마戰馬와 말안장을 구입하는 장면을 묘사하는데 동시東市·서시西市·남시南市·북시北市 등으로 시작되는 4구가 나란히 열거되어 있고, 출정하는 장면을 묘사한 대목에서도 「旦辭爺娘去, 暮宿黃河邊」으로부터 8구에 걸쳐 연이어 동일한 단어가 중복된 병렬적인 나열이 반복되고 있으며, 고향으로 돌아오는 장면 묘사에서도 3구에 걸쳐 부모와 언니·남동생 등의 행동을 나란히 서술해 놓고 있다. 이러한 연속적인 비유와 중복된 어구의 운용이 조화를 잘 이룸으로써, 목란의 심경이 뚜렷하게 묘사되고 또 그때그때의 장면들이 선명하게 부각될 수 있었던 것이다.

〈목란시〉는 북조 때부터 아주 널리 유행하기 시작하였으며, 훗날 강창講唱이나 소설 또는 희곡 등의 소재로 자주 채택되면서 중국의 모든 가정家庭과 남녀노소를 막론하고 누구나 다 훤히 아는 이야기가 되었다.

17
초당初唐 문학

당대唐代는 중국 역사상 봉건사회의 전성기였으며, 문학사에 있어서는 시詩가 가장 발달하였던 시대였다. 당대의 지식인들은 누구나 시를 지을 수 있었으며, 상당수의 일반 백성들 역시 시를 즐겨 암송하곤 하였다. 청대清代 강희康熙 연간에 편찬된 《전당시全唐詩》에 대략 2,200여 명 시인들의 작품 5만 수 가량이 실려 있으니, 그 동안 없어진 작품들이 훨씬 더 많았을거라는 사실을 고려할 때 당대의 시인 수와 시 작품의 양은 실로 대단한 정도였을 것으로 짐작된다. 당대는 또한 새로운 문학 장르들이 태동한 시기이기도 하다. 곧 사詞를 위시하여 단편소설과 희곡 및 강창 문학 등 송대宋代 이후에 발전을 본 여러 가지 문체들의 기원이 모두 당대에 이미 비롯되었다.

당대의 여러 문학 장르들 중 가장 높은 성과를 쌓아올린 것은 역시 시이다. 그런데 이 시는 몇 십 년 동안의 준비 기간을 거쳐 성숙되고 발전을 거듭할 수 있었다. 원래 수隋 왕조가 건립되어 근 300여년 간의 남북 간 분열 국면이 종지부를 찍게 되면서, 이미 시작되었던 남북 문화의 융합에 더욱 더 박차가 가해졌다. 특히 수隋 문제文帝가 시행한 문화정책과 그가 내린 몇 가지의 조치들은 문학이 새롭게 발전할 수 있는 전기를 마련해 주었다. 그러나 아쉽게도 수 왕조는 겨우 36년 만에 막을 내리고 말았다. 더군다나 양제煬帝는 문제의 올바른 문화정책이나 조치들을 계승 발전시켜 나가지 못하고 오히려 음란하고 부패한 향락 생활을 일삼으면서 화려하고 저속한 궁체시宮體詩를 적극 제창함으로써, 남북 문화의 융합에 찬물을 끼얹고 시의 흐름을 거꾸로 역류시켜 양梁·진陳 시대의 옛 모습으로 되돌아가게 만들어버렸다. 이리하여 수 왕조 전반을 통틀어 위대한 작가나 뛰어난 작품이 전혀 출현하지 못하는 양상이 빚어졌고, 남북 문화의 완벽한 융합과 시의 발전이라고 하는 중대한 책무는 자연히 당唐 왕조의 어깨 위로 옮겨지고 말았다.

서기 618년 수나라의 태원유수太原留守 이연李淵은 아들 이세민李世民의 도움을 받아 당 왕조를 건립하였다. 그리고 몇 년의 시간을 거쳐 각지에 할거하고 있던 세력들을 차례차례 소탕하면서 통일 중국의 새로운 역사를 열기 위한 기초를 착실히 다져나갔다. 626년에 이세민 곧 당 태종太宗이 황제 자리를 이어받은 후 막강한 국력을 바탕으로 정치 안정과 경제 번영을 누린 이른 바 『정관지치貞觀之治』—정관은 당 태종의 연호로 627년부터 649년 사이에 해당함—를 이룩하였다. 태종은 사상 면이나 문화 면에 이르기까지 상당히 개방적이고 포용적인 정책들을 시행하여, 사상과 문화가 새로이 부흥하고 또 서역西域을 위시한 외래 문물과의 활발한 교류가 이루어지도록 하였다. 인재 등용 면에서도 옛 문벌제도를 폐지하는 대신 과거科擧 제도를 더욱 더 정비하여 지식인들이 관계로 진출할 수 있는 길을 열어 주었다. 이처럼 유리한 여러 가지 조건들이 곧 당대 문학 번영의 기틀을 이루었으며, 또 역량 있는 일련의 새로운 작가들이 성장할 수 있는 훌륭한 바탕이 되었던 것이다.

당 태종 시기의 문학 작품에는 전환기적인 특징이 뚜렷이 드러나 있다. 이세민과 위징魏徵 등이 술회시述懷詩 작품들을 약간씩 남긴 바 있는데, 모두 내용이 건전하고 어휘 구사가 질박한 느낌을 준다. 그들은 수사修辭가 화려하고 내용이 부실한 그 당시 문학 경향이 반드시 개선되어야 한다고 인식하였으며, 문학의 사회적 기능 및 작용 등을 강조하고 나섰다. 염시艶詩를 즐겨 지었던 당시의 저명 문인 장창령張昌齡이 처음에 과거 시험에 낙방하였던 것도 바로 그가 작성한 답안의 문장이 화려하고 부실하여 바람직하지 못한 경향이 농후하였기 때문이라고 한다. 위징은 《수서隋書》 〈문학전文學傳·서序〉에서 남북의 작품 경향의 차이와 그 장단점 등에 대해 아주 명확한 지적을 가하고 있다. 그는 남방문학은 내용보다 아름다운 수식이 많이 추구되어 읊조리거나 노래로 부르기에 적합한 반면에, 북방문학은 내용이 수식을 앞질러서 문학의 사회적인 작용을 더욱 잘 발휘할 수 있다고 보았으며, 이러한 각각의 단점들을 지양하고 장점들을 잘 취합하여 수사와 내용이 잘 조화를 이루도록 하여야만 진선진미盡善盡美한 작품이 이루어질 수 있다고 주장하였다.

당 왕조가 건립되고 『정관지치』라 불리는 20여년 간의 준비 기간을 거친 다음, 고종高宗 및 무후武后의 집권 시기에 이르러 당대 시가는 비로소 초보적인 번영을 누리게 된다. 이 당시에는 여러 시인들이 동시에 대거 출현하여 각자 뚜렷한 성과들을 남긴 바 있는데, 그 중 비교적 유명한 이들로 왕발王勃·양형楊炯·노조린盧照鄰·낙빈왕駱賓王·심전기沈佺期·송지문宋之問·두심언杜審言·부가모富嘉謨·오소미吳少微·진자앙陳子昂 등을 들 수 있다. 그들의 시를 보면 정관 시기의 작가들 작품보다 제재의 범위가 훨씬 확대되어

王勃

있고 그 격조가 상당히 높아졌다. 또 체제나 기교 면에서도 그들은 근체시의 여러 형식들이 완비되고 7언고시가 발전해 나오는 과정에 있어서 빼놓을 수 없는 중요한 공헌을 남겼다. 그 중에서도 특히 왕발·양형·노조린·낙빈왕·진자앙 등이 더욱 더 커다란 영향력을 행사하였다.

왕발(650~676)·양형(650~693?)·노조린(635?~689?)·낙빈왕(640?~684) 등 네 명은 그 당시에 대단한 명성을 떨치며, 함께 『초당사걸初唐四傑』이라 불린 바 있다. 그들의 작품 성과가 제각기 다르긴 하지만, 모두들 당시唐詩 특히 5언율시와 7언고시의 발전에 상당한 기여를 하였다. 5언율시 중에서는 왕발의 〈두소부의 촉주부임을 전송하며(杜少府之任蜀州)〉와 낙빈왕의 〈감옥에서 매미 소리 들으며(在獄咏蟬)〉 등이 널리 인구人口에 회자膾炙되는 작품이며, 그 외에 왕발의 〈연꽃을 따며(採蓮曲)〉와 낙빈왕의 〈황제의 서울(帝京篇)〉 등도 두루 유행하였던 작품들이다. 두보杜甫는 〈희위육절구戲爲六絶句〉에서 그 당시의 역사적 조건에 입각하여 『초당사걸』의 시체詩體가 당시발전사唐詩發展史에 있어서 차지하는 위치와 작용 등에 대해 아주 긍정적인 평가를 가하고 있다.

진자앙(661~702)은 오늘날의 사천四川 사홍射洪 사람으로, 시풍詩風의 개혁을 격렬히 부르짖었던 당대 작가 중의 한 사람이다. 시의 개혁에 관한 그의 주장의 핵심은 『흥기興寄』와 『풍골風骨』을 강조한 것으로 요약될 수 있다. 곧 시 작품은 반드시 작자의 감정이나 이상 같은 것을 충실히 표현해내어야 하고, 작풍이 반드시 기개가 넘치고 격앙된 느낌을 주는 것이어야 한다고 인식하였다. 그래서 그는 『건안建安 문학』을 본보기로 삼았으며, 중후한 필치로 현실을 충실히 반영하는 작품을 써야 한다고 주장하였던 것이다. 그의 〈감우시感遇詩〉 38수는 완적의 〈영회시〉와 좌사의 〈영사시〉의 영향을 다분히 받은 작품으로, 더러는 옛 역사적 사건을 빌어 와 그 당시 세태를 비유하거나 더러는 사물에 의탁하여 자신의 심정을 토로하거나 또는 그 당시의 폐단들에 대해 직접적인 비판을 가하는 등 한결같이 강렬한 어휘 구사와 절실한 감정 표현을 구현하고 있다. 이 〈감우시〉는 모두 5언고시로 되어 있어서 시체詩體 면에서는 별다른 창의성이 발휘되지 않았지만, 그래도 내용이나 풍격 면에서는 초당 무렵의 시 작품들 중 가장 독특한 면모를 지니고 있을 뿐만 아니라, 당대의 시가 탄탄대로를 향해 힘차게 전진해나가도록 하는 아주 중요한 촉진제 작용을 한 작품이기도 하다.

18
성당시盛唐詩

명대明代 문인 고병高棅은 《당시품휘唐詩品彙》를 편찬하면서 당시唐詩의 발전과정을 초당初唐·성당盛唐·중당中唐·만당晩唐 등 네 시기로 구분하였다. 그 네 시기의 구체적인 경계선에 대하여는 후세에 여러 학자들이 서로 다른 의견을 제시하기도 하였지만, 당시를 이렇게 네 시기로 구분하는 자체는 많은 사람들에게 받아들여져서 거의 관례처럼 굳어졌다. 대체로 초당은 서기 618년부터 712년까지에 해당하며, 성당은 713년부터 770년까지에 해당하고, 중당은 771년부터 835년까지에 해당하며, 만당은 836년부터 907년까지에 해당한다. 물론 이러한 구분은 시기별로 서로 다른 역사적 특징과 기본적인 문학 경향 등에 근거하여 편의상 개략적인 구분을 가하는 것일 뿐, 특정 시점을 경계로 기계적인 구분을 가하는 것은 사실상 불가능한 일일 것이다.

초당은 정치·경제 어느 면에서 보더라도 당 왕조의 극성 시기였다. 그렇지만 문학 방면에서는 초당이 당시의 발육 내지는 준비 시기에 해당할 뿐, 당시가 최고의 번영을 누렸던 것은 역시 그 다음 성당 시기에 이르러서이다. 당 현종玄宗은 집권 초반 정치에 전념함으로써 『정관지치貞觀之治』에 비견될 만한 『개원지치開元之治』— 개원은 당 현종의 연호로 713년부터 741년 사이에 해당함—를 이룩해내어, 당 왕조의 부강과 번영을 극점에까지 끌어올렸다. 그러나 그는 집권 후반부터 차츰 사치스럽고 음란한 생활에 빠져 정사政事를 게을리 하였으며, 결국 755년에 발발하여 8년 간이나 지속되었던 『안사安史의 난亂』을 유발하기에 이르고 그 후로 당 왕조는 줄곧 쇠퇴일로를 걷게 된다. 성당의 시가는 바로 이러한 시대 환경 하에서 생성되었다.

성당기 시단에는 위대한 시인들이 대거 출현하여 왕성한 작품 활동을 전개하면서, 광범위한 제재를 두루 활용하여 다양한 풍격을 형성하고 또 각종 시 양식들을 모두 성숙 단계로 끌어 올려 놓았다. 그래서 이 시기에는 어느 면에서 보더라도 시가의 황금시대라 일컬어지기에 손색이 없을 정도로 찬란한 시의 번영이 이루어졌다. 시인들로는 이백李白·두보杜甫와 같은 대시인들을 비롯하여 왕유王維·맹호연孟浩然·저광희儲光羲·왕창령王昌齡·이기李頎·고적高適·잠삼岑參·최호崔顥·왕지환王之渙·왕한王翰 등 기라성 같은 시인들이 속속 출현하여, 각자 서로 다른 제재와 풍격으로 성당 시단을 이채롭게 장식한 바 있다. 시 양식 면에서는 5·7언 고시古詩가 전인前人들의 성과를 이어 받은 위에 나름대로 독창적인 면모를 개척하게 되었으며, 근체시近體詩 역시 이 무렵에 이미 완전하게 성숙되고 정형화되기에 이르렀다. 이 당시 시인들 중 이백과 두보에 대해서는 뒤에서 따로 거론하기로 하고, 여기서는 우선 작품 수준이나 후세에 끼친 영향 등 모든 면에서 가장 월등하였던 왕유·맹호연·고적·잠삼 등 4명의 시인에 대해 간단히 설명해보기로 하겠다.

왕유(701~761)는 자字가 마힐摩詰이며, 오늘날의 산서山西 기현祁縣 사람이다. 현존하는 시 작품이 400여 수 정도 되는데, 그 중 일부 작품들이 당시 현실을 반영하고 있을 뿐 대부분이 전원과 산수를 묘사하고 있다. 이러한 산수전원시 작품들은 자연 풍경을 아주 세밀하게 또 실감나게 잘 묘사하고 있을 뿐만 아니라 자신의 유유자적한 심정까지 잘 표현해내고 있어서, 후세 문학에 커다란 영향을 끼쳤다. 송대의 문호 소식蘇軾은 왕유의 이런 작품들을 평하여 『시중유화詩中有畵』라 하였는데, 왕유의 작품이 자연 풍경을 얼마나 생동감 있게 실물과 흡사할 정도로 잘 묘사해내고 있는가를 단적으로 잘 지적한 말이라 하겠다. 특히 〈한강을 굽어보며(漢江臨眺)〉·〈종남산終南山〉·〈산 속에서(山中)〉 등은 모두 사람들 입에 무수히 오르내린 대표작들이다. 예를 들어 5언율시인 〈산골의 가을 저녁(山居秋暝)〉에서 비 온 후의 산 속 저녁 풍경을 묘사한 대목을 읽고 있으면, 마치 독자들이 직접 그 장소에 서 있는 것 같은 착각을 느끼게 할 정도로 생동감이 넘쳐난다. 특히 중간 부분 두 연 「밝은 달빛 소나무 사이로 비추어 들고, 맑은 샘물 돌 위로 흘러내린다. 대 숲 떠들썩하니 빨래하는 여인들 돌아가는 듯, 연꽃잎 일렁이니 고기잡이 배도 내려가는 듯.」(明月松間照, 淸泉石上流. 竹喧歸浣女, 蓮動下漁舟.)라고 한 대목에는 비 내린 후 산 속의 맑고 깨끗한 경치가 실감나게 묘사되어 있을 뿐 아니라, 조용한 산 속에서 고기잡이 배가 하류로 내려가는 장면과 대 숲 사이로 들려 오는 빨래하고 돌아가는 여인들의 웃고 떠드는 소리 같은 것들이 잘 포착되어, 아주 감동적인 미적 예술 세계가 조성되어 있다.

맹호연(689~740)은 오늘날의 호북湖北 양양襄陽 사람으로, 현존 시 작품 200여 수 가량을 남기고 있다. 그는 당대唐代 시인들 중 최초로 산수시山水詩를 대량 창작하였으며, 초당·성당에 걸쳐 시가 고도로 발전해 나오는 과정 중에 중요한 역할을 수행하기도 하였다. 그는 특히 율시律詩에 뛰어났으며, 〈동정호에서(臨洞庭湖)〉·〈여름날 남정에서 신대를 생각하며(夏日南亭懷辛大)〉·〈봄날 아침(春曉)〉·〈건덕강에서 묵다(宿建德江)〉 등이 모두 후대에 널리 애송되었던 작품들이다. 그의 시는 흔히 자신의 정감과 대자연의 아름다움을 교묘하게 한데 융합시킨 특징을 보이고 있으며, 때로는 산수에 감정을 기탁하는 가운데 은연중 관계로의 진출과 은퇴 두 기로에서 방황하고 있는 갈등 심리를 토로하고 있기도 하다.

왕유와 맹호연 두 사람은 모두 산수와 전원을 잘 묘사한 시인으로 정평이 나 있고 작품 풍격도 상당히 흡사하여, 후세에 흔히 산수시파山水詩派 또는 전원시파田園詩派로 일컬어지고 있다.

성당 시기 시단에서는 산수시파와 아울러 변새시파邊塞詩派의 작품 역시 대단히 유행하였다. 변새시 작품들은 대체로 변방의 풍물風物들로부터 제재를 취하여, 더러는 국경 지방 병사들의 생활상이나 사상 또는 전쟁의 격렬함이나 참혹함을 묘사하기도 하고, 더러는 애국심이나 나라에 공을 세우고자 하는 포부를 토로하기도 하고, 더러는 명분 없는 전쟁의 불합리함이나 장수들의 무능한 면과 병사들의 고충 등을 폭로하고 있기도 하다. 이런 작품들은 그 풍격도 다양하여서, 어떤 것은 호방하고 웅장하며, 어떤 것은 처량하고 울분에 찬 작품들도 있다. 곧 허다한 시 작품들이 서로 다른 각도에서 그 당시 변방의 전쟁을 둘러싼 역사적 진실들을 잘 반영하고 있다 하겠다. 이 변새시파 작가들 중에서는 왕한과 이기가 그 선구자였고, 그 당시에 이미 『시가부자詩家夫子』라고 일컬어졌던 왕창령이 성당 변새시의 성숙을 이끌어내었으며, 고적과 잠삼이 그 집대성자라 할 수 있다.

고적(706~765)은 자字가 달부達夫이며, 오늘날의 하북河北 창현滄縣 사람이다. 그의 변새시 중에는 국경 지역을 수호하려는 이상을 표현한 작품들이나 나라를 위해 큰 공을 세우고자 하는 의지를 표명한 작품들도 있으며, 또 전쟁터에서의 생활상이나 변방의 풍경 등을 생생하게 묘사한 작품들도 있다. 〈연가행燕歌行〉이 그의 대표작이라 할 수 있는데, 징병에 응하여 변방으로 달려가면서부터 죽음을 무릅쓴 격렬한 전투를 벌이기까지 전쟁과 관련된 여러 장면들이 잘 묘사되어 있다. 작품 가운데 나라를 위해 목숨까지 기꺼이 바치겠다는 분연한 의지가 담겨 있을 뿐만 아니라, 무능하고 주색酒色에 빠져 있는 장수에 대한 원망감이 나타나 있기도 하며, 또한 고향의 가족들에 대한 그리움을 비롯 갖가지 복잡한 갈등 심리들이 묘사되어 있어서, 여러 가지 상황에 처한 병사들의 내면 세계를 여실히 반영해 놓고 있다.

잠삼(715~770)은 오늘날의 하남河南 남양南陽 사람이다. 그는 시를 통하여 변방의 풍물이나 병사들의 생활상과 심정 등을 세밀하게 잘 묘사하였다는 점에서 독특한 성과를 인정받고 있다. 〈흰 눈을 노래하여 무판관의 귀경을 전송함(白雪歌送武判官歸京)〉과 〈주마천의 노래·봉대부의 서방 원정을 배웅하며(走馬川行奉送封大夫出師

西征)〉·〈음력 7월 윤대현에서(首秋輪臺)〉 등이 모두 이러한 특징을 잘 대변하는 작품들이다.

성당 변새시 작품들 중 특이하게 돋보이는 것으로 유만劉灣의 〈전쟁터에서(出塞曲)〉와 장위張謂의 〈북주의 노인에 답함(代北州老翁答)〉 등 두 편이 더 있다. 〈전쟁터에서〉는 주인공인 한 청년이 애당초 전쟁터에서 큰 공을 세워 높은 벼슬을 해 보겠다는 꿈을 가졌으나, 해마다 이어지는 긴 전쟁을 통해 결국 깨닫게 된 것은 『죽어나는 것은 오직 병사들, 공로는 모두 장군들 차지.』란 사실이었음을 묘사하고 있다. 이 작품은 그 당시 나라에 공을 세워 출세해 보고자 하였던 많은 사람들의 염원이 모두 허황된 꿈에 불과함을 여지없이 폭로하였다. 〈북주의 노인에 답함〉은 현종 천보天寶 말년에 감행된 잦은 변방 정벌로 인하여 백성들이 겪는 고통을 적나라하게 묘사한 작품이다. 땔감나무를 하여 생계를 유지하는 한 산골 노인의 두 아들이 이미 전쟁터에서 전사하였는데도 그 셋째 아들 역시 징병되는 액운을 맞게 된 상황을 묘사하고, 그 당시의 정벌 정책에 대한 불만과 비판을 가해 놓고 있다.

19
낭만주의 시인 이백李白

李白

이백李白(701~762)은 자字가 태백太白이고 자호自號를 청련거사靑蓮居士라 하였다. 선조의 적관籍貫이 오늘날의 감숙甘肅 천수天水이며, 태어난 곳은 오늘날의 사천四川 강유현江油縣이고 26세에 사천을 떠날 때까지 줄곧 이곳에서 자랐다. 천보天寶 원년 즉 서기 742년에 이백은 현종玄宗의 부름을 받아 장안長安으로 들어갔으며, 이 때 당시 문단의 선배였던 하지장賀知章으로부터 『적선인謫仙人』─하늘 나라로부터 귀양 내려온 신선이란 의미─이라는 칭찬을 받은 바 있다. 하지장의 이러한 칭찬에다 그의 시가 본래 갖추고 있는 낭만주의 정신까지 감안하여 후세 사람들은 흔히 그를 『시선詩仙』이라 불러왔다. 그는 확실히 당대唐代 나아가서는 중국시가사中國詩歌史 전반을 통틀어 가장 위대한 낭만주의 시인이다.

이백은 생활 역정이나 사상思想 모두가 상당히 복잡하였던 인물이다. 그는 은둔 생활을 한 적이 있고 도교 사상을 탐구하기도 하였으며, 황제 현종으로부터 직접 영접을 받고 한림翰林 벼슬을 제수 받기도 하였다. 또 영왕永王 이린李璘의 반란에 가담한 죄로 사형 선고를 받기도 하였다. 사상적으로는 나라를 위해 헌신하며 자신의 야망을 펼쳐 보이겠다는 적극적인 포부를 갖고 있었던 반면에, 자유를 갈망하고 부귀영화에 집착하지 않으며 구속받는 것을 싫어하였고 신선술神仙術이나 도교道敎 사상을 흠모하기도 하였다. 공자진龔自珍은 일찍이 이백이 《장자莊子》·굴원屈原·유가儒家·신선神仙·유협遊俠 등의 사상을 모두 다 받아들였다고 설명한 바 있는데, 그의 이처럼 다양한 사상과 기질 및 행위들이 결국은 그로 하여금 백성들을 돌보고 사직社稷을 지키는 정치가가 되기보다는 한 시대를 대표하는 위대한 천재 시인이 되도록 하였던 것으로 보여진다.

이처럼 복잡한 생활과 사상은 그의 작품에도 그대로 잘 반영되어 있다. 제재 면에서 볼 때, 이백의 현존하는 근 1,000수 가량의 시 작품들은 그가 당시 시인으로서 접촉할 수 있었던 사회의 거의 모든 분야들을 두루 다루고 있다. 〈고풍古風〉 59수—동시에 지어진 작품들은 아님—를 보면, 일부 작품들이 자신의 생활 태도나 예술적인 견해를 직접 표명해 놓고 있는 외에도, 옛 사실을 빌어 그 당시의 실정失政을 풍자하고 있는 작품들이 있는가 하면, 또 어떤 작품들은 현종 당시의 폐정弊政과 잦은 전쟁 도발의 문제점을 폭로하거나 혹은 귀족 권세가들의 음란한 생활상이나 부패상에 대하여 비판을 가하고 있기도 하다. 〈세상살이 힘겨워라(行路難)〉와

〈겨울밤 홀로 술잔 비우며(答王十二寒夜獨酌有懷)〉 등 작품들도 당시 사회의 혼탁한 상황을 잘 묘사하고, 정직한 사람이 오히려 처신하는 데 곤란을 겪는 불공평함과 울분을 그려내고 있다. 그 외에 〈변경의 노래(塞下曲)〉 6수처럼 외세의 침략에 대항하는 애국사상을 표현한 작품도 있으며, 〈부풍의 호걸(扶風豪士歌)〉과 〈난리 후 야랑에서 옛 친구들 회상하며(經亂離後天恩流夜郎憶舊遊書懷贈江夏韋太守良宰)〉 등과 같이 안사安史의 난亂이 백성들에게 끼친 고충을 묘사하거나 〈정도호의 노래(丁都護歌)〉처럼 뱃사공의 힘겨운 생활상을 묘사함으로써 작자의 백성들에 대한 깊은 관심을 잘 나타내고 있는 작품들도 있다. 또 〈님을 그리며(長干行)〉·〈버림받은 여인(去婦詞)〉·〈진나라 여장부(秦女休行)〉 등과 같이 다양한 여인들의 형상을 그려낸 작품들도 있다. 이들 외에 우정友情의 표현이나 자연 풍경의 묘사 등도 그의 시에 비교적 자주 등장하는 제재라 할 수 있다.

사상 감정 측면에서 보더라도 이백의 작품은 대단히 복잡한 양상을 띠고 있다. 그는 본래 큰 포부를 지녔던 사람이기에 늘 대붕大鵬이란 전설상의 새로 자신을 비교하곤 하였다. 곧 젊은 시절에 이미 〈대붕우희유조부大鵬遇希有鳥賦〉를 썼으며, 중년에 접어들어서는 자기의 사상이 제대로 실현되기 어려움을 깨닫고 이 작품을 〈대붕부大鵬賦〉로 고쳐 쓰기도 하였다. 그 외에 〈상이옹서上李邕書〉와 〈임종가臨終歌〉 등에서도 모두 자신을 힘차게 날개짓하며 높은 창공을 나는 대붕새로 비교하고 있는데, 이들 작품에 나오는 대붕은 어떻게 보면 장래에 대한 그의 확고한 의지의 표상일 수도 있으며, 또 한편으로는 속세 사람들을 멸시하고 자유를 추구하며 어떠한 구속도 받기 싫어하는 반항적인 기질의 반영이라 할 수도 있다. 그는 자신의 정치 이상이 현실의 벽에 부닥치게 되고 특히 순결하고 고매한 자신의 인격이 훼손 당하게 되자, 『잡다한 모래알들이 반짝이는 구슬을 더럽히고, 온갖 잡초들이 한 떨기 아름다운 꽃을 업신여기는』(群沙穢明珠, 衆草凌孤芳) 추악하기 그지없는 현실에 대해 더욱 더 강렬한 반항 정신이 복받쳐 오르게 되었다. 그리하여 이처럼 암울한 현실과 분연히 맞서 싸우면서 이상 세계를 열렬히 추구하고 개성의 자유를 갈망하는 간절한 욕망이 더욱 더 불타오르게 되었으며, 바로 이런 과정을 통해 낭만주의적 색채가 충만한 그의 시의 특징이 형성되었던 것이다. 그는 흔히 『시선詩仙』으로 일컬어지는데, 그 신선神仙이란 의미 역시 그의 시에 담겨 있는 이상과 현실 사이에서 방황하는 애증愛憎 어린 감정의 불꽃을 두고 하는 말이지, 결코 그가 작품을 통해 단순히 인간 세상의 모든 것들을 훨훨 떨쳐버리겠다는 생각을 나타내었음을 가리킨 말은 아닐 것이다. 그는 암울한 현실로 인해 깊은 우수에 젖어 머리를 풀어헤친 채 일엽편주를 타고 멀리 환상의 세계로 떠나고자 하는 생각을 하다가도, 불현듯 잔인무도하고 추악한 무리들에 대한 증오와 백성들이 겪는 고통에 대한 동정을 여실히 표현해내곤 하였다. 단적인 예로 〈꿈에 본 천모산(夢游天姥吟留別)〉을 보면, 꿈결에 유람한 천모산에 대한 묘사를 통해 현실에 대한 자신의 불만을 선명하게 부각시켜 놓고 있다. 전편을 통해 작가는 상상의 나래를 한껏 펼쳐 기이한 화초花草들과 괴석怪石들 그리고 곰과 용의 울음소리 등 신비스럽고 특이한 천모산의 광경을 묘사하고, 눈부시게 현란한 광채와 아름다운 신선들의 음악이 연주되고 있는 신선 세계를 그려 놓고 있다. 그런데 이러한 선경仙境에 대한 묘사가 절정에 도달할 무렵, 그는 과감히 붓을 돌려 모든 환상 세계에 대한 언급을 중단해버림으로써 추악하고 가증스러운 현실 세계와 선경을 선명하게 대비시켜 놓고, 결국은 속세를 깔보고 권세가들을 멸시하는 한 마디 고함 소리 곧 「어찌 눈썹 내리깔고 허리 굽실거리며 세도가들을 섬기리오? 내 마음 도저히 편안할 수 없으리니!」(安能摧眉折腰事權貴, 使我不得開心顔!) 하는 외침을 내뱉음으로써 끝을 맺고 있다.

이백은 꿈 속 세계나 선경으로부터 이상을 추구한 외에도, 술이나 여행을 통해 근심 걱정을 해소하는 방법을 자주 택하곤 하였다. 그는 작품 속에서 술로 근심을 해소한다는 언급을 여러 차례 해 놓고 있으며, 그 외에도 음주와 관련된 많은 일화들을 남기고 있다. 이런 일화들은 모두 그의 강한 자부심과 오만불손한 성격 그리고 권세가들에 대한 멸시 등을 반영하고 있는데, 두보杜甫 역시 일찍이 〈술 취한 여덟 신선(飮中八仙歌)〉이란 작품에서 「이백은 술 한 말에 시 백 수를 짓고, 장안 거리 주막에서 잠을 자는데. 천자께서 오라 불러도 배에 오르지 않고, 자칭 자기가 술 취한 신선이라 한다네.」(李白一斗詩百篇, 長安市上酒家眠. 天子呼來不上船, 自稱臣是酒中仙.)라고 묘사한 바 있다. 이백은 또한 여행도 매우 좋아하여, 일생 동안 무수히 많은 명산대천名山大川을 두루 돌아보았다. 그는 대자연의 아름다운 풍경을 보고 마음 속의 위안을 찾았으며, 이러한 대자연의 아름다움이 곧 그의 심금을 울리고 또 그에게 영감을 불어넣어 주어서 그로 하여금 그처럼 많은 훌륭한 시 작품들을 써내게 만들었던 것이다. 그의 자연시는 과거 다른 시인들의 산수시 작품들과 달리 자연의 오묘한 아름다움을 그려내는데 그치지 않고, 자신과 산수 양자 간의 교감을 잘 표현해내고 있다. 예를 들어 「황하강 물이 하늘로부터 떨어져내려 동해로 흘러가는데, 만리를 흘러 이 내 가슴 속으로 밀려드누나.」(黃河落天走東海, 萬里寫入胸懷間.) 같은 대목에서는 세차게 흘러가는 황하강 물이 시인의 가슴 속으로까지 파고들어 마음 속의 묵은 감정을 씻어 내린다고 하여, 황하의 웅장한 기상과 맹렬한 기세를 자신의 감정과 연결지워 표현해 놓고 있다. 또 「해 저물어 푸른 산 내려오니, 산 위의 달님도 나를 따라 돌아간다.」(暮從碧山下, 山月隨人歸.)나 「기러기가 내 근심 앗아 가는데, 산은 아름다운 달님을 품고 내게로 다가온다.」(雁引愁心去, 山銜好月來.)와 같은 시구들 중에서도, 산 위의 달·기러기·산 등등이 모두 시인의 동반자이거나 시인의 감정을 잘 이해해 주는 좋은 친구로 묘사되어 있다. 이백은 이렇게 시를 통해 자신의 뜨거운 감정을 무정한 자연 경물景物에다 효과적으로 이입시킴으로써, 작품들로 하여금 풍부한 생동감과 예술적인 매력을 지니도록 하고 있다. 가장 전형적인 예로 〈홀로 경정산에 앉아(獨坐敬亭山)〉란 작품을 한번 보기로 하자.

> 뭇새들 모두 높이 날아가버리고,
> 외로운 구름만 홀로 한가로이 떠간다.
> 마냥 마주 보고 있어도 서로 싫증나지 않는 것은
> 오직 경정산 너 하나 뿐이로구나.
> (衆鳥高飛盡, 孤雲獨去閑.
> 相看兩不厭, 只有敬亭山.)

이 작품은 경정산에 대한 묘사를 통해, 시인 자신의 고고孤高하면서도 초연超然한 심사를 나타내고 있다. 곧 경정산을 자기 친구로 설정하여 경정산만이 유일하게 자신의 속마음을 이해해줄 수 있다고 하며, 자신의 적막한 신세에 대한 위안을 삼고 있는 것이다. 다시 말해 경정산을 내세워서 인간 세상의 무정하고 냉혹함을 간접적으로 시사하고, 나아가 동조자를 찾아볼 수 없는 현실에 대한 고민을 토로해 놓고 있다. 이 외에도 〈여산의 노래(廬山謠)〉·〈여산폭포(望廬山瀑布)〉·〈아침에 백제성을 떠나(早發白帝城)〉·〈천문산 바라보며(望天門山)〉 등등의 작품들이 모두 산수 풍경을 묘사하는 중에 이백 특유의 기질이나 감정 같은 것들을 적절히 용해시킴으로써 풍부한 시의詩意를 잘 살려내고 있다.

시의 형식 면에 있어서 이백은 각종의 다양한 시체詩體들을 능수 능란하게 운용하고 있는데, 그 중에서도 특히 칠언고시七言古詩와 칠언절구七言絶句 분야에 가장 뛰어났다. 그가 칠언고시에 뛰어났던 것은 그의 작품이 표현하고 있는 자유분방한 감정 색채와 밀접한 관련이 있다 하겠다. 그는 자신의 시를 평하여 「주흥에 겨워 붓을 들면 오악을 뒤흔들고, 시를 다 짓고는 오만하게 미소 띠며 창주의 신선을 깔보노라.」(興酣落筆搖五岳, 詩成笑傲凌滄洲.)라고 하였고, 두보 역시 그의 시를 극찬하여 「붓을 들면 비바람도 깜짝 놀라고, 시를 지으면 귀신도 흐느끼누나.」(筆落驚風雨, 詩成泣鬼神.)라고 하였다. 사실 그의 시는 작자의 사상 감정이 용솟음치듯 솟구쳐 나와 일사천리로 내달리고 있는 듯한 느낌을 주며, 게다가 대담한 과장 수법이나 신기한 환상 수법 등이 칠언고시의 자유로운 형식과 적절히 조화를 이룸으로써, 독자들을 감동시키고 읽는 이의 심금을 울리는 독특한 매력을 구비하고 있다.

20
현실주의 시인 두보杜甫

杜甫

두보杜甫(712~770)는 자字가 자미子美이고, 하남성河南省 공현鞏縣 태생이다. 숙종肅宗 때에 좌습유左拾遺 벼슬을 역임하였고, 성도成都에 머물던 시절 엄무嚴武에 의해 절도참모節度參謀·검교공부원외랑檢校工部員外郞으로 추천되기도 하였다. 그래서 후세 사람들은 흔히 그를 『두습유』 또는 『두공부』라고 부르기도 한다.

두보는 청년 시기에 마음 내키는 대로 유람을 다녔던 일정 기간을 제외하고는 일생을 거의 대부분 곤궁하고 우울한 가운데서 보내었으며, 특히 최후의 10년 동안 그는 감숙甘肅·사천四川·호남湖南 등 지역을 떠돌아다니면서 줄곧 다른 사람의 도움으로 근근히 생활을 꾸려나갈 수 있었다. 이처럼 곤궁한 생활을 해 나왔기 때문에 그는 백성들에게 보다 가까이 접근하여 사회를 제대로 이해할 수 있는 좋은 기회를 충분히 가질 수 있었고, 이로 인해 그의 시 작품은 당唐 왕조가 전성기로부터 쇠퇴기로 넘어가는 역사적 전환기에 드러내고 있는 광범한 사회 현실들을 진실되고 심각하게 반영할 수 있었던 것이다. 그런 점에서 사람들은 흔히 두보의 시를 『시사詩史』라고 일컫는다. 한편 그는 시의 여러 가지 체재들을 두루 잘 운용하고 있고 다양한 풍격을 구축하고 있으며, 매우 뛰어난 예술적 성과를 거두고 있기도 하다. 그러므로 흔히 『시성詩聖』이라 불리기도 한다.

그는 시사時事를 시에다 적나라하게 끌어들여, 『시사詩史』라 일컬어지는 창작 특성을 이루어내었다. 현존하는 그의 시 약 1,400여 수 정도를 통해서, 우리는 기라성 같은 시인들이 운집해 있던 성당盛唐 시단에 두보가 출현하면서부터 현종玄宗·숙종肅宗·대종代宗 등 세 임금을 거치는 기간 동안 발생하였던 갖가지 중대 사건들의 면모를 들여다 볼 수 있다. 뿐만 아니라 그 당시 역사의 추이에 따라 터져 나왔던 함성이나 고발 및 웃음소리 등을 들을 수 있으며, 시대의 맥박을 절실하게 느껴볼 수도 있다. 장안長安에서 머물렀던 10년 동안 그는 「남들이 마시다 남은 술을 부어 마시고 먹다 남은 음식 찌꺼기나 얻어먹으며, 가는 곳마다 남몰래 슬퍼하고 고통에 겨웠던」(殘杯與冷炙, 到處潛悲辛) 빈곤한 생활을 하면서도, 오히려 〈병사의 노래(兵車行)〉·〈미녀의 노래(麗人行)〉·〈봉선 가는 길의 회포(自京赴奉先縣詠懷五百字)〉 등등과 같은 훌륭한 작품들을 지어 현종 말기의 무력을 남용한 전쟁 도발과 방탕한 향락 생활 등을 생생하게 폭로해내었다. 안사安史의 난亂이 발발한 후에는 사태의 추이를 예의주시하면서, 〈강가에서 슬픔에 잠겨(哀江頭)〉·〈왕손을 슬퍼하며(哀王孫)〉·〈북으로 가는 길(北征)〉·〈강촌(羌村)〉 그리고 『삼리三吏』·『삼별三別』 등 안록산安祿山 반란군의 잔혹성을 폭로하고 백성들의 고충을 반영한 시 작품들을 써내기도 하였다. 사천四川 지역을 유랑하였던 8년여 기간 동안에는 주위 사람들의 도움을 받아 하루 하루를 연명하였던 처지임에도 불구하고, 세태에 대한 그의 관심이 여전히 식을 줄 몰라 현실을 잘 반영하고 있는 일련의 작품들을 발표한 바 있다. 곧 백성들에 대한 통치 계층 인사들의 잔혹한 억압을 폭로한 작품으로 〈말라죽은 종려나무(枯椶)〉·〈병든 귤나무(病橘)〉 등이 있고, 환관宦官들의 전횡과 조정 대신들의 우매하고 무능함을 비판한 작품으로 〈번민을 해소하며(釋悶)〉·〈봄날 상념(傷春)〉 5수 등이 있으며, 번진藩鎭들의 발호와 서북방 이민족들의 중원中原 침략으로 인한 혼란상을 묘사함으로써 작자의 통일에 대한 염원을 담은 작품으로 〈여러 장군들(諸將)〉 5수 등이 있고, 자신의 처지와 관련지워 당唐 왕조의 번영과 쇠퇴 과정을 그려낸 작품으로 〈옛일을 회상하며(憶昔)〉·〈가을 상념(秋興)〉 8수 등이 있다. 사천을 떠난 후 약 3년 동안에는 가난과 질병이 극도로 악화되었으나, 여전히 〈악양루에 올라(登岳陽樓)〉·〈세모의 노래(歲晏行)〉 등 시국과 조국의 장래에 대한 근심을 나타내고 백성들의 고난에 대한 동정을 담은 작품들을 꾸준히 발표하였다. 대력大曆 5년(770) 겨울에 그는 호남湖南 상강湘江의 한 척 배 위에서 불우했던 자신의 일생과 지속되는 전란으로 암울하기만한 국가 장래를 한탄하면서, 결국 쓸쓸히 병으로 세상을 하직하고 말았다. 그가 일생 동안 남겼던 다양한 내용의 시 작품들은 당시의 역사적인 현상들을 정말 심도 있게 또 광범위하게 반영하고 있어서, 두보가 중국 봉건사회 체제 하에서의 가장 위대한 현실주의 시인이라는 칭찬을 받기에 전혀 손색이 없음을 뚜렷이 확인시켜 준다.

위대한 현실주의 시인 두보는 일찍이 자신이 「시어가 독자를 감동시키지 못하면 죽어도 끝내지 않으리라」(語不驚人死不休)·「새로운 시가 완전히 고쳐지고 나면 스스로 길게 읊조려본다」(新詩改罷自長吟)라고 말하였던 것처럼, 시작詩作에 임하는 태도가 극히 엄숙하고도 진지하였다. 이처럼 심혈을 기울여 작품의 예술성과 독창적인 경지를 추구하였던 그의 창작 태도는 그의 풍부한 사회 경험과 깊이 있고 해박한 지식 등과 한데 어우러져서, 결국 두보의 작품을 봉건사회 현실주의 시가詩歌의 최고봉의 자리로 끌어올렸던 것이다. 그의 시는 광범위한 사회 현실을 반영하고 각계각층의 다양한 인물들을 두루 다루고 있으면서도, 그러한 묘사 가운데에 자신의 감정을 교묘하게 용해시켜 자연스러우면서도 강렬한 감정 색채를 부각시키고 있다. 그래서 그의 시는 고체시古體詩·근체시近體詩·오언시五言詩·칠언시七言詩 등 어느 장르를 막론하고 모두 다 묘사가 신비로우면서도 깊고 엄숙한 느낌을 주며 독자들을 감동시키는 탁월한 힘을 지니고 있다. 곧 〈병사의 노래〉·〈미녀의 노래〉·〈진도에서 슬픔에 잠겨(悲陳陶)〉·〈청판을 슬퍼하며(悲青坂)〉·〈강가에서 슬픔에 잠겨〉 그리고 『삼리』·『삼별』 등 작품들이 모두 당시 현실을 묘사한 작품이면서도, 묘사된 인물이나 사건을 통해 자연스럽게 작자의 애증愛憎 어린 감정들을 선명하게 드러내고 있다. 특히 〈석호촌의 관리(石壕吏)〉란 작품을 보면 작자가 석호촌에 묵으면서 들었던 징병徵兵에 얽힌 한 할머니의 하소연을 기록하고 있는데, 그 할머니의 하소연 속에 그 당시 백성들이 안사의 난 와중에서 겪었던 고통과 불행 같은 것이 잘 드러나 있다. 시인은 이 작품 속에서 자신의 목소리를 한 마디도 내지 않고 있지만, 「밤이 깊어 말소리 끊겼지만, 흐느끼며 우는 소리 귓가에 들리는 듯. 날 밝아 길 떠날 즈음에, 홀로 남은 영감과 작별을 하였다.」(夜久語聲絶, 如聞泣幽咽. 天明登前程, 獨與老翁別.)란 묘사를 통해 깊은 밤에 관리가 찾아와 병사를 징발해 가는 비극적인 장면을 목격한 작자의 비통한 심정을 간접적으로 잘 드러내 놓고 있다. 또 〈강가에서 슬픔에 잠겨〉란 작품 역시 안사의 난을 전후한 곡강曲江 지역의 커다란 변화 양상을 그림으로써 안사의 난이 주는 역사적인 교훈을 시사하고 있는데, 마지막 구 「성 남쪽으로 가보려고 해도 도무지 남북을 가릴 수가 없구나.」(欲往城北忘南北)라는 얼떨떨한 광경 묘사를 통해 작자 내심의 비통한 심경을 잘 내비치고 있다.

사회 실상을 직접 묘사한 작품들과 마찬가지로, 자신의 감회를 노래한 작품들 역시 이와 비슷한 양상을 띠고 있다. 예를 들어 〈봉선 가는 길의 회포〉란 작품은 본래 자신의 감회를 노래한 작품인데, 수도 장안長安에서 봉선현으로 가는 도중에 보고 들었던 상황들을 정리하여 자기의 생각과 감정으로 표현해냄으로써 작품 속에 농후한 시대적 숨결을 담아두고 있다. 곧 「조정에서 나누어주는 비단은 본디 가난한 집 여인들이 짠 것. 그 남편들을 잡아다가 매질을 하며, 관청에서 긁어모아 대궐에 바친 것이다.」(彤庭所分帛, 本自寒女出. 鞭撻其夫家, 聚斂貢城闕.)와 「귀족들 집에서는 술과 고기 썩어나는데, 길에는 얼어 죽은 사람 시체가 널려 있구나.」(朱門酒肉臭, 路有凍死骨.) 같은 구들은 봉건체제 하에서의 심화된 계층 간의 갈등과 극심한 빈부 격차 등 현실적인 문제를 신랄하게 꼬집어냄으로써, 작자가 「이 슬픔 다시 말로 형언하기 어렵도다.」(惆悵難再述)라고 말한 것처럼 독자들 역시 똑같이 숨막히는 압박감 같은 것을 느끼게 한다. 또 〈눈을 맞으며(對雪)〉·〈봄날 전망(春望)〉·〈악양루에 올라〉 등 작품들 역시 풍경 묘사를 표방한 작품이면서도, 그 속에 「전쟁터에서는 숱한 새 귀신들이 울부짖고, 고향에서는 홀로 남은 늙은이 시름에 겨워 신음하고 있다. …… 여러 고장으로부터 소식마저 끊어진 상태라, 쓸쓸히 앉아 손가락으로 허공에 글씨를 써본다.」(戰哭多新鬼, 愁吟獨老翁. …… 數州消息斷, 愁坐正書空.)·「시절을 슬퍼하여 꽃도 눈물을 뿌리는 듯, 이별이 안타까와 새도 마음을 놀래는 듯.」(感時花濺淚, 恨別鳥驚心.)·「전쟁이 관산 북녘에서 계속되고 있으니, 홀로 난간에 기대어 눈물만 자꾸 흘릴 뿐.」(戎馬關山北, 憑軒涕泗流.) 등등과 같이 시대 상황과 자신의 비애 어린 감정을 교묘하게 응집시킨 표현들이 잘 구사되어 있다. 그 외에 친구들을 그리워하는 내용의 작품이나 송별시送別詩 또는 친구와 서로 주고받은 시 작품들 역시 작자의 감정을 투과시켜 사회 현상을 암시하는 식의 표현을 많이 곁들이고 있다. 곧 이백李白을 그리워하면서 그의 불우한 처지를 안타까워하여 「고관대작들 서울을 가득 메우고 있는데, 그대만 유독 초췌한 모습이구료.」(冠蓋滿京華, 斯人獨顦顇.)라고 한 시구를 위시하여, 당시 사회의 불공평한 면과 모순점들을 간접적으로 시사함으로써 시대적인 의의를 충분히 살려낸 시구들을 흔히 찾아볼 수 있다. 이처럼 두보는 자신의 개인적인 처지를 혼란한 시대 상황과 잘 결부시킴으로써, 사물을 묘사한 작품이든 인물을 묘사한 작품이든 또는 감회를 노래부른 작품이든 아니면 그 어떤 제재를 다룬 작품이든지를 막론하고 한결같이 자기의 감정이나 사상을 담아서 보여 주고 있다. 그래서 그의 작품은 심오하고 간곡한 느낌을 주며, 그런 점이 바로 두보 시의 가장 두드러진 특색으로 지적되고 있다.

어느 작가의 작품이 얼마 만큼 다양한 풍격을 지니고 얼마 만큼 풍부한 예술적 색조色調를 띠고 있느냐 하는 것은 바로 그 작가의 문학적 자질이나 조예가 얼마나 높고 뛰어난지를 알게 해 주는 하나의 지표라고 할 수 있을 것이다. 그런 점에서 두보 시의 풍격과 예술적인 색조는 대단히 풍부하고 다채로우며, 이를 통해 시에 있어서의 그의 탁월한 재능을 충분히 짐작할 수가 있다. 앞에서 설명한 특징 외에도, 특히 그의 젊은 시절 작품들을 보면 실로 다양한 풍격과 다채로운 필치를 확인하게 된다. 예를 들어 〈태산을 바라보며(望嶽)〉·〈매 그림을 보고(畵鷹)〉·〈술 취한 여덟 신선〉 등 작품들은 기운이 넘쳐나고 풍격이 호방하여 뚜렷한 낭만주의 색채를 드러내고 있으며, 〈봄날 밤 반가운 비(春夜喜雨)〉 중의 「바람에 실려온 밤비 만물을 소리 없이 적셔 준다. …… 새벽녘 붉은 꽃잎이 비에 젖어서, 무거워진 꽃송이를 금관성에 드리우고 있구나.」(隨風潛入夜, 潤物細無聲. …… 曉看紅濕處, 花重錦官城.) 같은 구는 초봄 보슬비의 따사로운 정취를 그릴 듯하게 묘사함으로써 물아일체物我一體의 희열감을 나타내고 있다. 또한 〈농사 지으며(爲農)〉 중의 「둥그런 연꽃 작은 이파리가 물 위에 떠 있고, 가느다란 보리 가벼운 꽃이 떨어지누나.」(圓荷浮小葉, 細麥落輕花.)·〈강 마을(江村)〉 중의 「들보 위의 제비는 제멋대로 오가고, 물 가운데 갈매기 다정도 하구나. 늙은 마누라는 종이에다 바둑판을 그리고, 어린 아이는 바늘 두드려 낚시 바늘 만든다.」(自去自來堂上燕, 相親相近水中鷗. 老妻畵紙爲棋局, 稚子敲針作釣鉤.)·〈강가 정자에서 근심을 풀며(水檻遣心)〉 중의 「보슬비에 물고기 튀어오르고, 산들바람에 제비가 비껴난다.」(細雨魚兒出, 微風燕子斜.) 등 시구들은 모두 꼼꼼하고 미묘한 묘사와 청신하고 생기 있는 필치로 한적함을 즐기는 자신의 심경을 잘 표현해냄으로써, 독특한 맛을 느끼게 해 준다. 이처럼 두보의 시는 실로 다양한 풍격과 풍부한 예술적 특징을 구비한 채로, 여러 각도에서 높은 성과를 쌓아 올렸던 것이다.

두보는 분명 봉건사회의 위대한 시인 중 한 사람임에 틀림이 없으며, 그가 생존했던 시기 나아가서는 중국의 봉건왕조 전체를 통틀어 시의 최고봉을 개척한 가장 뛰어난 시인이었다. 그런데 그는 당시와 같은 봉건체제 하에서 임금을 잘 보좌하여 밝은 정치가 시행되고 살기 좋은 세상이 될 수 있도록 하자는 생각을 일관되게 견지하였고, 황제를 열렬히 사모하는 충성심忠誠心을 항상 잃지 않았다. 그러면서 백성들이 겪는 고통에 깊은 동정을 표하고 자신을 희생해서라도 백성들을 고통의 사슬로부터 구해내고자 다양한 노력을 기울였으며, 당시 사회에 만연해 있던 여러 가지 부조리한 면들을 냉정하게 폭로해내기도 하였다. 그래서 그는 임금과 나라에 대한 우국충정憂國衷情과 백성을 아끼고 걱정하는 마음을 모두 그대로 간직하면서, 백성들과 당시 현실에 관련된 처절한 슬픔이나 힘찬 외침 그리고 냉엄한 고발 등등을 표출시킴으로써 작품에 깊고 풍부한 현실주의 색채를 잘 살려 놓고 있다.

21
중당시中唐詩

이백과 두보가 세상을 뜬 후 중국의 시단에는 원결元結·고황顧況·대숙륜戴叔倫·유장경劉長卿·위응물韋應物·이익李益 그리고 이른 바 『대력십재자大曆十才子』 등 유명시인들이 출현하여 나름대로 작품 활동을 전개하였다. 대력은 당나라 대종代宗 때 사용되었던 연호로 서기 766년부터 779년까지가 이에 해당되는데, 《신당서新唐書·노윤전盧綸傳》에 보면 『대력십재자』는 노윤盧綸·길중부吉中孚·한굉韓翃·전기錢起·사공서司空曙·묘발苗發·최동崔峒·경위耿湋·하후심夏侯審·이단李端 등 10명의 시인을 지칭하는 것으로 되어 있다. 이들은 대부분 두보보다 적게는 몇 살부터 많게는 서른 몇 살까지 어리고, 유장경은 오히려 두보보다 3살이 더 많았다. 그들 중 두보와 동년배였던 시인으로 유장경·원결·전기 등이 있었는데, 시 작품의 예술적인 성과를 놓고 볼 때 이백·두보·왕유 같은 시인들에게는 훨씬 못 미친다. 두보보다 한 세대 늦은 노윤·이익·위응물 등의 시 역시 성당의 선배 시인들보다 훨씬 뒤떨어진다. 이런 점에서 보면 당대 시가의 흐름에 있어서 중당中唐 전기前期는 일종의 침체기라고 할 수 있다. 이 시기의 시는 대체로 산수 전원을 묘사한 작품들이 많으며, 혹 동란動亂으로 인한 좌절과 유랑 및 생사生死 이별 등 비통한 감정을 표현한 작품들도 더러 있지만, 사회 현실을 직접적으로 반영하고 있는 작품은 그다지 많지 않다.

그 후 대력 말기부터 서서히 시풍에 변화가 일기 시작하여, 덕종德宗 정원貞元 및 헌종憲宗 원화元和 연간 곧 806년부터 820년 무렵에 이르러 중당시中唐詩가 대대적으로 부흥하는 새로운 국면이 전개된다. 물론 전체적인 맥락에서 볼 때 중당시는 그 수준이 성당시의 휘황찬란한 발전에 미치지 못하고, 특히 이백 두보와 같은 위대한 시인도 배출되지 못하였다. 그렇지만 중당 시기 시인들은 대체로 이백과 두보를 추앙하면서 그들의 작품에 나타난 뛰어난 면들을 이어받아 시의 새로운 활로를 모색하고 독창적인 예술 세계를 확보함으로써, 대력 시기의 평담하고 유약한 시풍을 바로잡고 그 당시의 시대 상황에 부합되는 고유한 특징을 나름대로 살려내었다. 기본적인 경향 면에서 이 시기의 시는 두 가지의 서로 다른 노선을 따라 발전을 거듭하였다. 첫째는 백거이白居易를 대표로 하는 평이하면서 명쾌한 시 경향으로 원진元稹·장적張籍·왕건王建 등이 이 유파에 속하는 유명 시인이며, 흔히 원백체元白體나 원백시파元白詩派라고 불리고 있다. 둘째는 한유韓愈를 대표로 하는 기이하고 괴벽스러운 경향으로, 맹교孟郊·노동盧仝·가도賈島 등이 이 유파에 속하는 유명 시인이고 이하李賀 역시 이 유파에 포함시킬 수 있으며, 세칭 한맹시파韓孟詩派라 불리기도 한다. 이들 외에도 유우석劉禹錫과 유종원柳宗元 같은 시인들이 나름대로 독특한 예술 풍격을 형성하고 탁월한 작품 성과를 남겨 중당 시단에서 확실한 위치를 굳힌 바 있다.

한맹시파 시인들은 대체로 이백과 두보의 시를 존중하면서 특히 이백 시의 자유분방한 낭만주의 정신을 계승하고 두보 시의 세련된 격식을 모방하여, 어휘 구사나 압운押韻·구법句法 및 격률格律 등등의 작시作詩 규칙을 엄격히 따짐으로써 새로운 시의 세계를 나름대로 개척하였다.

한유(768~824)는 자字가 퇴지退之이고, 오늘날의 하남河南 맹현孟縣 사람이다. 그는 고문운동古文運動을 제창하는 동시에, 시가의 혁신에도 많은 힘을 쏟았다. 그리하여 《시경》 시로부터 비롯된 진보적인 시 경향을 높이 평가하고 이백 두보의 훌륭한 성과와 대담한 창조 정신을 존중하는 한편, 스스로도 창작을 통해 시의 새로운 형식과 풍격을 구축하고자 전심전력 많은 노력을 기울였다. 그의 시에는 작자의 뛰어난 재주와 폭넓은 지식이 잘 발휘되어 있고 독자적인 이론이 곧잘 전개되어 있을 뿐만 아니라, 기발한 언어 구사와 빼어난 상상력 그리고 웅장한 기세와 완곡한 격조 및 산문적인 경향 등 여러 가지 특징들이 두루 갖추어져 있다. 예를 들어 〈장적에게 오늘 이 아쉬운 석별의 정을 전하며(此日足可惜贈張籍)〉와 〈남산에서(南山)〉 등이 모두 그러한 특징들을 잘 드러내고 있다. 특히 〈남산에서〉는 장황한 나열 수법을 활용하여 종남산終南山의 네 계절 풍경의 변화와 겹겹이 둘러쳐진 산봉우리 등을 세밀하게 묘사하고 있는데, 아름다운 기상 묘사에다가 용솟음치듯 활기찬 필세筆勢가 잘 발휘되어 아주 뛰어난 작품으로 평가받기에 충분하다. 다만 지나치게 산문화된 경향을 띠고 있고 생소한 단어를 많이 사용하였기 때문에, 한유 시 특유의 괴벽스럽고 생경生硬한 결점을 드러내고 있는 것으로 지적되기도 한다.

그런데 한유는 이처럼 기이한 시풍을 제창하고 또 확산시켜나가기 위해, 맹교·노동 등 시인들과 어울려 함께 시를 지어 주고받으며 서로의 작품을 찬양하곤 하였다. 한유와 맹교가 함께 공동으로 지은 장편 연구시聯句詩가 근 10수 정도나 되며, 노동이 기발한 상상력을 발휘하고 자세한 나열 수법을 운용하여 지은 칠언시 〈월식시月蝕詩〉에 대해서도 한유는 대단한 칭찬을 가함과 아울러 그 역시 〈노동의 작품을 모방하여 지어본 월식시(月蝕詩效玉川子作)〉란 시를 짓기도 하였다. 또한 황보식皇甫湜이 육혼陸渾 지역의 산불을 묘사한 시를 읽고 이를 모방하여 〈황보식의 시를 모방하여 지어본 육혼의 산불(陸渾山火和皇甫湜用其韻)〉을 지었는데, 원작보다도 오히려 더 험괴險怪하고 공포스러운 분위기까지 느끼게 한다. 그는 자신과 의기가 서로 투합하는 시인들에 대하여 아낌없는 격려와 찬사를 가하기도 하였다. 곧 자기보다 21살이나 어린 이하의 특이한 시풍을 높이 인정하여서 당시 시단에서 명성이 자자했던 한유가 몸소 그를 예방하였으며, 또 11살 연하年下였던 가도에게도 대단한 칭찬을 아끼지 않았다 한다. 『퇴고推敲』에 얽힌 유명한 일화가 바로 한유와 가도의 이야기인데, 《수당가화隋唐嘉話》에 이 일화가 자세히 기재되어 있다. 가도가 장안長安에서 과거 시험을 앞두고 시를 한 수 지었는데, 그 중의 「새는 연못가 나무에서 잠이 들고, 스님이 달빛 아래 대문을 밀고 있구나.」(鳥宿池邊樹, 僧推月下門.)라는 대목에서 『推』(추·퇴; 밀다)자를 『敲』(고; 두드리다)자로 고칠까 하는 생각을 하였지만 선뜻 결정을 내리지 못하고 골똘히 생각에 잠긴 채 길을 걷다가, 당시 경조윤京兆尹—오늘날의 서울특별시장에 해당하는 직책— 신분으로 있던 한유의 행차를 알아차리지 못하고 그 마차와 충돌하고 말았다. 한유의 호위병들이 가도를 붙잡아 한유의 마차 앞으로 끌고 갔는데, 한유는 자초지종을 전해 듣고 잠시 생각에 잠겼다가 역시 『敲』자를 선택하는 편이 좋겠다고 권해 주었다. 이 일화가 널리 알려져서, 훗날 작품을 지을 때 자구字句 선택 문제로 고심하거나 좋은 표현을 위해 깊이 심사숙고하는 것을 일컬어 『퇴고』라고 하게 되었다 한다. 비록 하나의 일화에 불과하지만, 이를 통해서 우리는 한유 일파 시인들이 얼마만큼 전심전력을 다 기울여 성실하고 빈틈없는 태도로 작품 창작에 임하였던가를 충분히 짐작할 수 있다. 한유의 노력에 힘입어 이 일파의 작품 경향은 그 당시는 물론이고 나아가 송대 시풍에까지도 커다란 영향을 끼칠 수 있었다.

맹교(751~814) 역시 가도(779~843)와 더불어 한유시파韓愈詩派에 속한 중요 시인이었다. 그는 〈장벽의 문집을 읽고(讀張碧集)〉라는 시에서 공개적으로 『육의六義』와 『풍골風骨』을 표방하고, 《시경》과 건안 문학의 우수한 전통을 계승해야 하며 시의 정치적인 효용을 중요시하여야 한다고 역설하였다. 실제로 그가 남긴 300여 수의 시 작품 중에는 〈추운 곳 백성들의 노래(寒地百姓吟)〉·〈베짜는 여인의 노래(織婦辭)〉·〈봄날 상심(傷春)〉 등과 같이 백성의 궁핍한 생활과 전쟁 후의 황폐함을 반영한 작품들이 많이 있다. 그렇지만 그의 대표작으로는 역시 작자 개인의 빈궁한 처지를 노래한 작품들을 꼽을 수 있으며, 이런 작품들을 통해 당시 사회의 위태롭고 어려운 상황을 잘 엿볼 수 있다. 예를 들면 〈최순량과 이별하며(贈別崔純亮)〉 중의 「문을 나서면 곧 온갖 장애가 가로막고 있을 텐데, 뉘라서 천지가 광활하다고 말하리오?」(出門卽有礙, 誰謂天地寬.)란 대목에서 청렴결백한 한 사대부가 험난한 사회 속에서 느끼게 되는 진실된 감회를 잘 나타내고 있다. 송대宋代의 문호 소식蘇軾이 일찍이 「맹교의 시는 가슴 속 깊은 곳으로부터 우러나와서, 읽을 때마다 뼈 속 깊이 사무치는 수심을 느끼게 한다.」라고 평한 바 있는데, 이는 바로 맹교 시의 진실성과 심각성을 두고 가한 평이라 할 수 있다. 또한 맹교의 시는 기교도 매우 중시하고 있기 때문에, 기발한 표현 가운데에 심오한 의미를 곧잘 담고 있어서 독자들이 깊이 음미할 만하며, 이런 점에서 후세 문인들로부터 높은 평가를 받아왔다.

가도 역시 유명한 고음시인苦吟詩人 중 한 명이다. 그는 일찍이 자기가 지은 시구 「홀로 걸으니 연못 바닥에 그림자 어리고, 수시로 나무 옆에 기대어 휴식을 취한다.」(獨行潭底影, 數息樹邊身.)에 대하여 「이 두 구를 3년 동안 고심한 끝에 얻어내었는데, 한 번 읊조리고 나니 두 눈에서 눈물이 흘러내릴 정도이다.」(二句三年得, 一吟雙淚流.)라고 설명을 가한 바 있는데, 이 언급을 통해 그가 시를 지을 때 퇴고에 얼마나 많은 정성을 기울였는지 충분히 짐작할 수 있다. 소식은 『교한도수郊寒島瘦』란 말로 맹교와 가도의 작품 세계를 압축하여 평한 바 있는데, 이 중의 「寒」과 「瘦」가 모두 그들 시의 어휘 구사가 간결 엄정하며 풍격이 괴팍스러움을 지적한 말로 볼 수 있을 것이다. 전체적인 작품 수준 면에서는 가도가 맹교보다 훨씬 못하였다.

노동(795?~835)은 한맹시파 중에서도 기발하고 변화로운 어휘 구사를 통해 나름대로 독특한 시의 세계를 구축한 시인이다. 평생 동안 벼슬도 하지 않고 청빈하게 지냈으며, 일찍이 한유로부터 높이 인정을 받았다. 그의 시에는 참신한 착상과 기발한 상상력이 잘 발휘되어 있으며 딱딱하고 난해한 어휘가 많이 사용되어 있어서, 역시 괴벽스러운 풍격을 형성하였다. 이러한 특징을 가장 잘 대변해 주는 작품이 바로 그의 7언시 〈월식시〉이다. 이 작품은 월식 장면을 세세하게 묘사한 작품으로, 모두 1,800여 자나 되는 장편시이다. 작품에 담긴 작자의 의도에 대해서는 역대로 의견들이 분분하였는데, 그 당시 환관宦官들이 전권을 장악하고 극성을 부렸던 시대 상황을 고려해볼 때 환관 세력을 풍자한 작품이라는 견해가 비교적 설득력을 지닌다 하겠다. 전편을 통해 월식이 처음 시작되는 장면부터 달이 완전히 가려졌다가 다시 훤하게 밝아지기까지 월식의 전 과정을 묘사해 놓고 있는데, 기발한 상상력을 동원하여 천상의 여러 별들에게 생명과 역할을 부여한 다음, 『하마정蝦蟆精』이란 요괴가 달을 집어삼키는 광경을 그대로 구경만 하면서 아무도 구해줄려고 나서지 않는 나약하고 무능한 처신에 대해 일일이 규탄을 가하였다. 결국은 광명이 암흑을 물리치고 하마정은 사형을 당하게 되며, 자기 본분을 망각하고 무능한 작태만 보였던 뭇 별들은 모두 사면을 받는다. 작품 중에 작자의 격렬한 감정 색채와 풍부한 상상력이 잘 나타나 있고, 시구의 장단은 일정하지 않으며 아름다운 어휘들이 많이 구사되어 있다. 훗날 사람들은 노동이 개척한 이처럼 독특한 풍격의 시를 흔히 『노동체盧仝體』라 부르게 되었고, 또 더러는 『노기마괴盧奇馬怪』라는 말로 동시대 시인인 노동과 마이馬異 두 사람의 시풍을 개괄하기도 하였다.

이하(790~816)는 자字가 장길長吉이고, 오늘날의 하남河南 의양宜陽 사람이다. 원래 당나라의 종친宗親 집안 출신이었지만, 그는 일생 동안 전혀 뜻을 펴지 못한 채 불우하게 생활하였다. 그러면서 자신을 숨막히게 옥죄어 오는 힘겨운 인생살이와 사회 불안 및 정치 혼란 등등에 대한 답답한 심경을 시 작품 속에 털어놓음으로써, 그의 시가 지니는 격앙되고 처참한 분위기를 형성해두고 있다. 한편 그는 매우 엄숙하고 진지한 태도로 시를 쓴 것으로 알려져 있다. 전하는 말에 의하면 그는 항상 주머니 하나를 등에 짊어지고 다녔는데, 당나귀를 타고 외출하였다가 혹 좋은 시구가 떠오르면 바로 쪽지에 적어 주머니 속에 넣어 두고, 나중에 집으로 돌아온 후 다시 정리 수정하여 작품을 완성시켰다고 한다.

그의 시는 작자의 풍부한 상상력과 아름다운 어휘 구사 및 농후한 색감色感 묘사 등을 통해, 기발하면서 맑고 은은한 또 아름다우면서도 처절한 이하 시 특유의 풍격을 형성하고 있다. 예를 들어 유명한 〈안문태수의 노래(雁門太守行)〉는 추운 밤중의 전쟁터 광경을 그리고 있는데, 여기서 작자는 검은 색·황금 색·연지臙脂 색·자주 색·붉은 색 등등 색깔을 나타내는 단어들을 효과적으로 활용하여 전쟁을 앞두고 있는 국경 지역의 구름과 밤 경치를 묘사함으로써, 전쟁 직전의 긴장감과 살벌한 전투 분위기 같은 것을 잘 부각시켰다. 또 〈이빙의 공후 연주에 부쳐(李憑箜篌引)〉란 작품에서는 이빙이 현악기 공후를 연주하는 훌륭한 솜씨를 예찬하고 있는데, 전편을 통해 역시 기발한 상상력을 동원하여 음향에다 감정을 실어 보내는 이빙의 뛰어난 연주 솜씨를 선명하게 묘사하고 있다. 곧 이빙이 연주하는 음악 소리는 하늘 위 구름을 멈추게 하고 전설 중의 아황娥皇과 여영女英 그리고 거문고 타는 서리 신 즉 상신霜神까지 감동시키며, 이슬 머금은 연꽃이 눈물 흘리듯 향기 내뿜는 난초가 미소를 짓듯 그 소리가 온 장안에 두루 퍼져 성 안의 냉기를 없애주고 하늘의 천신까지도 감동시키며, 하늘 끝까지 그 소리가 솟구쳐 올라 여왜女媧가 오색 돌로 메워두었던 천체를 다시 파열시켜 그 사이로 가을비가 뿌려지며, 월궁月宮에서 계수나무 베던 오강吳剛도 계수나무에 기댄 채 넋을 잃고 그 음악을 들으며, 달나라 옥토끼도 그 음악에 몰입되어 자기 몸이 이슬에 흠뻑 젖는 줄도 모르고 있을 정도라고 묘사되어 있다. 그 외에 〈금동선인이 한나라를 떠나다(金銅仙人辭漢歌)〉나 〈진왕의 음주(秦王飮酒)〉 등과 같이 기발한 상상을 통해 당 왕조의 쇠퇴에 대한 안타까움과 당 초기의 융성에 대한 동경을 나타낸 작품들도 있다. 그의 이러한 시 작품들 중에는 썰렁하고 황당무계한 내용을 다루어서 음침하고 공포스러운 분위기를 느끼게 하는 작품들이 상당수 있으며, 또한 의미가 워낙 난해하여 이해하기가 곤란한 작품들도 적지 않다. 그리고 그가 비록 이백 시의 낭만주의적인 경향을 이어받았다고는 하지만, 그의 시에는 이백의 시에서 보이는 자유분방하고 웅건한 면이 결여되어 있다. 이것은 그가 생존했던 중당 말기의 사회 분위기가 마치 만신창이처럼 위기감이 도처에 팽배해 있었던 탓으로, 성당 시기 문학 작품에서와 같은 활달한 기상이 더 이상 작품 속에 표현될 수 없었던 때문으로 보여진다.

원백시파와 한맹시파 외에 유우석과 유종원 역시 독창적인 예술 세계를 구축하였던 중당 시기의 뛰어난 시인이었다.

유우석(772~842)은 자字가 몽득夢得이고, 오늘날의 하남河南 낙양洛陽 사람이다. 만년에 태자빈객太子賓客을 역임하였기 때문에, 흔히 『유빈객劉賓客』이라 불리기도 한다. 그는 소박한 유물론을 견지하였던 중당 시기 사상가였으며, 급진적인 정치 개혁 운동에 참여하였고 자신의 정치적 주장을 좀처럼 굽히지 않았기 때문에 두 번씩이나 정계에서 밀려나 귀양을 가기도 하였다. 그런데 장기간에 걸친 귀양살이는 오히려 그에게 사회와 백성들의 생활을 깊이 이해할 수 있는 좋은 기회를 제공해 주었으며, 특히 낭주朗州로 좌천되어 갔던 시기와 기주夔州에서 귀양 생활하였던 기간 동안에는 의도적으로 민가를 학습함으로써 자신의 시에 새로운 활력소를 불어넣기도 하였다.

유우석의 시에는 비판 의식이 아주 짙게 깔려 있다. 예를 들어 〈꽃 구경에 눈먼 군자들이여(戲贈看花諸君子)〉와 〈다시 현도관을 거닐며(再遊玄都觀)〉 같은 작품들에서는 복사꽃으로 권세가들을 빗대어 풍자하고 그네들의 보복을 전혀 두려워하지 않는 자신의 강직한 성품을 과시해두고 있다. 또 〈금릉에서 지어본 시 다섯 수(金陵五題)〉·〈서새산에서 옛날을 회고하며(西塞山懷古)〉·〈모기 떼(聚蚊謠)〉·〈때까치 노래(百舌吟)〉 등과 같이 과거 역사의 흥망성쇠를 통해 당시 세태에 대한 감개를 나타내거나 사물을 빌어서 추악한 인사들을 풍자하고 있는 작품들도 모두 의미가 깊고 심오하며 관점이 선명하게 부각되어 있어서, 역대로 많은 이들에게 널리 암송되며 대표적인 영사시詠史詩와 영물시詠物詩로 인정을 받아 왔다. 그 외에 〈백거이의 시에 화답하여(酬樂天揚州初逢席上見贈)〉와 〈가을날 회포(秋日書懷寄白賓客)〉 등 작품들처럼 사회와 일상 생활에 대한 개략적인 묘사 이면에 심오한 삶의 이치를 내포시킴으로써, 독자들로 하여금 깊은 사색과 내밀한 성찰의 길로 이끌어주는 작품들도 있다.

유종원(773~819)은 자字가 자후子厚이고, 하동河東 해현解縣 곧 오늘날의 산서山西 영제현永濟縣 사람이므로 흔히 『유하동柳河東』이라고 불린다. 또한 유주자사柳州刺史로 좌천되었다가 그곳에서 세상을 떠났기 때문에 『유유주柳柳州』라 불리기도 한다. 그는 유우석과 마찬가지로 급진적인 정치 개혁 전선에 가담하였기 때문에, 당시 집권 세력의 공격을 받고 장기간 호남湖南 광서廣西 등 오지에서 귀양살이를 하였다. 그의 문학적인 성과는 주로 산문 분야에서 아주 두드러지며, 시 작품은 그렇게 많지 않아 약 140여 수의 시가 전하고 있을 뿐이다. 대부분의 시 작품이 유배된 이후에 쓰여진 것으로, 장기간의 귀양 생활 중에 느낀 분노와 슬픔을 처량하게 표현해놓고 있다. 대표적인 작품으로 〈유주성 누각에 올라 장주·정주·봉주·연주로 좌천된 친구들에게(登柳州城樓寄漳·汀·封·連四州)〉와 〈사촌 아우와 이별하며(別舍弟宗一)〉 등을 들 수 있는데, 모두 좌천을 당한 억울한 심정과 유배지의 쓸쓸한 느낌 그리고 친구에 대한 그리움 등등 복잡다단한 감정들을 긴밀하게 한데 엮어내어 매우 생동감 있게 묘사를 해놓고 있다. 특히 〈유주성 누각에 올라 장주·정주·봉주·연주로 좌천된 친구들에게〉 중의 「광풍은 물에 뜬 연꽃을 뒤흔들고, 빗발이 줄사철 얽힌 담벼락을 후려치누나. 산 숲 겹겹이 천리 밖 향하는 내 눈을 가로막는데, 굽이치는 강물은 마치 애끊는 구곡간장이런가.」(驚風亂颭芙蓉水, 密雨斜侵薜荔墻, 嶺樹重遮千里目, 江流曲似九迴腸.) 같은 대목은 역대로 널리 암송되어온 명구名句이다. 그 외에 〈눈 오는 강 위에서(江雪)〉처럼 경치를 묘사한 짧은 시 작품들 역시 마치 한 폭의 그림을 보고 있는 것 같은 착각을 일으킬 만큼, 생생한 필치로 싸늘하고 적막한 화폭 위에다 작자의 고상하고 깨끗한 감정을 잘 나타내고 있다. 이처럼 그의 산수시는 신비롭고 실감나는 묘사와 풍부한 감정 표현 등을 잘 살리고 있으며, 그런 점에서 도연명 시의 영향을 현저하게 받았던 것으로 지적되고 있다.

22
백거이白居易와 신악부운동新樂府運動

白居易

『신악부新樂府』란 용어는 고제악부古題樂府와 구별되는 신제악부新題樂府를 가리키는 말이며, 『신제악부』라는 용어를 처음으로 사용한 사람은 백거이白居易와 동시대 사람인 이신李紳(772~846)이다. 원진元稹의 〈이신의 신제악부에 화답하여 지은 12수의 시 · 서문(和李校書新題樂府十二首 · 序)〉 중에는 이신이 원화元和 4년 곧 809년에 신제악부 20수를 지었다는 언급과 함께, 자신도 그 중에서 비판 의도가 비교적 강한 작품들을 골라 그에 맞추어 신제악부 12수를 짓는다는 창작 동기가 밝혀져 있다. 그는 또한 나라가 바르게 잘 다스려지면 시 작품도 솔직 분명한 경향을 띠게 되며, 정치가 잘못 이루어지면 시 작품도 모호하고 완곡한 경향을 띠게 된다고 지적한 다음, 자신의 생존 당시는 태평성세인 때문에 화답하여 지은 시들이 모두 솔직 분명한 경향을 띠고 있다고 설명하였다. 그 후 백거이는 이들의 작품을 보고, 여러 가지 사회 문제를 고발한 〈신악부〉 50수를 창작하였다. 그가 약칭으로 제목을 붙인 『신악부』는 곧 「슬픔과 기쁨으로부터 느낌을 받고 사실에 말미암아서 발로되어진」(感于哀樂, 緣事而發.) 한대漢代 악부시의 현실주의적인 전통을 계승 발전시킨 것으로, 스스로 새로운 제목을 붙여 당시 일을 반영하고 솔직 분명한 표현을 잘 살린 악부 형식의 시이다.

악부시는 원래 한대 때 민간에서 창작되어 음악 반주 하에 널리 유행하면서부터, 이미 상당수의 진보적 문인들로부터 주목을 받은 바 있다. 건안建安 시기로 내려오면 조조曹操를 비롯한 여러 문인들이 이미 한漢 악부의 구제舊題를 빌어 당시 사건을 묘사한 악부시들을 손수 지었지만, 이들은 대체로 시제詩題와 작품 내용이 일치되지 않는 경우가 대부분이다. 성당 때에 이르러 두보가 현실 사회를 묘사하여 지은 악부시들은 예전 작품을 모방한 흔적이 전혀 없이 다분히 독창적이며, 시제 역시 내용과 일치하는 최초의 신제악부라 할 수 있다. 그 후로 몇몇 시인들이 두보를 본받아 신제악부를 창작하였으며, 이를 발판으로 하여 백거이·원진 등이 자발적으로 또 의도적으로 이론과 창작 모든 면에서의 신악부 창작 운동을 제창 주도하고 나섬으로써, 신악부 창작은 완전히 새로운 전기를 맞이하게 되었다.

백거이(772~846)는 자字가 낙천樂天이고, 선조의 본관이 산서山西 태원太原이었다. 만년에 향산香山에서 한가한 생활을 즐기며 스스로 호號를 『향산거사香山居士』라 하였기 때문에, 후세 사람들이 그를 『백향산白香山』이라 칭하기도 한다. 또한 일찍이 태자소부太子少傅를 역임한 적이 있어서, 후세에 『백태부白太傅』 혹은 『백부白傅』라고 일컬어지기도 하였다. 그의 시는 현재 3,000수 가량이 전하고 있어서, 당대 시인들 중 가장 왕성한 창작 활동을 보인 바 있다. 그는 일찍이 자신의 작품을 분류하여, 51세 이전의 시를 풍유諷諭·한적閑適·감상感傷·잡률雜律 등 네 종류로 구분하고, 또 51세 이후의 시를 격시格詩와 율시律詩 두 종류로 구분하였다. 그리고 그 중에서 풍유시를 가장 중요시하였는데, 이 풍유시는 비록 작품 양이 172수에 불과하여 그의 전체 작품 중에서 차지하는 비율이 아주 적은 편이지만, 그 가치는 매우 높은 것으로 정평이 나 있다. 특히 〈신악부〉 50수와 〈진중—장안長安 일대—에서 부르는 노래(秦中吟)〉 10수는 그의 뚜렷한 창작 의도와 정곡을 찌르는 비판 의식을 잘 드러낸 작품으로, 자신이 주장한 문학이론에 그대로 부합되는 작품이라 할 수 있다. 그는 본래 문학의 사회적 작용을 중시하여 문학을 위한 문학이 아니라 인생과 사회를 위한 문학을 하여야 한다고 부르짖었는데, 이런 작품들을 통해 사회 모순과 민중의 고통을 노래함으로써, 민의民意를 전달하고 위정자의 잘못을 풍자하여 개혁에 도움이 되도록 하겠다는 의지를 실천하였던 것이다.

신악부 작품을 창작함에 있어서 백거이는 선배 시인들 또는 동년배의 다른 시인들과 달리 나름대로 아주 명확하고도 체계적인 문학이론을 견지하였으며, 아울러 일정 기간 동안 의식적으로 그런 이론을 자신의 창작 이념으로 삼아 작품 활동을 전개하였다. 그는 〈원진에게 보내는 편지(與元九書)〉란 문장에서 《시경》으로부터 당대唐代에 이르는 시의 발전 과정을 개괄한 다음, 『시의 도道』 곧 《시경》 시와 악부 시의 현실주의 전통이 단절된 데 대한 안타까움을 피력하고 그것을 다시 회복하여 더욱 더 발전시켜나가야 한다고 역설하면서, 「문장은 시대상을 반영하는 방향으로 쓰여져야 하고, 시는 사실을 반영하는 취지를 살려 지어져야 한다.」(文章合爲時而著, 歌詩合爲事而作.)라는 주장을 제안한 바 있다. 시의 내용과 표현 기교에 대해서도 「표현이 소박하고 직선적이어서 읽는 이들이 쉽게 깨우칠 수 있어야 하며, 어휘 구사가 자연스럽고 절실하여 듣는 이들이 깊이 경계할 수 있어야 하며, 반영되는 사건들이 철저히 확인되어 사실 그대로 묘사됨으로써 채집하는 이들이 신실信實함을 전할 수 있도록 해 주어야 하며, 체재가 순조롭고 율동적이어서 음악이나 가곡에 맞추어져 널리 유행할 수 있도록 지어져야 한다.」(其辭質而徑, 欲見之者易喩也; 其言直而切, 欲聞之者深誡也; 其事覈而實, 使采之者傳信也; 其體順而肆, 可以播於樂章歌曲也.)라고 하여, 진실되고 풍부한 내용과 소박하고 자연스러운 표현 그리고 음악과 조화를 잘 이루는 음절미音節美 등을 강조함으로써, 전통적으로 점잖고 교훈적인 내용과 고도로 수식된 표현을 중시해왔던 종래의 관점에 대해 신선한 개혁의 바람을 불러일으켰다.

백거이의 풍유시에는 그의 문학적인 주장이 완전하게 구현되어 있다. 곧 〈신악부〉는 그가 임금의 잘못을 간하는 좌습유左拾遺 직책을 맡고 있을 때 목격한 백성들의 고통과 시대적 폐단을 그려낸 작품이며, 〈진중에서 부르는 노래〉 역시 자신이 직접 보고 들은 사실들을 그대로 기록해낸 작품이다. 예를 들어 〈신악부〉 중의 〈숯 파는 노인(賣炭翁)〉은 숯을 파는 늙은이의 불행한 처지를 통해서 그 당시 대궐에서 환관들을 파견하여 물건을 구매한다는 명목으로 백성들의 물건을 갈취해 가는 이른 바 『관시官市』의 죄악상을 규탄하고 있으며, 〈붉은 실 담요(紅線毯)〉에서는 지방 관리가 백성들의 재산을 빼앗아서 조정에 갖다 바치는 사실을 고발하였다. 그리고 〈상양궁의 백발 아가씨(上陽白發人)〉는 황제의 방탕한 생활로 인해 궁녀들이 겪는 비참한 처지를 폭로하고 있고, 〈두릉의 노인(杜陵叟)〉에서는 과중한 세금 때문에 신음하고 있는 농민들의 빈곤한 생활상을 묘사하면서 통치계층의 잔혹한 억압과 착취를 목청껏 질책하여 「내 몸에 걸친 옷 벗겨가고, 내 입 속의 밥까지 빼앗아가네. 사람을 못살게 구는 놈은 승냥이와 이리 떼일지니, 어찌 꼭 갈고리 발톱과 톱날 이빨이 있어야만 사람을 잡아먹는다 하리오!」(剝我身上帛, 奪我口中粟. 虐人害物卽豺狼, 何必鉤爪鋸牙食人肉!)라고 하는 처절한 항변을 가해 두었다. 〈진중에서 부르는 노래〉 중에서도 〈귀하신 분들(輕肥)〉은 환관들이 일삼는 횡포와 사치스러운 생활을 규탄하고 있으며, 〈꽃을 사면서(買花)〉에서는 당시의 통치계층 인사들이 숱한 돈을 물쓰듯하며 모란꽃을 수집하는 악습을 폭로하면서 「짙은 색 모란꽃 한 다발이 중류층 열 세대로부터 걷은 세금과 맞먹는구나.」(一叢深色花, 十戶中人賦.)라고 외치는 한 농민의 개탄을 통해 통치계급의 사치와 백성들이 받는 착취를 대조적으로 그려내었다.

이러한 작품들은 모두 당시 현실을 직접 반영하고 통치계급을 신랄하게 비판하였기 때문에, 관료 사회의 대단한 저항을 불러일으켰다. 그 자신이 〈원진에게 보내는 편지〉에서 소개한 것처럼 그의 풍유시들은 고관대작들로 하여금 얼굴 색이 돌변하고 주먹을 불끈 쥐며 이를 뿌드득 갈 정도로 분노하게 만들었으며, 또 일부 인사들은 오히려 그가 명예를 탐내어서 남을 헐뜯고 비방한다고 몰아세우기도 하였으니, 과연 그의 풍유시가 당시 사회에 얼마나 큰 파장을 불러일으켰는지 충분히 짐작할 수 있다.

그렇지만 이처럼 현실성이 매우 강한 풍유시는 백거이의 전체 작품 중 소수에 불과하다. 그것은 그가 정치 폐단을 폭로하고 세도가들을 풍자한 작품들을 발표하여 집권층의 공격을 받은 후에, 스스로 비판의 강도를 많이 낮추고 적당히 개인의 안일을 도모하면서, 자기만 선하게 행동하면 그만이라는 처세 태도를 견지하며 『한적시』를 주로 많이 썼기 때문이다. 이런 작품들은 모두 탁류에 함께 휩쓸려 다니면서도 더러움에 같이 물들지 않고 청렴결백한 자신을 고수하는 높은 품격을 노래하고 있으며, 아울러 상당히 높은 예술적 성과도 구비하고 있어서, 지조를 지키며 뜻을 펴지 못한 후세 문인들로부터 많은 공감과 찬미를 받기도 하였다.

풍유시와 한적시 이외에 그가 감상시와 잡률시로 분류한 작품들 중에도 훌륭한 시가 꽤 있다. 특히 감상시 중의 〈비파의 노래(琵琶行)〉와 〈못 잊을 한(長恨歌)〉 등 장편 서사시 2수는 예술적인 성과가 매우 뛰어나, 역대로 많은 이들에게 암송되어온 명작이면서 중국의 고대 서사시 발전에 아주 중요한 작용을 한 작품이기도 하다. 〈비파의 노래〉는 어느 유명한 기생의 기구한 운명을 묘사함으로써 좌천당한 자신의 불행한 처지를 상징시키고 있는데, 「우리 모두 하늘 끝 외로이 떠도는 신세, 서로 만나면 그만이지 옛친구 아닌들 어떠랴!」(同是天涯淪落人, 相逢何必曾相識!)라는 한 마디 한탄 속에 상당한 예술적 감동력이 깃들어 있다. 〈못 잊을 한〉은 백거이가 막 정계에 진출하여 정치에 대한 열정과 환상으로 충만해 있을 때에 지었던 한 편의 서사敍事·서정시抒情詩인데, 당 현종玄宗과 양귀비楊貴妃의 비극적인 사랑을 제재로 하여 현종의 방탕한 생활 때문에 결국은 그들의 사랑도 비극으로 끝나고 나라도 망치게 되었음을 풍자하고 있다.

백거이의 시는 표현이 통속적이고 의미가 명확하게 드러나 있으면서도 천박한 느낌을 주지 않기 때문에, 사대부 계층으로부터 일반 평민들에 이르기까지 두루 감상할 수 있었다. 〈원진에게 보내는 편지〉에 밝혀진 대로 그의 시는 그 당시의 많은 시인들로부터 칭송을 받았을 뿐만 아니라, 상당수의 일반 백성들까지도 그의 시를 아주 좋아하였다고 한다. 특히 〈진중에서 부르는 노래〉와 〈비파의 노래〉 그리고 〈못 잊을 한〉 등과 같은 작품들은 모두 사회 각계각층에 폭넓게 유행하였으며, 심지어는 〈못 잊을 한〉을 암송할 줄 아는 일부 기생들의 몸값이 뛰었다고 하는 일화도 전하고 있을 정도이다.

원진(779~831)은 자字가 미지微之이고, 하남河南 낙양洛陽 사람이다. 젊은 시절에는 항상 정의감에 불타는 꿋꿋함을 보여 주었으나, 좌천을 당하는 실의를 맛본 후에 태도를 바꾸어 환관들과 타협하며 재상의 지위에까지 올랐다. 이러한 변절과 비굴함 때문에 당시의 정직한 사대부들은 그에게 많은 비난을 가하였다고 한다.

원진은 백거이와 함께 대단한 명성을 떨쳤으므로 세상 사람들로부터 흔히 『원元·백白』이라 병칭되고 있으며, 이들의 통속적이고 이해하기 쉬운 시들은 『원백체元白體』라고 일컬어지기도 한다. 그렇지만 원진은 인품이 백거이보다 못하였고, 작품의 성과 역시 백거이를 따를 수 없었다. 곧 문학이론 면에서 볼 때 백거이처럼 체계적이고 뚜렷한 견해를 정립시키지 못하였으며, 시 창작에 있어서도 백거이처럼 깊고 풍부한 감동력을 확보하지 못하였다.

신악부의 창작과 관련하여 원진은 일찍이 이신의 신제악부를 매우 긍정적으로 평가하는 한편, 자신도 거기에 맞추어 작품을 지어 발표하였다. 그는 또한 당대唐代 내지는 중국문학사 전체를 통틀어 두보의 시에 대한 총체적인 평가를 내린 최초의 인물이기도 하다. 그는 두보가 중국의 역대 시인들 중 타의 추종을 불허하는 가장 뛰어난 시인이라고 격찬하였고, 특히 두보의 〈진도에서 슬픔에 잠겨(悲陳陶)〉·〈강가에서 슬픔에 잠겨(哀江頭)〉·〈병사의 노래(兵車行)〉·〈미녀의 노래(麗人行)〉 등 현실을 반영한 고체시들이 사실을 생생하게 잘 묘사하여 누구도 모방할 수 없는 탁월한 작품이라고 하며, 악부시의 발전에 두보가 기여한 공로를 높이 평가한 바 있다. 그가 두보를 이렇게 숭상하였던 것은 곧 시가 사회 현실을 반영하여야 함을 역설하고 신악부 창작을 주창하기 위해서였으며, 그 자신 역시 현실을 반영한 신악부 작품을 상당수 남긴 바 있다. 그는 신악부 외에 장편 서사시도 창작하였는데, 〈연창궁 노래(連昌宮詞)〉같은 작품은 〈못 잊을 한(長恨歌)〉과 마찬가지로 당 현종과 양귀비의 고사를 제재로 선택하여서 연창궁 인근에 사는 한 노인의 입을 빌어 연창궁의 번성과 쇠망을 대비 묘사하고, 안사安史의 난亂을 전후한 당대 사회 상황과 권력자들의 황음부패荒淫腐敗한 세태를 생생하게 풍자해 놓고 있다.

23
한유韓愈와 고문운동古文運動

韓愈

중당 후기에 들어 시가 부흥하는 것과 때를 같이하여, 문장계의 혁신을 부르짖는 고문운동이 활발히 전개되었다. 여기서 말하는 『고문古文』이란 대구對句와 성률聲律을 중시하는 변려문騈儷文과 상대되는 개념의 산문散文 형식으로 이루어진 문장을 가리킨다. 그러므로 고문운동은 변려문이 성률과 대구 그리고 과도한 수식을 추구하면서 내용을 소홀히 취급하는 데 반대하고, 산문도 현실 반영을 주된 목적으로 삼아야 한다고 강조한 이른 바 문체 개혁 운동이라 할 수 있다.

고문운동은 중당 시기에 일어났는데, 이는 그 당시의 사회 상황과 밀접한 관련이 있다. 안사의 난 이후로 당나라의 정치·경제 및 군사력 등이 날로 쇠퇴하였던 반면에, 번진藩鎭들의 발호와 환관宦官들의 전횡은 갈수록 더 기승을 부렸다. 이런 상황 하에서 상당수 뜻 있는 선비들을 중심으로 정치를 개혁하고자 하는 간절한 열망이 형성되었으며, 그에 따라 정책을 논의하거나 나라가 전성기를 지나 쇠퇴일로를 걷고 있는 데 대한 역사적 교훈을 되새기는 풍조가 사회에 넓게 확산되었다. 760년 이후에는 뒷걸음질치는 경제를 회생시키고자 각염법榷鹽法(소금의 정부 전매를 규정한 법령)과 조운법漕運法(식량의 운송과 조절을 규정한 법령)이 잇따라 실시되었고, 780년에는 또 세법이 개정되어 그 동안 시행되어온 조용조법租庸調法 대신에 양세법兩稅法(일년에 두 번만 세금을 걷는 세법)이 시행되기 시작하였다. 805년에는 왕숙문王叔文·유우석劉禹錫·유종원柳宗元 등을 주축으로, 당시의 실정失政을 바로잡고자 하는 이른바 『영정永貞』(당 순종順宗의 연호) 개혁이 대대적으로 단행되기도 하였다. 이러한 정치 경제적 개혁들은 대체로 실패로 끝나고 말았으며, 또 더러는 일시적인 실효를 거두기도 하였지만 결국 당 제국이 점차 쇠락의 늪으로 빠져드는 국면을 되돌릴 수는 없었다.

이러한 상황에 직면하여 사람들은 당대의 위태로운 정세가 전환되기를 갈망하였고, 일부 뜻 있는 선비들이 정치·경제·군사 등에 관한 자신의 의견을 발표하기에 이르렀다. 이러한 의식이 문학 쪽에도 반영되어 신악부운동新樂府運動과 고문운동古文運動을 불러일으켰다. 시가에 있어서는 백거이 등이 형식이 자유롭고 언어가 통속적인 악부시를 통해 사회 모순을 폭로하고 현실을 반영할 것을 제창하였다. 산문 분야에 있어서는 사상 감정의 자유로운 표현과 사회 부조리에 대한 격의 없는 논의를 위해, 우선 형식적인 제약이 매우 심한 변려문騈儷文에 반대하고 형식이 자유로운 선진先秦·양한兩漢의 산문을 복원 발전시키고자 하였다.

거슬러 올라가면 변문의 극성기였던 제齊·양梁 시대에 이미 서위西魏의 우문태宇文泰가 복고復古를 제창하였으며, 소작蘇綽에게 명을 내려 《상서尙書》를 모방하여 《대고大誥》를 짓게 하고 문장의 모델로 삼은 바 있다. 유협의 《문심조룡》 역시 비록 변문으로 쓰여지긴 하였지만, 전편을 통해 형식적인 화려함만 추구하는 문풍文風을 비판하고 공맹孔孟의 도道를 문학 창작의 근본 사상으로 삼아 그 내용을 충실히 하여야 한다고 주장하였다. 수隋 나라 문제文帝도 일찍이 가볍고 화려한 문장 경향에 반대하여, 「천하의 모든 문장들이 공사公私를 막론하고 모두 사실에 충실한 기록이어야 한다.」고 명을 내린 바 있다. 당唐 이후에는 진자앙陳子昻·부가모富嘉謨·오소미吳少微·소영사蕭穎士·이화李華·원결元結·독고급獨孤及·유면柳冕 등 문인들이 이론 및 창작 면에서 내용이 공허하고 형식이 화려한 문풍에 대대적인 반대 의사를 나타내었다. 한유韓愈 등은 이러한 분위기에 편승하여 고문을 부르짖으며 많은 동조자들을 규합할 수 있었고, 나아가 체계적인 이론 정립 뿐만 아니라 뛰어난 산문 작품들을 대량으로 발표함으로써, 예전 문인들이 보여 주었던 단편적인 이론 전개와 성숙되지 못한 창작 수준의 한계를 완전히 극복하고 산문 혁신이라는 과업을 성공적으로 달성해내었다.

한유는 고문운동을 주도한 인물로서, 고문을 통해 유가儒家의 정치 철학과 윤리 도덕을 선양하여야 한다고 주장하였다. 곧 문학과 유도儒道의 합일을 주장함으로써, 문학의 최고 목적이 바로 교화敎化와 실용에 있음을 강조하였던 것이다. 그래서 그는 작자의 풍부한 사상 감정이 잘 담겨져야만 훌륭한 문장이 될 수 있으며, 문학 작품은 어두운 현실에 대한 비판 기능도 성실히 수행하여야 한다는 의견을 피력하였다. 또한 진부한 표현 방식보다는 창의력을 발휘하여 명백하고 간결한 표현을 자연스럽게 구사할 수 있어야 한다고 주장하였다.

그는 창작 면에 있어서도 기본적으로 자신의 문학 이론을 그대로 잘 실천함으로써, 사상과 내용이 풍부하고 형식이 다양한 많은 고문 문장들을 남겼다. 특히 〈원훼原毁〉·〈사설師說〉·〈잡설雜說〉 등 『잡저雜著』라고 일컬어지는 단편 산문들과 〈송이원귀반곡서送李愿歸盤谷序〉·〈장중승전후서張中丞傳後敍〉·〈유자후묘지명柳子厚墓地銘〉·〈모영전毛穎傳〉 등 작품들이 모두 다양한 양식을 통해, 완곡하면서도 명쾌하게 작자의 현실 비판 의도를 잘 살리고 있는 명작으로 평가받고 있다.

유종원은 한유처럼 그렇게 대대적으로 고문과 고도古道를 부르짖지는 않았지만, 그 역시 이론과 창작 모든 면에서 한유를 가장 힘차게 지지했던 동조자였다. 다만 한유가 지나치게 도에 편중된 문학관을 견지했던 데 반하여, 유종원은 유도儒道를 근간으로 한 충실한 내용과 정확한 비판 의식도 중요하지만 아울러 아름다운 예술 형식도 함께 구비되어야 한다고 주장하여 이원론적二元論的인 문장관을 제시한 바 있다.

비록 고문운동의 전개 과정에 있어서 한유 만큼 적극적인 공헌을 하지는 못하였지만, 그가 남긴 문장들은 진보적인 세계관과 폭넓은 사상을 잘 대변하고 있을 뿐만 아니라 높은 예술성까지 겸비하고 있어서, 후세 산문계에 한유 못지 않은 커다란 영향을 끼쳤다. 곧 정론문政論文인 〈답원요주논정리서答元饒州論政理書〉와 〈봉건론封建論〉 등이 빈부 격차나 역사의 발전에 대한 날카로운 비판을 가하고 있으며, 〈천설天說〉같은 작품은 우주의 신비함에 대한 해석을 잘 내리고 있기도 하다. 그 외에 〈삼계三戒〉·〈임강지미臨江之麋〉 등과 같은 우화적寓話的인 풍자諷刺 소품문小品文들이 짤막하고 정교한 구성에 생동적인 묘사를 구사하면서 예리하고 선명한 풍자적 색채를 잘 드러내고 있다. 특히 『영주팔기永州八記』를 비롯한 산수유기山水游記 작품들은 시적인 정취가 물씬 풍기는 가운데 마치 한 폭의 동양화를 대하는 것 같은 느낌을 줄 정도로 생동적이고 세밀한 경치 묘사를 가하면서, 그 속에 자신의 사상이나 현실에 대한 불만을 완곡하게 잘 표현해 놓고 있어서 의미심장하면서도 감동적인 유종원의 대표작들로 정평이 나 있다.

한유와 유종원 이후에는 이고李翶와 황보식皇甫湜 등이 고문운동에 적극적으로 가담하여, 비교적 커다란 영향력을 행사하였다. 그들은 모두 한유를 적극적으로 옹호하였으며, 구습舊習에 반대하고 새로운 문장 틀을 창조하자는 한유의 이론을 확산시켜 나갔다. 다만 황보식은 새로운 문체의 창조와 기괴奇怪한 표현을 동일시함으로써 고문이 바람직하지 못한 옆길로 빠져나가도록 하는 잘못을 범하여 당말唐末과 송초宋初의 산문에 좋지 않은 영향을 끼쳤으며, 이고는 유도儒道의 표현을 지나치게 강조한 나머지 송대 이학가理學家들의 문장 이론이 형성되는 빌미를 제공하는 등 역시 바람직하지 못한 영향을 끼친 바 있다.

24
만당晩唐 문학

만당晩唐 시기에는 각 지역에서 군웅群雄들이 할거하고, 조정에서는 환관宦官들이 전권을 휘두르는 가운데 당파들 간의 격심한 투쟁이 빚어지고 있었다. 더군다나 서북·서남 지역의 여러 민족들과 전쟁도 자주 벌어져, 사회 전반에 갖가지 모순들이 한꺼번에 뒤엉켜지면서 정국이 급속도로 냉각되어 갔다. 백성들은 분쟁의 혼란과 거듭되는 압박 속에서 전전긍긍할 수밖에 없었고, 결국 874년에는 왕선지王仙芝·황소黃巢 등이 주도하여 향후 10년 간이나 중국 대륙을 혼란의 도가니로 몰아넣었던 농민 반란이 폭발하기에 이르렀다. 이 황소의 난은 당 제국의 기반을 뿌리째 뒤흔들어 놓았으며, 난리가 진압된 후 23년이 지나 결국 당나라는 멸망하고 말았다. 그 이후 중국은 다시 오대십국五代十國 시대라고 하는 분열 국면으로 접어들게 되었다.

이처럼 혼란스러운 암흑 사회 속에서, 문학은 더 이상 성당 시기와 같은 번영이나 중당 시기와 같은 왕성한 면모를 드러낼 수가 없었다. 전반적으로 시작詩作 활동이 극도로 위축되었던 반면에, 소품문小品文은 오히려 상당한 발전을 누리면서 일부 작가들이 사회 암흑상을 폭로하는 예리한 무기로 활용되었다. 특히 나은羅隱의 《참서讒書》에 실린 문장들은 거의 모두 어두운 현실에 대한 호된 비판의 목소리로 가득 차 있으며, 은사隱士를 자처하였던 피일휴皮日休와 육구몽陸龜蒙 역시 《피자문수皮子文藪》와 《입택총서笠澤叢書》 중의 소품문들을 통하여 황제와 관리들의 횡포에 대해 기탄 없는 풍자를 가해 놓고 있다.

시 분야에 있어서는 피일휴와 섭이중聶夷中 등이 중당 시기 신악부운동의 정신을 계승하여 사회 현실을 반영한 사실주의적 작품을 많이 발표하였지만, 예술적인 성과 면에서 백거이보다는 훨씬 못하였다. 그 외에 사공도司空圖 같은 시인은 난세를 피하여 산수자연에 파묻혀 은둔 생활을 하면서 산수시를 즐겨 지었지만, 내용이 천박하고 지나치게 형식주의적인 경향을 띠어 왕유나 맹호연 같은 시인들의 기상을 갖추지 못하였고 뚜렷한 개성도 제대로 살려내지 못하였다. 그렇지만 그가 지은 《시품詩品》은 시의 음률과 운치에 대한 독자적인 견해를 피력한 전문 시론서詩論書로서, 후세 문학비평에 커다란 영향을 끼친 바 있다. 한편 위장韋莊 같은 시인은 멸망의 위기에 처한 당시 세태를 비통한 어조로 표현하여 나름대로 독특한 경향을 드러내었다. 특히 그의 장편시 〈진나라 지역 부인네의 노래(秦婦吟)〉는 황소의 난 당시에 반란군에 의해 점령된 장안長安의 상황을 묘사하고 있는데, 농민 봉기에 대한 약간의 편견이 게재되어 있기는 하지만 전체적으로 당 왕조의 부패상과 백성들의 고충 등을 잘 반영해 놓고 있다. 그렇지만 이 시기에 가장 뛰어난 예술적 성과를 쌓아올렸던 시인들로는 역시 두목杜牧과 이상은李商隱을 들 수 있다. 이들은 모두 뚜렷한 개성을 갖춘 시 작품을 활발하게 써냄으로써, 저물어가는 당대 시단을 아름답게 장식해 주었다.

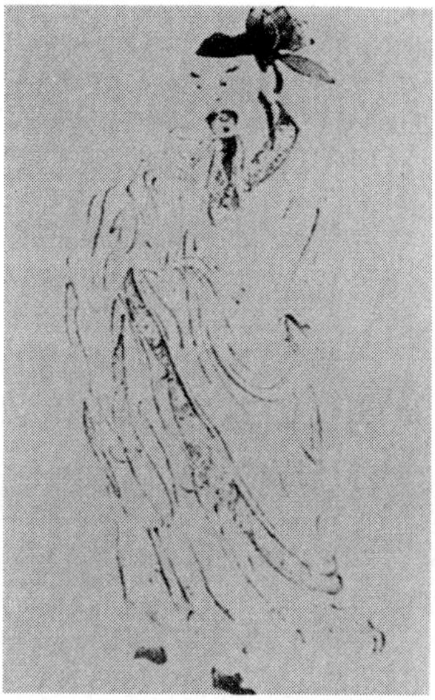

杜牧

두목(803~852)은 자字가 목지牧之이고, 오늘날의 섬서陝西 서안西安 사람이다. 그는 사회적 모순이 첨예하게 드러났던 만당 시기에 생존하면서, 당 왕조가 예전에 누렸던 번영을 회복하고자 하는 나름대로의 이상을 품고 정계에 진출하였다. 그러나 워낙 강직한 성품 탓으로 늘 주위의 배척과 냉대를 받았으며, 이상과 현실의 모순 속에서 시를 통해 시국에 대한 슬픔과 난리에 대한 근심 및 힘겨운 인생살이에 대한 한탄 등을 노래불렀다. 그러면서도 그의 시는 위장의 시가 음침하고 처량한 분위기 일변도인 것과 달리, 감상적인 분위기 속에서도 일종의 비분에 찬 감정 색채 같은 것을 잘 드러내고 있다. 예를 들면 〈화청궁을 지나며(過華淸宮三絶句)〉·〈여산을 지나며(過驪山作)〉·〈강남의 봄(江南春)〉·〈진회에 정박하여(泊秦淮)〉 등 작품들이 모두 역사적인 옛 발자취를 더듬으며 왕조들의 흥망성쇠를 한탄하고 어리석은 군주나 폭군들의 방탕한 생활과 불교 숭배를 지적하고 있는데, 한결같이 옛 사실을 빌어서 현실을 풍자하고자 하는 작자의 의도를 분명하게 드러내고 있다. 그 외에 그가 자유분방하게 가무歌舞와 여색女色에 빠져 생활하면서 기생놀이를 묘사한 퇴폐적인 작품들도 일부 있는데, 이런 작품들은 그의 작품 중 옥의 티로 지적되고 있다. 두목은 특히 칠언절구七言絶句에 뛰어났는데, 짧고 간단한 절구 형식을 활용하여 그림처럼 생생한 형상화 수법을 발휘하면서 자신의 감정을 함축적으로 잘 표현해내었다. 예를 들면 궁녀들의 생활을 묘사한 〈칠석七夕〉은 그의 칠언절구의 특징을 매우 선명하게 잘 드러내고 있는데, 궁중 여인들의 애환을 그린 당대의 허다한 시 작품들 중에서도 아주 독특한 경지를 개척한 작품으로 정평이 나 있다. 곧 「은빛 양초와 가을빛이 그림 병풍에 쓸쓸한데, 가벼운 비단 작은 부채로 개똥벌레를 쫓는다. 하늘 길 밤 경치 강물처럼 서늘한데, 자리에 누운 채 견우 직녀성을 하염없이 바라보누나.」(銀燭秋光冷畵屛, 輕羅小扇撲流螢. 天街夜色凉如水, 臥看牽牛織女星.)라고 하여, 대궐의 환경 묘사와 궁녀가 개똥벌레를 쫓으며 드러누워 견우 직녀성을 바라보는 형상을 그려냄으로써, 외로이 냉대 받는 궁녀들의 심정을 함축적으로 표현하였다.

이상은(813?~858)은 자字가 의산義山이고 호號가 옥계생玉谿生이며, 오늘날의 하남河南 심양沁陽 사람이다. 그는 만당 시기에 격렬하게 전개되었던 당쟁의 한 희생자였는데, 불우했던 정치 역정 때문에 젊은 시절의 시와 만년에 쓴 시가 뚜렷한 차이를 보이고 있다. 젊었을 때 쓴 〈행차서교작일백운行次西郊作一百韻〉은 그 당시 장안長安 교외의 황폐한 농촌 풍경을 그리고 있으며, 〈유감有感〉 2수와 〈중유감重有感〉 3수 등은 그 당시 환관들이 재상 왕애王涯를 비롯한 수천 명의 정적政敵들을 마구 학살하였던 정치 암흑상에 대하여 격렬한 어투로 울분에 찬 비판을 가하고 있다. 이런 작품들은 모두 청년 시기 이상은의 용기와 정치적 포부를 잘 드러내고 있다. 그렇지만 주위로부터 이유 없는 배척을 끊임없이 받게 되면서 그의 정치적인 열정은 급격히 식어갔고, 자연히 창작 면에 있어서도 몰락해가는 세상과 사회 암흑상에 대해 한탄하거나 개인적인 절망감을 노래한 감상적인 색조의 작품들을 많이 남기게 되었다. 곧 〈낙유원에 올라(登樂遊原)〉 중의 「저녁 무렵 마음이 편치 않아 수레 몰고 옛 언덕에 올랐다. 석양 빛 한없이 아름답건만, 애석하게도 황혼이 가까웠어라.」(向晩意不適, 驅車登古原. 夕陽無限好, 只是近黃昏.)와 같은 대목에서, 황혼을 맞은 자신의 신세에 대한 탄식과 아울러 몰락을 앞둔 당 왕조의 운명을 잘 상징시켜 두고 있다.

한편 역사적 사실을 노래하고 있는 이상은의 시 작품들 역시 역대로 많은 사람들의 칭찬을 받아 왔다. 이런 유의 작품들은 대부분 역사 속의 중대 사건이나 전형적인 인물들을 내세워서, 제왕의 방탕하고 사치스러운 생활을 풍자하는 동시에 당시 사람들에게 훈계를 가하고자 하는 동기 하에 지어졌는데, 〈수궁隋宮〉과 〈요지瑤池〉 등이 그 대표적인 예라 할 수 있다.

이상은의 독특한 예술 성과를 가장 잘 대변하면서 사람들 입에 많이 오르내렸던 대표작으로는 칠언율시七言律詩 형식으로 된 〈무제無題〉를 위시하여 작품 중의 두 글자를 취해 제목으로 삼고 있는 일련의 시 작품들을 들 수 있다. 이런 작품들은 모두 상징적인 수법을 활용하여 시時·공空을 뛰어넘는 변화무쌍한 묘사를 가하고 있으며 전고 또한 많이 사용하고 있기 때문에, 작자의 의도가 명확하게 드러나지 않고 애매모호한 느낌을 준다. 그래서 시의 해석과 관련하여 역대로 여러 가지 견해들이 분분하게 제기되어 왔다. 크게 보면 이런 유의 작품들이 작자의 정치적인 입장을 빗대어 표현한 것이라는 해석과 단순하게 애정을 묘사한 것이라는 해석 등 두 가지 견해로 대별된다. 이들 견해는 모두 나름대로의 근거를 갖고 있긴 하지만, 특정 작품들을 너무 한쪽으로만 치우쳐서 해석하는 오류를 범하고 있기도 하다. 실제로 어떤 작품은 정치나 애정과 상관없는 다른 내용을 기탁하고 있기도 하며, 애정을 묘사하면서도 그 가운데에 자신의 신세에 대한 한탄을 적절히 투영시킴으로써 대부분 진지하고도 의미심장한 감정 표현을 이루어 놓고 있다. 이런 작품들은 두보의 칠언율시에 보이는 짜임새 있고 정교한 경향과 이하李賀 시의 풍부한 상상력과 신비스러운 느낌 등으로부터 많은 영향을 받았던 것으로 보여진다. 아울러 육조六朝 시대 시의 화려하고 세련된 어휘 구사 기법도 함께 채용하여, 우아하고 화려하면서도 심오하게 함축된 의미를 담고 있는 독특한 풍격을 형성하였다.

25
전기傳奇 소설과 변문變文

『전기傳奇』란 당나라 때 문인들에 의해 쓰여진 문언문文言文으로 된 단편소설을 지칭하는 용어로, 원래 배형裴鉶의 《전기傳奇》란 단편소설집으로부터 유래된 말이다.

중국문학사에 있어서 소설은 그 발전이 상당히 늦게 진행되었으며, 중국의 정통 문인들은 일반적으로 모두 시와 문장만 중시하였지 소설을 그다지 중시하지 않았다. 당나라 이전까지만 하더라도 소설은 기본적으로 맹아萌芽 상태에 머물고 있었을 뿐이었다. 육조 시대의 지괴소설志怪小說이 비록 상당한 발전을 이루긴 하였지만, 『지괴志怪』라는 이름 그대로 신기하고 괴상한 일을 기술한 것일 뿐 인물 묘사 같은 것은 그다지 중시되지 않았다.

이러한 상황은 당대唐代에 이르러 큰 변화를 맞게 된다. 그래서 노신魯迅 같은 학자는 《중국소설사략中國小說史略》에서 「소설도 시와 마찬가지로 당대에 이르러 크게 변하였다. 비록 기이하고 괴상한 일을 찾아 기록하는 범위를 아직 벗어나지는 못하였지만, 그래도 그 복잡다단한 전개 과정이나 화려한 문사 등 여러 면에서 육조의 엉성하고 조잡한 소설들보다는 진보된 흔적이 뚜렷하며, 특히 이 시기부터 소설 작가들이 분명한 창작 의도를 갖고 의식적으로 소설을 썼다는 점이 주목을 끈다」라고 지적한 바 있다.

당대의 전기 소설은 이전의 소설과 비교해 볼 때 몇 가지 특징을 지니고 있다. 첫째, 당 이전의 소설이 기이하고 괴상한 일을 찾아 기록하였던 데서 탈피하여 주로 사회생활을 묘사하는 방향으로 점점 변화하였으며, 등장 인물 또한 귀신 묘사로부터 현실 생활 중의 사람을 묘사하는 쪽으로 점차 바뀌어 나왔다. 둘째, 당대 전기 소설은 선명하고 생동감 있는 등장 인물의 성격 묘사·인물이나 사건의 흥미 있는 구성·풍부하고 구체적인 환경 묘사 등 모든 면에서 과거의 소설 작품들의 면모를 일신한 것으로 평가된다. 셋째, 소설에 대한 인식을 차츰 변화시켜서 상당수의 유명 문인이나 사학자들이 의식적으로 전기 소설을 창작하기에 이르렀으며, 한유의 〈모영전毛穎傳〉이나 백거이의 〈장한가長恨歌〉처럼 일부 시·문 작품들이 특정 소설 작품의 예술 기교를 채용하는 경우도 생겨나게 되었다. 당대 전기 소설이 이러한 특징들은 갖출 수 있었던 것은 당 이전의 소설 창작 경험을 계승 발전시킨 외에도 그 당시 도시의 번영에 발맞추어 급속도로 발전되기 시작한 강창講唱이라고 하는 민간문학 양식의 영향을 많이 받았고, 또한 전기傳記문학을 위시한 기타 여러 가지 문학 양식들의 서술 기법도 폭넓게 받아들였던 결과로 보여진다.

전기 소설은 매우 다양한 제재들을 두루 다루고 있어서, 어떤 작품은 역사 속에서 제재를 취해 왔고, 어떤 작품은 현실사회로부터 제재를 취하고 있기도 하다. 등장 인물 역시 황제로부터 서생書生·기녀妓女·협객俠客 등에 이르기까지 다양한 분포를 보이고 있다. 작품의 주제와 내용에 따라 흔히 신괴류神怪類·애정류愛情類·풍자류諷刺類·호협류豪俠類 등 크게 4종류로 나눈다.

첫째, 신괴류는 육조 시대 지괴소설의 영향을 직접 이어받은 작품들로서 그 생성 시기가 비교적 빠르고 내용도 신선이나 불교 관계 설화 또는 요괴 등을 주로 다루고 있으며, 왕도王度의 〈고경기古鏡記〉와 작자 미상의 〈보강총백원전補江總白猿傳〉 및 이조위李朝威의 〈유의전柳毅傳〉 등을 대표작으로 들 수 있다.

둘째, 애정류는 남녀간의 애정을 다루고 있는 작품들로 전기 소설 중에서 문학적인 가치가 가장 뛰어나다는 평을 받고 있다. 당대에 이르러 낭만적인 사조가 서서히 대두되면서 봉건 예교禮敎의 굴레를 과감히 박차고 이성간의 자유로운 결합을 추구하는 내용의 애정류 소설들이 많이 지어졌는데, 이들은 대개 현실적인 인사人事를 주로 다루고 있고 제재를 일상 생활로부터 취해 왔기 때문에 신괴류 작품들보다 훨씬 더 감동적이고 뛰어난 것으로 평가된다. 장작張鷟의 〈유선굴遊仙窟〉·장방蔣防의 〈곽소옥전霍小玉傳〉·백행간白行簡의 〈이와전李娃傳〉·원진元稹의 〈앵앵전鶯鶯傳〉(일명 〈회정기會貞記〉라

元稹 〈鶯鶯傳〉의 崔鶯鶯

고도 불림) 등이 대표작이다.

셋째, 풍자류에 속하는 작품들은 부귀공명에 집착하는 그 당시 사람들의 허황된 욕심이나 부패한 조정과 어수선한 변방 상황 및 당파 싸움에 정신을 잃고 있는 정객들의 한심한 작태 등 당대의 정치 사회상을 뚜렷하게 잘 반영하고 있으며, 심기제沈旣濟의 〈침중기枕中記〉와 〈임씨전任氏傳〉 그리고 이공좌李公佐의 〈남가태수전南柯太守傳〉 및 진홍陳鴻의 〈동성노부전東城老父傳〉 등이 대표작이라 할 수 있다.

넷째, 호협류에 속하는 작품들은 주로 영웅·협객들의 의거義擧를 주제로 삼고 사이사이에 정치와 애정에 얽힌 이야기들을 곁들여 다양한 구성으로 엮어 놓고 있는데, 안사의 난 이후의 어지러운 사회상과 번진藩鎭들이 곳곳에서 설치고 검객이나 협사들이 도처에서 활약하는 당시 사회의 단면들을 잘 반영하고 있다. 이공좌의 〈사소아전謝小娥傳〉과 심아지沈亞之의 〈풍연전馮燕傳〉 그리고 두광정杜光庭의 〈규염객전虯髥客傳〉 등이 대표작이라 할 수 있다.

이러한 전기 소설 작품들은 중국소설사에서 매우 중요한 의미를 지닌다. 우선 당대에 발생한 사건을 소재로 삼아서 그 당시 현실 문제를 다루고 있기 때문에, 그 당시의 시대 상황이 잘 반영되어 있다는 점에서 주목을 끈다. 특히 사상적인 면에서 봉건 가족제도나 귀족 문벌제도 내지는 봉건적인 예의 중시 등 구습舊習에 반대하면서, 남녀간의 사랑과 혼인의 자유를 주장한 점에서 큰 의미를 지닌다. 또한 표현 기교에 있어서도 사실주의寫實主義 수법을 통해 생생한 묘사의 길을 개척한 점이 높이 평가된다. 한편 전기 소설은 소설 자체로서의 가치보다도 후세 문학에 끼친 영향이 매우 크다는 점에서 더욱 중요시되고 있기도 하다. 후대의 희곡이나 소설 및 강창 문학 등에 다양한 소재를 제공하였고, 특히 원대元代 잡극雜劇에 지대한 영향을 끼친 바 있다.

변문變文은 원래 불교를 선전하고자 하는 취지에서, 불경佛經을 쉽게 해설하여 대중에게 들려주었던 산문과 운문이 혼합된 강창체講唱體 기예이다. 그 중 산문으로 된 부분은 강설講說하였고, 운문으로 된 부분은 가창歌唱하였다. 당대에는 일찍이 인도로부터 유입된 이러한 강창 형식을 통해, 불교 교리를 통속적이고 재미있는 이야기 형태로 만들어 들려주고 동시에 노래도 가미하여 민중들이 쉽게 기억하도록 하는 공연물인 『속강俗講』이 일반에 보편화되어 있었다고 한다. 중국문학에서는 이 속강의 대본을 흔히 『변문』이라고 일컫는다.

변문이 세상에 처음으로 알려진 것은 1899년 감숙성甘肅省 돈황敦煌 천불동千佛洞의 석실石室에서 많은 고서古書와 그림 및 보물들이 발견되면서부터였다. 그 중에 당대 강창 문학의 자료들이 일부 포함되어 있었는데, 〈유마힐경변문維摩詰經變文〉·〈대목건련명간구모변문大目乾連冥間救母變文〉·〈오자서변문伍子胥變文〉 등과 같이 제목에 『변문』이란 말이 많이 사용되어 있고 또 이들이 대부분 불경의 본문을 구어체 이야기로 쉽게 변화시켜서 일반인들에게 들려주는 것이었다는 점에서 흔히 『변문』이라고 부르게 되었던 것이다.

변문은 내용에 따라 크게 두 부류로 나눌 수 있다. 첫째는 불교경전에서 소재를 취해 온 불교설화류佛教說話類로서, 〈유마힐경변문〉과 〈대목건련명간구모변문〉 등을 위시하여 돈황 변문의 대부분이 이에 해당된다. 주로 불교의 교리를 선전하고 있거나, 인과응보因果應報 사상을 짙게 깔고 있다. 곧 고통으로 가득한 현실 세계는 허무한 것이기 때문에 모든 욕망을 버리고 수양에 힘써서 극락 세계로 가야 한다는 설교적인 내용을 담고 있으며, 충효와 같은 윤리 도덕을 지나치게 강조한 나머지 너무 비현실적이고 예술적인 가치도 희박하다는 지적을 받고 있다. 그 다음으로는 비불교설화류非佛教說話類로서, 〈순자지효변문舜子至孝變文〉·〈오자서변문〉·〈왕소군변문王昭君變文〉 등과 같이 종교적인 색채가 거의 없이 역사적 사실이나 효자담孝子談들로부터 소재를 취해온 작품들이 이에 해당된다. 불교 관계 변문들이 민간에 널리 유행하자 이 변문 형식을 빌어 중국의 역사 고사나 민간 전설을 강술講述하는 경우도 차츰 빈번해졌던 것으로 보여지는데, 이런 과정을 거치면서 변문은 차츰 불경과의 관계를 떠나 민중 오락으로 발전해 나갔음을 알 수 있다. 민간에서 유행하였던 이런 변문들은 불교설화류보다 양은 적지만 훨씬 진보된 면을 보여 준다. 우선 적극적이고 진보적인 사상을 담고 있으며, 민중들의 생활에 근접된 생활인의 체취 같은 것을 느끼게 해 준다.

변문은 민간문학 양식의 하나로 당唐·오대五代의 민중들의 생활과 감정을 잘 나타내고 있는 점이 돋보이며, 구성이 방대하고 언어가 통속적인 특징도 함께 지니고 있다. 다만 현실감이 많이 부족한 결점을 드러내고 있어서, 그 자체의 문학적인 가치는 그렇게 높이 평가받지 못하는 실정이다. 그렇지만 후세 문학에 끼친 영향은 매우 커서, 송대宋代의 화본話本 소설과 원대元代의 잡극雜劇 그리고 송·원·명明·청淸 역대의 강창 문학 등에 두루 많은 영향을 끼쳤다.

26
민간사民間詞와 《화간집花間集》

사詞는 한대漢代 악부시와 마찬가지로 음악에 맞추어 노래부르던 노래 가사였는데, 나중에는 차츰 음악과의 관련이 희박해지면서 시가詩歌와 흡사한 체재로 변해갔다. 음악에 맞추어졌던 이러한 가사는 원래 수隋·당唐 무렵에 처음 생겨났으며, 육조六朝 이후 서북방의 여러 민족들로부터 전해 들어온 연악燕樂 즉 속악俗樂과 밀접하게 관련되어 있다. 이 당시 연악은 한족漢族 민간인들 사이에서 유행하던 민간 소곡小曲들과 결합되면서 새로운 곡조를 형성하였고, 사는 바로 이러한 새로운 곡조에 배합되어 노래불려지면서 생겨난 노래 가사이다. 나중에는 곡조에 근거하여 가사를 맞추어 넣게 되면서, 곡조들마다 차츰차츰 고정된 격식으로 굳어지게 되었다. 그리고 지어진 가사들의 내용도 사조詞調의 명칭과는 전혀 상관 없는 경우들이 많아지게 되었다.

사는 음악과 밀접한 관련을 맺고 있기 때문에, 형식 면에 있어서도 음악과 관련된 여러 가지 특징들을 지니고 있다. 우선 사는 모두 『사패詞牌』라고 하는 사조명詞調名을 하나씩 가지고 있다. 예를 들면 〈보살만菩薩蠻〉·〈어가자漁歌子〉 등과 같은 것들인데, 원래는 이런 사패들이 가사의 내용과 기본적으로 일치하여 〈어가자〉의 경우 본래 어부의 생활을 노래한 작품이었다. 후대로 내려오면 사조와 사패가 일종의 격식으로 굳어져 특정 사패의 구수句數와 구마다의 자수字數·평측平仄 및 압운押韻 등을 규정하는 작용을 하게 되며, 작자는 이러한 격식에 맞추어 가사를 쓰기만 하면 되게 되었다. 이렇게 되자 어떤 작자들은 독자들이 자기 작품의 내용을 쉽게 이해하도록 하기 위해 사패詞牌 다음에 일종의 제목 같은 것을 덧붙이게 되었는데, 이것을 흔히 『사제詞題』라고 부른다. 예를 들어 소식蘇軾의 〈염노교念奴嬌〉란 작품을 보면 사패 아래에 『적벽회고赤壁懷古』라는 부제가 붙어 있다.

사는 일반적으로 길이에 따라 58자 이내의 작품을 소령小令 또는 소사小詞라고 부르고, 59자에서 90자까지의 작품을 중조中調라고 부르며, 91자 이상으로 된 작품을 장조長調 또는 만사慢詞라고 부른다. 또 음악과 밀접한 관련을 맺고 있기 때문에, 한 곡조만으로 된 작품인 단조체單調體가 있고 2절까지로 되어 있는 쌍조체雙調體가 있으며 3절로 된 삼첩三疊과 4절로 된 사첩四疊 등도 있다. 이들 중 쌍조로 된 작품이 가장 많으며, 쌍조체의 경우 전반부를 전결前闋·전단前段·상편上片 등으로 일컫고, 후반부를 후결後闋·후단後段·하편下片 등으로 일컫는다.

사의 기원에 대해서는 자료도 부족하고 여러 가지 학설들이 분분하기 때문에, 한 마디로 단언하기가 매우 어렵다. 대체로 당대唐代의 절구絶句가 변형되어 이루어졌다는 절구기원설絶句起源說과

《시경詩經》으로부터 유래되었다는 시경기원설詩經起源說 그리고 악부시樂府詩로부터 유래되었다는 악부기원설樂府起源說들이 제기되고 있다. 당대 개원開元(713~741)·천보天寶(742~755) 연간에 최영흠崔令欽이 저술한 《교방기敎坊記》에 보면 300여 곡의 곡조명이 기재되어 있고, 돈황 석굴에서 발견된 민간사民間詞 작품들도 200수 가량이나 된다. 그 중 가장 이른 것은 성당 이전의 작품도 포함되어 있으며, 전체적으로 나라의 안정과 경제 번영을 예찬한다든지 전쟁 상황을 묘사한다든지 부녀자들의 불행한 처지를 그려내고 있는 등 다양한 제재를 취하고 있고, 풍격 역시 각양각색이어서 비

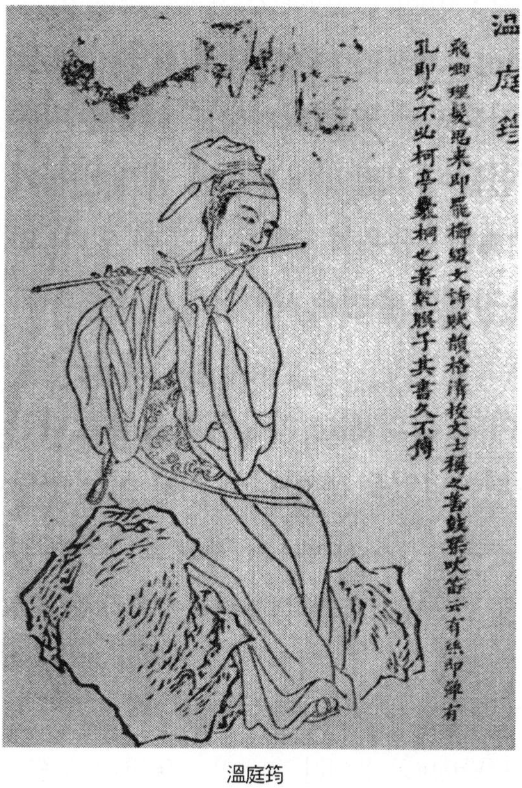

溫庭筠

분강개하는 격앙된 색채를 띤 작품을 비롯하여 부드럽고 완곡한 필치의 작품이나 쓸쓸하고 처량한 느낌을 주는 작품들에 이르기까지 다양한 면을 보여 주고 있다.

당대 문인들의 작품으로는 〈보살만菩薩蠻〉(平林漠漠)과 〈억진아憶秦娥〉(簫聲咽) 등이 이백의 작품이라고 전해 오지만 신빙성이 거의 없으며, 중당으로 넘어오면 사를 짓는 문인들이 차츰 늘어나서 위응물·백거이·유우석 등과 같은 유명 시인들이 모두 사 작품을 남기고 있고 또 장지화張志和(730?~810?)라고 하는 비중 있는 사 작가가 나와서 작품 활동을 하기도 하였다. 만당 시기에는 온정균溫庭筠(812?~870?)이란 유명한 사 작가가 출현하여, 주로 남녀의 애정을 노래한 화려하면서도 완곡한 필치의 세련된 작품들을 많이 발표함으로써 사의 면모를 크게 변화시켰다.

오대 때에는 전촉前蜀과 후촉後蜀을 중심으로 통치계급의 향락적인 수요에 편승하여 사가 크게 발전하게 된다. 후촉의 조숭조趙崇祚가 편찬한 《화간집花間集》이라는 사선집詞選集에는 온정균과 위장韋莊(836~910)을 비롯한 18명의 사 작품이 수록되어 있는데, 이 작품들은 모두 풍격이 비슷하기 때문에 후세 사람들에 의해 『화간사花間詞』라고 불려졌고, 이런 류의 사를 쓴 작가들은 『화간사파花間詞派』라고 일컬어졌다. 이들 중에서도 온정균과 위장이 특히 큰 영향을 끼쳤는데, 두 사람의 작품은 전체적으로 비슷한 경향을 띠고 있으며, 온정균은 곱고 화려한 어휘를 아주 잘 구사하였고 위장은 비교적 통속적인 어휘 구사를 통해 청신한 격조를 잘 살려낸 것으로 평가받고 있다.

오대 때 남당南唐의 풍연사馮延巳(904~960)와 이욱李煜(937~978)

역시 우수한 작품을 많이 남긴 영향력 있는 작가들이었다. 남당은 원래 토질이 비옥하고 물자가 풍부한데다 지형적인 조건 탓으로 전란의 피해도 적게 입었다. 경제가 발달해 있었고 사회도 안정되어 있었으므로 중원 지방에서 피난 온 인사들이 많았으며, 임금과 재상들이 모두 문학을 애호하였기 때문에 문화가 전반적으로 상당히 앞서 있었다. 후에 국력이 약화되어 북방의 후주後周와 송宋 왕조로부터 대대적인 위협을 받게 되면서 지배계층 인사들 사이에 절망감이 팽배해졌으며, 그래서 남당의 사에는 자연히 감상적이고 퇴폐적인 색채가 짙게 나타나게 되었다.

풍연사의 사도 내용 면에 있어서는 예전 작가들과 마찬가지로 남녀간의 사랑이나 부녀자들의 생활상을 주로 묘사하고 있다. 그렇지만 그의 사는 어휘가 매우 유창하게 구사되어 있고, 경치 묘사를 통한 간접적인 감정 표현이 잘 이루어져 있으며, 인물의 내면적인 심리 활동 같은 것이 섬세하게 잘 묘사되어 있는 특징을 보이고 있다.

이욱은 남당의 마지막 황제로, 흔히 이후주李後主라고 불리고 있다. 그는 황제 자리에 오른 후로, 그 당시 막강한 국력을 자랑하던 송 왕조에 대해 신하를 자칭하고 공물을 바치면서 겨우겨우 나라의 명맥을 유지해 나왔다. 이렇게 10여년 동안은 그나마 간신히 나라를 유지해가며 궁중에서 가무를 벌이고 향락적인 생활을 누릴 수 있었지만, 976년 송에 의해 남당이 멸망 당하면서 이욱은 포로로 붙들려 가서 2년 간의 감금 생활을 한 끝에 결국 송 태조太祖에 의해 독살 당하고 말았다. 40수 가량 전하고 있는 그의 작품은 대략 나라의 멸망을 경계로 하여 전·후기의 작품들이 서로 다른 경향을 보이고 있다. 전기의 작품은 대부분 미인들의 춤과 노래나 아름답게 단장한 궁녀들의 자태 등을 묘사함으로써, 호화로운 궁중 생활을 그대로 반영하고 있다. 그런데 그가 송나라의 포로가 되어 감금 생활을 하게 된 후로는, 주지육림의 꿈속에서 완전히 깨어나 냉혹한 현실 앞에 온종일 눈물로 지새며 비통한 감정에 사로잡힐 수밖에 없었다. 그래서 자연히 지난날들을 회상하면서 현재의 자기 처지를 한탄하는 내용의 쓸쓸하고 처절한 느낌을 주는 작품을 많이 쓰게 되었다. 만당과 오대 때 사 작가들은 여성들의 불우한 운명을 묘사하면서 자신의 감정을 간접적으로 시사한 경우들이 있었을 뿐, 이욱처럼 자기의 비통한 심정을 직접 드러내놓고 표현한 예가 거의 없었다. 그런데 이욱은 〈우미인虞美人〉(春花秋月何時了)과 〈낭도사浪淘沙〉(簾外雨潺潺) 등 작품을 통해, 평이한 언어와 실감나는 비유를 활용하여 자신의 내면적인 번뇌를 구체적으로 잘 그려내고 있다. 그는 이처럼 사의 표현 범위를 확대시키고 예술적인 묘사 기법을 풍부하게 구사함으로써, 사가 발전해 나오는 과정에 있어서 아주 중요한 기여를 한 것으로 평가된다.

27

구양수歐陽修와 북송 시문

북송 초기의 문단에는 만당과 오대의 작품 경향이 그대로 이어져서, 겉모습만 화려하게 수식되고 내용은 부실하기 짝이 없는 부화浮華한 작품들이 주종을 이루게 된다. 그 당시에는 고관대작들이 주축이 되어 어용 문인으로 활동하면서, 태평성세를 예찬하는 내용의 화려하고 짜임새 있는 시와 문장을 지어 서로 주고받는 행위가 몇십 년 동안 송초 문단을 풍미하고 있었다. 이 무렵 양억楊億(974~1020)이란 사람은 십여 명의 어용 문인들이 지은 시 작품을 모아 《서곤수창집西崑酬唱集》이란 시집을 간행하였는데, 그 당시 사람들은 이러한 유미주의적唯美主義的 경향을 띠고 있는 시와 변문騈文들을 통틀어 『서곤체西崑體』라고 일컫게 되었다. 여기에 가담하였던 문인들은 모두가 높은 지위에 있으면서 대단한 명성을 누렸던 사람들이기 때문에, 자연히 많은 사람들의 관심을 끌면서 세를 더욱 더 키워나갈 수 있었다.

한편 일부 문인들 사이에서는 만당 오대로부터 내려온 바람직하지 못한 유미주의 문학사조에 대해 반대하면서, 한유와 유종원의 고문古文을 본받고 백거이의 시를 배워야 한다는 주장이 제기되기도 하였다. 다만 이러한 주장은 시나 문장의 개혁을 추구하는 이론적인 뒷받침이 빈약하였고 또 그들의 작품 창작 능력도 충분히 따라주지 못하였기 때문에, 오래도록 이어져온 유미주의적 전통을 뒤바꾸기에는 한 마디로 역부족일 수밖에 없었다.

얼마 후 북송 왕조가 내외적으로 여러 가지의 모순에 부닥치게 되면서, 뜻 있는 선비들 사이에서는 정치 개혁을 부르짖는 목소리가 높아지게 된다. 그들이 제출한 개혁안 중에는 문학사조의 개혁도 함께 포함되어 있었는데, 유개柳開(947~1000)와 왕우칭王禹偁(954~1001)을 거쳐 범중엄范中淹(989~1052)으로 내려오면서 문학 작품의 사회적인 작용을 중시하고 문풍을 개혁하여야 한다는 주장이 본격화되기에 이르렀다. 그 결과 송 인종仁宗은 1029년과 1033년 두 차례에 걸쳐 조서를 내려 당시 문인들이 작품의 화려한 겉치레에만 너무 집착하고 있는 풍조를 지적하고, 문장이란 모름지기 이치와 현실에 부합되는 충실한 내용을 담아내어서 교화에 보탬이 되는 것이어야 함을 천명하게 되었다.

이러한 상황에서 송대 시문혁신운동詩文革新運動을 승리로 이끌었던 실질적 우두머리 구양수歐陽修가 출현하여, 정치 개혁의 선봉에 서서 과감하게 개혁 정책을 펴나가는 동시에 문학사조의 혁신도 함께 추진해나갔다.

구양수(1007~1072)는 자字가 영숙永叔이고, 오늘날의 강서江西 길안吉安 사람이다. 그는 북송 중엽의 정계 거물이자 문단의 지도

자로서, 정치 무대에 나서자마자 부패 정치를 척결하는 정치 투쟁 대열에 적극 가담하여 혼신의 힘을 다 쏟아 정치 개혁에 전념하였으며, 아울러 시문의 혁신을 힘껏 제창하여 송대 고문운동이 꽃을 피우게 하였던 장본인이다. 구양수가 추진한 고문운동은 당대唐代의 한유가 전개하였던 고문운동을 계승하여 더 심화시킨 것이라 할 수 있다. 그는 당시 문단에 여전히 남아 있던 실속 없고 겉만 번지르르하며 난해하고 괴벽스러운 작품 경향을 비판하면서, 『명도明道』 곧 풍부한 사상 감정의 표현과 평이平易한 서술 등을 주장하였다. 그가 강조한 도道는 공자 맹자 등 유가儒家의 도이면서 현실에 바탕을 둔 도라고 할 수 있으며, 현실 세계에 관심을 두지 않은 채 단순하게 지어진 작품에 대해서 그는 반대 입장을 분명히 하였다. 그가 주장한 평이함 역시 작품의 아름다운 수식에 반대한 것이 아니라, 미사여구나 군더더기 말을 나열하기보다는 자연스럽고 유창한 서술을 통해 독자들이 쉽게 이해할 수 있도록 명쾌하게 표현되어야 함을 강조한 것으로 풀이된다. 그는 언어란 사상을 표현하기 위한 수단이고 문자란 언어를 아름답게 꾸미기 위한 도구라고 여겼으며, 그래서 충실하고 신빙성 있는 내용을 담고 있으면서 자연스럽고 명쾌하게 서술되어 있는 문장이야말로 바로 이상적인 문장이라고 보았던 것이다.

창작 방면에 있어서도 구양수는 자신의 주장을 그대로 실천하였다. 그의 산문은 일찍이 소순蘇洵이 평한 바와 같이, 유창하고 평이하며 완곡하고 부드러우며 침착하고 자연스러운 느낌을 준다. 〈취옹정기醉翁亭記〉·〈오대사영관전서五代史伶官傳序〉·〈농강천표瀧岡阡表〉 등 작품을 보면 이러한 특징을 충분히 엿볼 수 있고, 또

〈여고사간서與高司諫書〉에서도 간신 고약눌高若訥의 추악한 욕심과 행위를 당당하게 폭로 비판하는 가운데 여전히 완곡하고 부드러운 태도를 잃지 않고 있다.

구양수는 유명한 시인이기도 하였다. 시 분야에 있어서의 성과가 산문에 대한 평가 만큼은 못하지만, 그래도 백성들의 고충상을 실감나게 묘사한 작품들이나 자연 경치를 산뜻한 필치로 그려낸 작품들이 모두 높은 평가를 받고 있다. 그의 시는 의론적議論的이고 산문화된 한유 시의 영향을 많이 받아, 주제가 한층 더 선명하고 리듬이 더욱 변화로운 특징을 드러내고 있다. 바로 이런 점에서 그는 송대 시가 당시唐詩의 일반적인 특징과 구별되는 독자

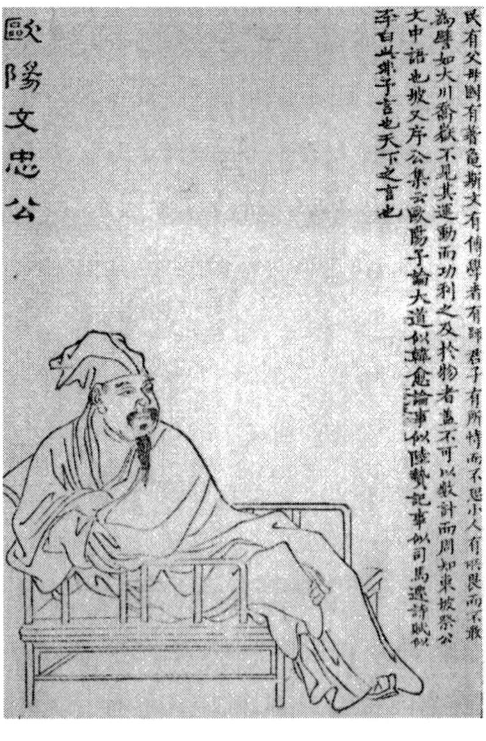

歐陽修

적인 경향을 갖추어 나가는 과정에 있어서 나름대로 큰 공헌을 한 것으로 정평이 나 있다. 그렇지만 간혹 이치 서술에 과도하게 매달려 시적인 생동감이나 운치가 결여되어 있는 점은 그의 작품이 지닌 단점으로 지적되고 있다.

구양수는 시문혁신운동을 추진하여 그 당시의 화려하면서 천박한 경향이나 난해하고 괴팍한 경향 등에 대해 논리적으로 비판을 가하는 한편, 창작 면에 있어서도 우수한 작품들을 써내어서 당시 문단에 유행하고 있던 실속 없고 난해한 작품들을 완전히 제압하였다. 이러한 공로 외에도 그는 후진 양성에 상당한 열의를 보여, 왕안석王安石(1021~1086)·증공曾鞏(1019~1083)·소식蘇軾(1037~1101) 등 유명 문인들을 모두 자기 문하에서 배출함으로써 송대 시문혁신운동이 완성될 수 있는 바탕을 마련해 주기도 하였다. 그는 주고관主考官이 되어 과거科擧 시험을 주관하면서 답안을 변문騈文 대신 산문散文으로 작성하도록 하였으며, 응시자들 가운데에서 개혁 의지를 지니고 있고 내용이 충실한 문장을 쓰는 문인들을 대거 발탁한 바 있다. 이렇게 하여 그의 주위에는 개혁 성향이 강한 하나의 견실한 작가 진용이 갖추어졌으며, 이들이 힘을 모아 북송의 시문혁신운동을 완성의 경지로 끌어올렸던 것이다.

왕안석은 자字가 개보介甫이고 만년에 호號를 반산半山이라 하였으며, 오늘날의 강서江西 임천臨川 사람이다. 그 역시 북송의 대 정치가이면서 걸출한 문학가이기도 하였다. 문학에 있어서는 세상에 도움이 될만한 실용적인 작품을 강조하면서, 짜임새 있고 논리성이 강하며 웅장하고 감정 색채가 풍부한 산문 작품들을 다량으로 발표하였다. 〈독맹상군전讀孟嘗君傳〉·〈상중영傷仲永〉·〈답사

마간의서答司馬諫議書〉·〈유포선산기遊褒禪山記〉 등이 그의 대표작으로, 모두 소박하고 간결한 언어로 논리정연하게 자신의 생각을 잘 표현해 놓고 있다. 그의 시는 내용이 매우 충실한 느낌을 주는데, 특히 〈하북민河北民〉·〈겸병兼倂〉 등 정치시 작품들이 모두 광범위한 현실적 제재들을 택하여 그 당시 현실을 예리하게 비판하고 있다. 그 외에 사물이나 역사적 사실을 묘사한 〈동창숙부안노同昌叔賦雁奴〉·〈독산禿山〉·〈상앙商鞅〉·〈가생賈生〉 등 작품들 역시 특정 사물과 역사적 인물을 내세워, 국가의 장래에 대한 우려와 부정부패를 개혁하고자 하는 자신의 의지를 잘 표현하고 있다. 만년에 남경南京에 은거하면서 쓴 시 작품들은 예술적 기교 면에서 더욱 더 성숙된 면모를 보이며, 후대의 시단에 커다란 영향을 끼쳤다. 사詞 창작에 있어서는 현존 작품을 통해 볼 때 대가로 평가받기에 약간 부족한 구석이 있기는 하지만, 그래도 아주 적은 양의 작품이나마 내용과 제재 면에서 독특한 경지를 개척함으로써 송대 사의 혁신을 촉진하는 중요한 역할을 하였다.

증공은 자字가 자고子固이며, 오늘날의 강서江西 남풍현南豊縣 사람이다. 그는 그 당시의 명성이 구양수보다는 못 미쳤지만, 당시 사람들이 그의 작품을 얻어서 베껴 쓰고 외우고 하면서 유행에 뒤떨어지지 않으려 애를 썼다는 일화가 전할 정도로 당시 문단에 막강한 영향력을 행사하였다. 그의 산문은 구양수의 작품과 비슷한 경향을 보여, 완곡하면서 자연스러운 느낌을 준다. 특히 문장의 구성이나 어휘 구사 면에 탁월한 능력을 발휘하여, 그 당시 뿐만 아니라 후세의 많은 문인들까지도 그의 작품을 본보기로 삼아 문장을 학습하였을 정도로 후세에 끼친 영향이 컸다.

소순蘇洵(1009~1066)은 자字가 명윤明允이고, 호號가 노천老泉이며, 오늘날의 사천四川 미산현眉山縣 사람이다. 소식과 소철蘇轍(1039~1112) 등 두 아들과 함께 나란히 『당송팔대가唐宋八大家』에 속하는 대단한 문인 집안이었으며, 세상에서 이들 3부자를 흔히 『삼소三蘇』라고 일컫고 있다. 소순은 특히 산문으로 유명한데, 문장이 거침없이 호방하며 힘차고 웅건한 느낌을 준다. 소식은 송대뿐만 아니라 중국문학사 전체를 통틀어 가장 뛰어난 문호로 알려져 있는 작가이다. 그에 대해서는 다음 장에서 자세히 설명하기로 한다. 소철은 자字가 자유子由이고, 호號가 영빈유로潁濱遺老였다. 그의 작품은 형인 소식의 작품과 비슷한 경향을 보이고 있는데, 시는 소박하고 자연스러운 가운데 활기찬 기상 같은 것이 배어 있으며, 문장은 유창하면서도 완곡한 느낌을 준다.

구양수·왕안석·증공 및 소씨 3부자 등은 한결같이 당대唐代 한유의 고문운동의 전통을 계승하여, 송대에 고문운동이 새롭게 부흥 발전되어 고문이 전성기를 누리도록 해 주었다. 이런 점에서 후세 사람들이 흔히 당대의 한유·유종원과 송대의 이 여섯 명 문장가들을 묶어서 『당송팔대가』라고 일컫게 된 것이다.

이들 외에 매요신梅堯臣(1002~1060)과 소순흠蘇舜欽(1008~1048) 역시 그 당시에 활약하였던 저명한 작가들이다. 이들은 당시 사람들로부터 『소蘇·매梅』라고 나란히 불렸는데, 특히 시 분야에 아주 정평이 나 있었다. 두 사람의 시 경향이 약간 차이를 보이고 있긴 하지만, 모두 서곤체 문인들의 실속 없이 화려하기만 하고 괴벽스러운 문학사조에 반대하면서 나름대로 평이하고 자연스러운 시 경향을 추구하였다.

28
위대한 문호 소식蘇軾

蘇軾

소식蘇軾(1037~1101)은 자字가 자첨子瞻이고, 호號가 동파거사東坡居士였다. 소순의 아들로서, 구양수의 뒤를 이어 당시 문단의 우두머리로 군림하였다. 그는 또 자기 주위에 뜻을 같이 하는 작가들을 불러모으고 인재들을 배양하는 데에도 많은 노력을 기울여서, 황정견黃庭堅·조보지晁補之·진관秦觀·장뢰張耒 등과 진사도陳師道·이치李廌 등 유명한 문하생들을 두루 배출하였다. 그들 중 앞의 네 명은 흔히 『소문사학사蘇門四學士』라고 불리고 있으며, 거기에 진사도와 이치 등 두 명을 추가하여 『소문육군자蘇門六君子』라고 부르기도 한다. 소식은 이들 문하생들과 함께 구양수가 이끌었던 시문혁신운동을 더욱 더 강력하게 추진하고 발전시켜 나갔으며, 그 중에서도 특히 소식이 남긴 작품들은 북송 시·문의 최고 걸작으로 평가받고 있다.

소식은 유교·도교·불교 등 여러 가지 사상을 폭넓게 수용하였는데, 대체로 정치나 윤리 도덕 방면에 있어서는 주로 유가사상에 입각하여 『인정仁政』에 바탕을 둔 이상적인 정치를 실현하고자 하였고, 인생관이나 생활 태도 면에 있어서는 특히 역경에 처하였을 때일수록 노장老莊과 불가佛家의 영향을 많이 받았다. 사람됨이 원래 정직하고 직언을 서슴지 않았으며, 옳다고 생각하는 일은 물불을 가리지 않고 밀어붙이는 강직한 성품의 소유자였다고 한다. 그는 사회 부조리에 대한 개혁을 주장하면서도 왕안석이 주도한 신법당新法黨의 대다수 정책에 반대하는 입장을 보였고, 그런가 하면 왕안석의 급진적인 개혁 추진에 반대하면서도 사마광司馬光 등의 보수파들이 주장한 신법 폐기론에 완전히 동의하지도 않았다. 이러한 태도 때문에 그는 신법당의 배척과 공격을 받는 동시에 구법당으로부터도 제대로 등용되지 않았고, 자연히 벼슬 길이 순탄치 못해 두 번씩이나 귀양살이를 하기도 하였다. 그렇지만 그가 겪은 이러한 역경들은 그로 하여금 사회와 백성에 대해 깊이 이해할 수 있는 기회를 충분히 제공해 주었으며, 작자의 시야를 넓혀 주고 생활 경험을 풍부하게 해 줌으로써 작품 창작에 긍정적으로 작용한 측면이 강하다 하겠다.

문예사상文藝思想 면에서 소식은 구양수 등의 이론적 기초 위에서 고문 이론을 더욱 심화시켜, 북송 문예이론의 최고봉의 자리에까지 올라섰다. 그의 문예이론은 문학의 특성이나 작품의 격률 등에 대한 깊은 이해를 바탕으로, 작가의 창작 과정에 대해 정확한 논술을 가하고 있다는 점에서 주목을 끌고 있다. 그의 견해에 따르면 작가는 사물의 오묘한 이치나 고유한 특징을 충분히 깨달은 다음, 정확한 표현 기교나 창작 규율을 구사하여 그 깨달은 내용을 실감나게 잘 묘사해내어야만 한다. 그런 점에서 그는 작가가 작품을 통해 자신의 생각이나 감정을 분명하게 드러내어야 한다는 『입의立意』를 주장하였고, 작품의 겉치레에만 눈을 돌릴 것이 아니라 그 속에 충실한 내용이 담겨 있어야만 실질적인 아름다움이 갖추어진다고 하는 『실미實美』를 강조하였으며, 문장을 통해 사상 내용이 자연스럽게 표현되면 그만이지 지나치게 화려한 수식은 필요치 않다는 뜻에서 『사달辭達』을 역설하기도 하였다.

소식은 중국문학사에서 아주 드물게 보이는 만능 작가 중 한 사람이다. 그는 많은 산문과 수천 수의 시 그리고 수백 수의 사 작품을 남겼는데, 그 중 시와 산문은 북송을 통틀어 가장 뛰어났으며 사 역시 새로운 유파를 형성하여 후대 작품에 커다란 영향을 끼친 바 있다. 뿐만 아니라 서예와 회화繪畵 방면에서도 독자적인 작품 세계를 구축하여 나름대로 하나의 계보를 형성하였을 정도로 뛰어난 역량을 발휘하였다.

소식의 산문은 예로부터 한유·유종원·구양수 등 세 대가의 작품과 나란한 명성을 누려왔다. 그는 구양수 문장의 평이하고 완만한 경향을 토대로 하여 《장자》의 자유분방한 서술과 《맹자》의 비유 수법 등을 두루 흡수함으로써, 문장 가운데 자유분방하면서 미묘한 운치가 넘쳐나는 독특한 예술적 특징을 형성하고 있다. 우선 정치나 역사를 논한 〈책략策略〉·〈책별策別〉·〈평왕론平王論〉·〈유후론留侯論〉 등 작품을 보면, 탁상공론을 삼가고 역사적 사실로부터 실례를 광범위하게 인용하여 뚜렷한 근거를 제시해가며 논증을 가하고 있어서 강한 설득력을 지니고 있다. 그리고 기사문記事文이나 유기문遊記文 작품들을 보면 소식 산문의 유창하고 노련한 특징이 가장 잘 드러나 있다. 예를 들어 〈희우정기喜雨亭記〉·〈묵묘정기墨妙亭記〉·〈방학정기放鶴亭記〉 등은 모두 정자亭子를 돌아보고 쓴 기행문 성격의 글들이지만, 세 편 모두 서술 방식이 전혀 다르고 각기 다른 감회들을 나타내고 있어서 작자의 뛰어난 재능을 잘 짐작케 해 준다. 또 〈기승천사야유記承天寺夜遊〉 역시 전문이 90자밖에 되지 않는 짧은 문장이지만, 모년 모월 모일에 무슨 이유로 누구와 승천사에 밤나들이를 하게 되었는지 하는 전후 사정을 간단명료하게 서술한 다음, 승천사의 아름다운 달밤 경치를 실감나게 묘사하고 나아가 황주黃州로 귀양온 자신의 억울한 심정까지도 잘 표현해 놓고 있다.

소식은 산문보다도 시 분야에서 주옥 같이 아름다운 우수 작품들을 많이 남겼다. 그의 시는 북송 중기의 사회 현상을 폭넓게 반영하고 있으며, 백성들과 고통을 함께 나누고자 하는 자신의 심정을 잘 대변하고 있다. 그 중에는 〈여지탄荔枝嘆〉처럼 당시의 지배계층 인사들이 백성들의 고충에는 아랑곳하지 않고 오로지 임금의 총애만 구하면서 향락에 빠져 있는 현상을 직접 드러내 놓고 비판한 작품들도 있으며, 또 〈앙마가秧馬歌〉나 〈유박라향적사遊博羅香積寺〉처럼 백성들의 생활 환경을 개선해 주고 난 후의 기쁨을 표현한 작품들도 있다. 그는 생활 반경이 워낙 넓었기 때문에 시 작품 역시 자신이 가 보았던 여러 지역의 민심이나 풍속 습관 및 산수 풍경 등등 다양한 내용들을 두루 다루고 있으며, 경우에 따라서는 해남도海南島의 소수민족에 이르기까지 일반 백성들과 폭넓게 나누었던 친분 관계를 묘사하고 있기도 하다. 특히 산수 풍경을 묘사한 시들이 역대로 많은 사람들 입에 오르내리며 사랑을 받았는데, 대표적인 예로 〈음호상초청후우飮湖上初晴後雨〉 같은 작품은 서시西施라는 옛 미인에 비유하여 서호西湖의 아름다운 경치를 상징적으로 잘 묘사해 놓았다. 이처럼 그의 시는 표현 대상의 특징적인 면을 예리하게 포착하여 생동적인 언어로 정확하게 묘사해냄으로써, 작품을 읽으면 그 광경을 직접 눈으로 대하는 것처럼 실감이 나는 특징을 지니고 있다.

소식은 시를 통해 비유법을 교묘하게 운용하고 풍부한 연상 작용을 불러일으킴으로써, 작품을 통해 대상물을 효과적으로 부각시켜내는 탁월한 솜씨를 발휘하기도 하였다. 소식이 비유법을 잘 구사하였다는 점은 북송 말기 때부터 이미 문인들 사이에 정평이 나 있었다. 예를 들어 서호의 아름다움을 서시와 비교한다든지, 강물 위의 잔물결을 가죽 신발 위의 잔주름으로 비유한다든지, 구름에 가려진 저녁 노을을 잉어의 붉은 꼬리와 비교한다든지, 수시로 좌천을 당하는 자기 신세를 소가 끄는 연자방아에 비유하여 벼슬길의 불만을 토로한다든지, 그가 사용한 이런 여러 가지 비유들이 모두 묘사 대상과 흡사하게 들어맞는 매우 적절한 비유로 보여진다. 특히 〈백보홍百步洪〉이란 시는 소식이 비유법을 잘 구사한 전형적인 모델로 자주 거론되는 작품인데, 그 속에서 재빠르게 달아나는 토끼와 아래쪽으로 급히 날아가는 매 그리고 천길 벼랑을 뛰어내리는 준마 등등의 7가지 비유를 연이어 사용함으로써 백보홍의 빠른 물살을 아주 실감나게 묘사하고 있다. 그의 시에 발휘되어 있는 풍부한 연상 작용 역시 많은 사람들의 칭찬을 받아왔다. 〈유박라향적사〉 시를 보면 산 속의 시냇물과 보리 싹을 보고 곧 바로 수력으로 제분製粉하는 장면과 새하얀 밀가루 또 그 밀가루로 빚어서 쪄낸 만두 등을 차례대로 연상해 나감으로써, 백성들의 생활에 대한 자상한 관심을 운치 있게 표현해 놓았다. 그리고 〈유미당폭우有美堂暴雨〉에서도 쏟아지는 폭우를 보면서 당唐 현종玄宗과 이백李白 사이에 있었던 일화를 연상해냄으로써, 시적인 묘미를 한층 더해 놓고 있다. 곧 현종이 이백을 불러 시를 짓도록 요청하였는데 이백이 마침 술에 취해 있었기 때문에 샘물을 그 얼굴에 뿌려서 술을 깨게 하였다는 고사를 연상해 놓고, 내리는 폭우로 말미암아 그가 시를 짓고자 하는 충동을 느끼게 되었음을 나타내고 있다.

소식의 시 작품 중에는, 생동감 있는 경치 묘사나 감동적인 사상 표현과는 무관하게 이치 설명을 주된 취지로 삼고 있는 작품들도 상당 수 있다. 유명한 〈제서림벽題西林壁〉 시에서는 「여산의 참 모습을 제대로 알 수 없으니, 그 이유는 바로 이 몸이 이 산 속에 들어와 있기 때문이라네.」(不識廬山眞面目, 只緣身在此山中.)라고 하여, 어떤 일이나 사물이든지 객관적인 위치에 있는 제3자가 당사자보다도 오히려 그 진상을 더 똑똑하게 바라볼 수 있다는 평범한 진리를 독자들에게 일깨워주고 있다. 경치 묘사를 통해 참신한 철학적 이치 같은 것을 설파함으로써, 독자들로 하여금 깊은 사색에 잠기게 하는 명작으로 널리 알려져 있는 작품이다.

사詞의 발전 과정에 있어서도 소식은 매우 뚜렷한 공헌을 남긴 바 있다. 원래 문인들에 의해 창작된 사 작품들은 오대로 접어들면서 점점 더 제재의 범위가 협소해지고, 풍격도 부드럽고 연약한 경향을 띠게 되었다. 이욱이 망국의 한을 노래한 일부 작품들을 발표하긴 하였지만, 풍격은 여전히 슬프고 처량한 느낌을 주는 작품들 일색이었다. 그런데 소식에 이르러서 이러한 흐름은 완전히 뒤바뀌게 된다. 사 분야에 있어서의 그의 공헌은 주로 다음과 같은 세 가지 측면에서 설명될 수 있다. 첫째, 사의 제재를 확대시켰다는 점이다. 소식의 사 300여 수 중에는 〈강성자江城子 · 밀주에서 사냥을 떠나며(密州出獵)〉처럼 나라를 위해 큰 일을 하겠다는 원대한 포부를 나타낸 작품을 비롯하여, 〈염노교念奴嬌 · 적벽에서 옛일을 회상하며(赤壁懷古)〉처럼 자신의 포부가 실현되지 못하고 세월만 무상하게 흘러가는 데 대한 안타까움을 피력한 작품도 있으며, 〈완계사浣溪沙〉처럼 시골 풍경과 농촌 인물들을 묘사한 작품 등등 다양한 제재들이 두루 망라되어 있다. 결론적으로 말해 중국의 문인사文人詞는 소식에 의해 처음으로 시작되었으며, 그에 의해 서정抒情 · 언지言志 · 기사記事 등을 두루 포괄하는 새로운 운문 형식으로 완전히 자리잡게 되었던 것이다. 둘째로, 그의 사는 다양한 제재와의 밀접한 관련 하에서 이전 문인들의 유약柔弱하고 완곡婉曲한 풍격과는 판이하게 다른 웅장하고 호방한 기풍을 새롭게 개척하였다. 곧 〈강신자江神子〉(老夫聊發少年狂)와 〈염노교念奴嬌〉(大江東去) 같은 작품들을 보면, 주로 부녀자들의 정서나 실향민들의 향수를 노래부른 예전 작품들과 달리 매우 호방한 기풍을 잘 구축해 놓고 있다. 그의 이러한 작품 경향은 곧 중국의 사단詞壇에 호방사파豪放詞派라고 하는 새로운 하나의 유파가 출현하는 계기가 된다. 세 번째로, 그는 만당晩唐·오대五代 이래로 줄곧 이어져 온 전통적인 완약사풍婉約詞風에 상당한 변화를 가하기도 하였다. 그의 사 중에도 완약한 풍격의 작품들이 상당수 있기는 하지만, 이러한 작품들은 그 경향이 예전의 완약사와는 달리 작품이 풍기는 여인네들의 화장기 같은 것이 그다지 농후하지 않고 또 지나치게 경박스러운 기색도 찾아볼 수 없다. 곧 그의 완약사는 완곡하면서도 연약하다거나 가냘픈 느낌을 전혀 주지 않는다.

소식의 강직한 성품과 그의 다방면에 걸친 뛰어난 예술적 성과는 후세의 많은 작가들로부터 대단한 숭배를 받은 바 있다. 내용이 풍부한 그의 시문 작품들은 후세 작가들의 아낌없는 사랑을 받았고, 또 학습의 모델이 되기도 하였다. 그렇지만 한편으로 그의 허무주의적인 사상이나 과시적이고 즉흥적인 창작 태도 같은 것들은 후세 사람들에게 좋지 않은 영향을 끼친 것도 사실이다.

29 황정견黃庭堅과 강서시파江西詩派

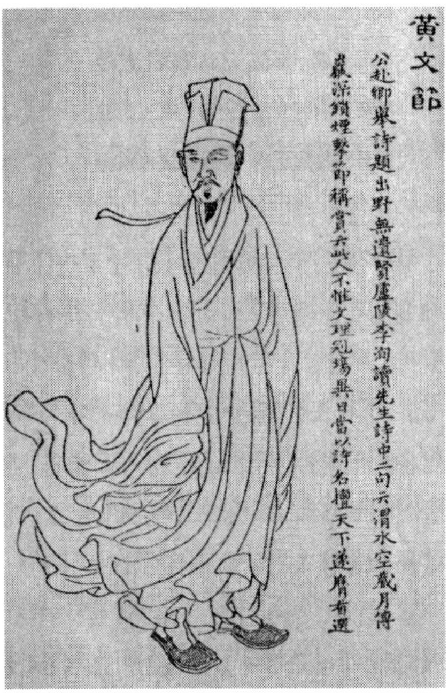

黃庭堅

황정견黃庭堅(1045~1105)은 자字가 노직魯直이고 호號가 산곡도인山谷道人이며, 오늘날의 강서江西 수수현修水縣 사람이다. 소식蘇軾에 버금갈 정도로 후대 문학에 커다란 영향을 끼쳤기 때문에, 송시를 논하는 후세 학자들 사이에 흔히 『소蘇·황黃』이라 병칭되어 왔다. 그렇지만 실제로는 그의 시 수준이 모든 면에서 소식의 시보다 많이 뒤떨어지며, 두 사람은 창작 노선이나 작품 풍격 등 여러 면에서 모두 현저한 차이를 드러내고 있다.

황정견은 두 가지 측면에서 후세 문단에 큰 영향을 끼쳤다. 우선 시론詩論 방면에서 시의 성격이나 작용 그리고 창작 비결 등에 대해 정확한 인식과 논술을 가함으로써, 전면적인 시론을 개진한 바 있다. 아울러 창작 면에서도 나름대로 독특한 시 경향을 구축하여, 강서시파江西詩派의 시조로 받들어졌다. 그는 시작詩作에 임할 때 자신의 학문과 정력을 온통 그 속에 쏟아 부어 매우 엄정한 태도로 표현을 다듬고 규율을 준수한 작품들을 창작해내었으며, 역대 시인들 중 두보와 한유의 시를 매우 좋아하여 그들 작품 중의 엄정한 시율詩律과 표현의 묘를 열심히 배우려고 하였다. 그의 시론의 핵심은 이른바 『점철성금點鐵成金』 곧 쇳덩이를 다루어서 금을 만들어내듯 옛 사람들의 시어나 표현을 교묘하게 개조하여 자기 나름대로 활용하는 식으로 시에 있어서의 외형적인 변화를 추구한 것이라고 할 수 있다. 그러한 전제 하에 그는 『환골탈태換骨奪胎』를 강조하여, 옛 작품 속의 뜻을 바꾸지 않은 채 표현만 새롭게 개조하거나 혹은 그 뜻을 본보기로 삼으면서 표현 역시 거의 그대로 수용하는 일종의 표절과 흡사한 작시 방식을 강력히 주장하였다. 아울러 그는 때때로 시율에 위배되고 평측平仄이 맞지 않는 이른바 『요체拗體』를 창작함으로써, 독특한 시적 효과를 추구하기도 하였다. 전체적으로 그의 시에는 정교하고 세련된 표현이 잘 살려져서 진부하다거나 속된 기색을 거의 찾아볼 수 없으며, 학문적인 소양을 바탕으로 한 사대부 시인의 이지적인 면모가 잘 나타나 있다.

『강서시파』란 말은 남송의 여본중呂本中(1119년 전후)이 〈강서시사종파도江西詩社宗派圖〉에서 황정견을 종주宗主로 내세우고 모두 25명의 시인을 거명한 데서 비롯되었다. 물론 이들 중 일부는 강서 사람이 아니고 또 그들의 시풍詩風이 모두 일치되는 것도 아니지만, 우두머리인 황정견이 강서 사람인데다 이들 모두가 황정견을 숭상하며 본받으려 하였기에 흔히 강서시파라고 불리게 되었던 것이다. 원대元代 문인 방회方回(1227~1306?)는 《영규율수瀛奎律髓》에서 강서시파 작가들이 모두 두보의 시를 본받으려 하였고 그들 중 황정견·진사도陳師道(1053~1101)·진여의陳與義(1090~1138) 등이 종사宗師 곧 우두머리 격이었기 때문에, 두보와 황정견·진사도·진여의 등을 각각 강서시파의 『일조삼종一祖三宗』이라고 지칭하였다.

진사도는 자字가 이상履常 혹은 무기無己이고 호號가 후산後山이며, 팽성彭城 사람이다. 일찍이 증공曾鞏으로부터 문장 능력을 높이 평가받았고, 훗날 소식의 추천을 받아 관계官界에 진출하였으나 벼슬길이 그다지 순탄하지 못하여 빈한한 일생을 보냈다. 황정견의 제자였지만, 황정견이 두보 시의 특이한 요체拗體 같은 것만 모방하였던 데 반해, 그는 두시杜詩의 정격正格을 올바로 배우려고 애썼으며 시의 규율을 제대로 지키면서 힘있고 빼어난 시를 많이 써내었다. 그래서 그의 율시는 스승인 황정견보다 더 훌륭하다는 평을 받기도 하였다.

진여의는 자字가 거비去非이고 호號가 간재簡齋이며, 낙양洛陽 사람이다. 그 역시 벼슬길이 별로 순탄하지 못하였으나, 만년에 들어 한림학사翰林學士를 거쳐 참지정사參知政事 등에까지 올랐다. 북송 멸망 후 강남江南 지역을 두루 돌아다니며 조국의 장래를 근심하고 시국을 한탄하는 내용의 뛰어난 작품들을 많이 발표하였다. 그는 황정견처럼 빼어나고 특이한 표현만을 추구하지 않고, 자연스러우면서 솔직한 개성적인 시를 써서 강서시파의 새로운 일면을 보여 주었다. 특히 만년에 남긴 비장한 감정 색채의 작품들이 매우 뛰어난 것으로 정평이 나 있다.

강서시파 시인들의 작품 경향은 남송南宋으로 넘어와서도 진여의를 거쳐 여본중呂本中(1119년 전후)·증기曾幾(1084~1166) 등을 비롯한 많은 시인들로부터 대단한 환영을 받으며 상당한 영향력을 행사하였다. 하지만 그들이 추구한 빼어나고 특이하면서도 억센 표현은 자칫 부자연스럽고 거칠어지기 쉬운 문제점을 내포하고 있었으며, 또한 그들 이론의 핵심이라 할 수 있는 환골·탈태법은 남의 작품을 그대로 베끼는 표절에 그치기 쉬운 한계를 지니고 있었다. 그래서 강서시파 시인들은 앞에서 거론한 몇몇 대가들을 제외하고는 대부분 적지 않은 폐단을 드러낼 수밖에 없었으며, 결국 주희朱熹(1130~1200)나 육유陸游(1125~1210) 등을 비롯한 많은 후세 문인들로부터 비판을 받기에 이르렀다. 그렇지만 중국시사中國詩史에 있어서 황금시대를 구가한 것이 당대唐代의 시가詩歌임은 두 말할 여지가 없다 하더라도, 송대의 일부 특출한 시인들도 당시의 그러한 기초 위에서 나름대로 새로운 세계를 성공적으로 잘 개척해낸 것으로 평가받기에 충분하다. 소식과 같은 대 문호는 물론이고, 황정견 역시 진부한 표현 방식을 탈피하여 특이하고 참신한 새로운 시의 경계境界를 개척하였던 것이다.

30
주방언周邦彦과 완약사婉約詞의 발전

주방언周邦彦(1056~1121)은 자字가 미성美成이고 호號가 청진거사淸眞居士이며, 오늘날의 절강浙江 항주杭州 사람이다. 그는 대표적인 송대 사詞 작가이면서, 완약사파婉約詞派 작가들 중 영향력이 가장 컸던 인물이다.

송초宋初의 사는 주로 오대五代의 작품 경향을 그대로 이어받아서 남녀간의 사랑이나 이별의 슬픔 등을 제재로 많이 채택하고 있으며, 풍격이 완곡하고 구성지며 사조詞調 역시 짧은 소령小令 곡조를 많이 사용하고 있다. 이러한 흐름은 후에 유영柳永(987?~1053)과 소식蘇軾이 출현하면서 큰 변화를 맞게 된다. 유영은 본격적으로 사 작품 창작에 전념하였던 북송 최초의 전문 사 작가이다. 그는 사의 발전 과정에 있어 대단히 큰 공헌을 남겼는데, 우선 장조長調 형식을 유행시킴으로써 사 형식의 일대 전환을 가져온 점이 획기적인 공로로 인정되고 있다. 뿐만 아니라 가볍고 아름답기만 하던 예전 사 작품들의 틀을 벗어나서, 도시 남녀들의 화려하고 음란한 생활상들을 포서鋪敍 수법을 활용하여 상세하게 묘사해내었다. 심지어 작품 속에 시정잡배들의 속된 말투들을 마구 사용하고 있으며, 남녀간의 저속한 관계도 거침없이 그려내고 있다. 그래서 그의 사는 사대부들로부터 저속하다는 비난을 많이 받기도 하였지만, 어쨌든 우물물을 마시는 곳이면 어디서나 그의 사가 노래 불렸을 정도로 그 당시에 이미 대대적인 유행을 하였다. 유영과 거의 비슷한 시기에 생존하였던 사 작가들로 안수晏殊(991~1055)·안기도晏幾道(1030~1106)·구양수歐陽修·장선張先(990~1078) 등 대가들이 있었지만, 이들의 작품은 대체로 제재 범위가 협소하고 작품 경향도 완약 일변도인 한계를 벗어나지 못하고 있다.

만당晩唐·오대五代로부터 소식 이전까지의 사단詞壇을 통틀어 한 가지 주목을 끄는 현상은 시·사를 함께 창작하였던 여러 작가들의 시와 사가 그 제재나 풍격 등 면에서 모두 확연히 다른 차이를 보이고 있는 점이다. 일반적으로 그들은 중대한 사회 문제나 정치적인 내용의 제재들은 모두 시를 이용하여 표현하였고, 남녀간의 사랑이나 이별의 슬픔 등과 관련된 경우에만 사를 통해 나타내고 있다. 단적인 예로 구양수처럼 그 당시 제일가는 문단 우두머리였던 인물 역시 시문혁신운동을 힘껏 주도하였으면서도, 사 분야에 있어서만은 기본적으로 여전히 이러한 한계를 벗어나지 못하였다. 「시는 웅장하고 사는 아리땁다.」고 하는 종래의 이러한 고정 관념은 소식에 이르러서야 비로소 바뀌기 시작하였다. 그는 종래의 여성적이고 감상적感傷的이기만 하던 사의 한계를 극복하고, 웅대雄大하면서도 풍부한 내용의 작품을 대량 발표함으로써 사도 시와 마찬가지로 어떤 사물이든 어떤 생각이든 모두 다룰 수 있는 것으로 인식을 완전히 뒤바꾸어 놓았다. 곧 이제까지 완약한 서정抒情만을 다루는 것으로 여겨졌던 사가 소식에 의해 호방豪放한 감정까지도 노래부를 수 있는 양식으로 탈바꿈되었던 것이다. 그래서 흔히 후세 문인들은 소식과 그 계열에 속하는 작가들을 『호방사파豪放詞派』라고 일컬어서, 그 이전의 작가들을 지칭하는 『완약사파婉約詞派』와 구별해 불렀다.

그렇지만 소식이 시도한 이러한 변화는 그 후 다른 북송 사 작가들에 의해 제대로 계승 발전되지 못하였고, 대다수의 문인들이 여전히 「시는 웅장하고 사는 아리땁다.」는 고정관념의 틀 속에 그대로 묶여 있었다. 그 당시에 이미 대단한 명성을 누렸고 후세 문단에도 상당한 영향을 끼쳤던 진관秦觀(1049~1100)의 사 작품 역시 완약사 일변도의 작품 노선을 그대로 답습하고 있다.

秦觀

이러한 완약사는 그 후 주방언이 나타나서 사조詞調를 비롯하여 내용과 표현 등을 전반적으로 정비하고 개선함으로써, 전면적이면서도 한 단계 더 높은 발전을 보게 되었다. 그는 음률에 매우 정통하여 전문적으로 음악을 정리하고 연구하는 직책을 맡아, 사율詞律에 잘 부합되는 작품들을 써내는 한편 새로운 사조도 많이 창작하였다. 그 외에도 그는 어휘 선택에 치중하면서 예전 문인들의 유명 시구들을 사에 적절히 도입해 넣음으로써, 정교하고 아름다우면서도 우아한 느낌을 주는 작품들을 남길 수 있었다. 뿐만 아니라 그의 사에는 회상·대비·상징·연상 및 상상 등 다양하고도 풍부한 표현 기법들이 운용되어 있어서, 동일한 제재를 택하고 있으면서도 전혀 다른 예술적 효과를 잘 살리고 있는 경우들이 허다하다. 또한 작품 구성 면에서도 그의 사는 아주 짜임새가 있고 질서정연하면서 변화까지 풍부한 장점을 지니고 있다. 그래서 그의 작품은 제재 면에서 예전 작가들과 마찬가지로 연애나 향수 등을 그대로 다루고 있지만, 뛰어난 예술적인 효과와 다양하면서도 배우기 쉬운 표현 기법들 때문에 후세 사 작가들의 추앙을 한 몸에 받았고, 또 음률과 구성 및 어휘 구사 등 모든 면에서 작품 창작의 모델로 받들어져 왔다. 그는 실로 『악부독보樂府獨步』 곧 사에 있어서의 제1인자라는 칭송을 받기에 전혀 손색이 없는 훌륭한 작가였으며, 많은 문학사가들이 말하는 것처럼 송사宋詞를 총집대성한 인물임에 분명하다.

주방언보다 약간 늦은 시기에 활동한 여류 문인 이청조李淸照(1084~1155?) 역시 남·북송 교체기의 뛰어난 완약파 사 작가였다. 그녀의 사는 진실되고 솔직한 필치로, 뛰어난 재능과 높은 이상을 지니고 있는 한 여인의 감정과 예술적인 정취 같은 것들을 잘 나타내었다. 그녀는 학자 집안 출신으로 본래 문학적인 자질을 타고났으며, 21세에는 태학생太學生 신분의 명문자제인 조명성趙明誠과 결혼하여 남편과 함께 학술과 문학을 논하며 원만한 가정 생활을 영위해 왔다. 그러나 금金나라의 침입을 받아 가정이 파괴되고 남편마저 병사하는 쓰라림을 맛본 그녀의 후반생은 그야말로 고독과 고난의 나날이었다. 그래서 그녀의 초기 사가 행복에 겨운 소녀의 동경과 낭만과 사랑의 노래였다고 한다면, 후기 사는 미칠

듯 괴롭고 쓰라린 슬픔의 노래였다.

이청조가 저술한 《사론詞論》은 아주 체계적으로 사에 대한 논의를 가하고 있는 최초의 전문적인 저술로서, 그녀의 사 작품 이상으로 주목을 받아왔다. 이 《사론》에서 그녀는 사가 시와는 다른 별개의 한 분야이므로 표현 방식이나 특성 등 면에서 응당 시와 엄격히 구별되어야 한다고 역설함으로써, 사 이론이나 사의 발전사發展史 측면에서 시와 사의 구분을 분명히 해 주었다. 그녀는 아울러 이러한 관점에서 출발하여 북송의 유영과 소식 등 16명의 작가들에 대해 나름대로의 비평을 가하였으며, 유독 주방언에 대해서만 구체적인 평가를 내리지 않았다. 그런데 시와 사가 반드시 독특한 예술적 특징과 표현 방식을 구현하여야 한다는 점은 나름대로의 설득력을 지니는 것으로 볼 수 있으나, 사가 시와는 다르다고 해서 그 제재나 내용 및 풍격 등을 제한하는 태도는 아무래도 단편적인 접근이라 하지 않을 수 없다. 안타깝게도 그녀의 실제 작품들을 살펴보면, 공교롭게도 자신의 주장과 일치되게 시와 사가 제재에서부터 풍격에 이르기까지 모두 엄격히 구분되어 있음을 알 수 있다. 만약 주방언의 사가 작품의 기교나 내용 면에서 완약사의 예술적인 조건들을 한층 더 완벽하게 충족시킨 것으로 인정한다면, 이청조의 《사론》은 이론적인 면에서 이러한 요구를 분명히 인식하고 시와 사의 구분을 명확히 해 주었다고 할 수 있다. 어쨌든 그들은 완약사의 발전 과정에 있어서 원동력 역할을 충분히 해내었던 거물급 작가들이었다.

31
남송 사대시인四大詩人

정치적으로 매우 혼란하고 대외적으로 아주 무력하였던 북송北宋 왕조는 1127년 금金나라 군대가 변경汴京 곧 오늘날의 하남성河南省 개봉시開封市를 침공해 들어와서 휘종徽宗·흠종欽宗 등 두 황제를 포로로 붙잡아 가면서, 드디어 그 역사의 막을 내리고 말았다. 같은 해에 휘종의 아홉째 아들인 조구趙構가 남쪽 임안臨安으로 도읍을 옮겨 고종高宗으로 즉위하면서, 남송南宋 시대가 시작되기에 이르렀다. 이러한 치욕적인 패주敗走를 체험한 남송의 일부 문인들은 강서시파 시인들이 시의 기교를 지나치게 추구한 데 대해 비판적인 입장을 드러내면서, 그 동안 조국이 당한 수치를 설욕하고 빼앗긴 중원中原 지역을 다시 되찾고자 하는 희망과 기개를 작품 속에 강렬하게 표명하였다. 흔히 『남송사대가南宋四大家』라고 일컬어지는 육유陸游(1125 ~1210)·범성대范成大(1126~1193)·양만리楊萬里(1127~1206)·우무尤袤(1127~1194) 등이 바로 그러한 시인들이다.

육유는 자字가 무관務觀이고 호號가 방옹放翁이며, 오늘날의 절강

浙江 소흥시紹興市 사람이다. 그는 시와 사 그리고 산문 등 여러 장르에 걸쳐 훌륭한 작품들을 많이 남겼으며, 특히 시 분야에 아주 뚜렷한 성과를 남겼다. 현재 전하고 있는 시 작품이 9,300여 수나 되어, 중국고대문학사를 통틀어 가장 많은 작품을 남긴 시인이기도 하다.

남송 초 시단에는 강서시파의 영향이 여전히 뿌리깊게 확산되어 있었으며, 그와 동시에 일부 시인들 사이에서는 새로운 격식의 작품을 통해 조국의 운명과 암울한 현실을 개탄하는 움직임이 일어났다. 강서시파의 삼종三宗으로 일컬어졌던 진여의와 강서시파의 주요 성원이었던 증기 등이 이미 강서파의 틀에 박힌 규율로부터 벗어나 새로운 풍격의 작품을 발표한 바 있다. 육유는 젊은 시절 증기로부터 시를 배우면서, 강서파의 시풍을 익히는 한편 애국주의적인 정서도 충분히 함양하였다. 훗날 그는 강서파 시인들이 시율과 형식적인 표현만을 중시하는 데 대해 강도 높은 비판을 가하고, 시란 반드시 현실 사회와 실생활이라는 비옥한 토양에 뿌리를 내리고 있어야만 한다는 주장을 내 놓았다.

육유의 시에 구현되어 있는 가장 두드러진 주제는 바로 나라의 장래에 대한 근심과 시국에 대한 한탄 및 백성들의 고충에 대한 동정 등이라 할 수 있다. 그는 조국을 열렬히 사랑한 대표적인 애국시인이었다. 그래서 붓을 들었다 하면 〈분한 심정을 적다(書憤)〉·〈포부를 적다(書志)〉나 〈아들에게 보이노라(示兒)〉같은 작품들에서처럼 잃어버린 국토를 되찾고자 하는 염원이나 죽어 귀신이 되어서도 조국을 짓밟은 오랑캐들을 무찌르고 그 원수를 반드시 갚고야 말겠다는 사무친 원한 등등을 간절하게 묘사하였다. 그리고 〈관산의 달(關山月)〉·〈용두수가龍頭水歌〉·〈가을밤 지샐 무렵(秋夜

將曉出籬門迎凉有感)〉 등에서처럼 굴욕적인 화의和議 정책을 주장하는 조정 내부의 나약하고 무능한 관료들을 소리 높여 질책하기도 하였으며, 〈한해가 저무는데(歲暮感懷)〉·〈추수의 노래(秋獲歌)〉·〈두 마리의 노루(兩獐)〉·〈농가의 탄식(農家歎)〉 등에서는 백성들을 수탈하는 탐관오리들의 잔혹상을 폭로하고 백성들의 고충에 대해 애절한 동정심을 나타내었다. 만년에는 고향에 은거하면서 농민들과 고락을 같이하며, 아름답고 한적한 시골 풍경과 농민들의 생활상을 생생하게 묘사해내기도 하였다.

육유는 각종 시체詩體에 두루 뛰어났지만, 특히 칠언율시에 탁월한 실력을 발휘하여 송대 칠언율시 작가 중 제1인자라는 평을 받기도 하였다. 그의 시의 가장 두드러진 특징은 소박하고 자연스러우며 쉽고도 세련된 시어를 구사하면서, 호방하고 의미심장한 내용을 다루고 있다는 점이다. 그는 목숨을 내걸고 나라의 운명과 호흡을 같이하였으며, 시에 있어서 두보의 사실주의적인 특징을 이어받아 작품에 그 당시의 사회상을 깊이 반영해 두었다. 그래서 어떤 비평가들은 두보와 마찬가지로 그의 시 역시 그 당시의 『시사詩史』라고 칭찬을 가하였다. 한편 그의 시는 굴원이나 이백의 낭만주의적인 색채도 짙게 깔고 있어서, 그 당시 사람들로부터 『작은 이백(小李白)』이라 불리기도 하였다. 〈술 취해 부르는 노래(醉歌)〉 같은 작품을 보면 그의 웅대한 기백이 그대로 나타나 있으며, 「십년 간 검술을 익혀 용맹을 뽐내나니, 다리 한 번 구르면 삼천 척을 솟구쳐 오른다네.」(十年學劍勇成癖, 騰身一上三千尺.)나 「오랑캐 물리치지 못해 심사가 못내 불편한데, 외로운 저 보검은 머리맡에서 쩌렁쩌렁 울고만 있구나.」(逆胡未滅心未平, 孤劍床頭鏗有聲.) 같은 대목을 보면 그의 자유분방하고 비장한 감정이 과장적인 수법과 어우러져 잘 표현되어 있다. 결론적으로 그의 시는 사상 내용 면에서나 표현 기교 등 모든 면에서 중국문학사 전체를 통틀어 나름대로 우뚝한 위치를 차지하고 있다 하겠다.

육유는 시 뿐만 아니라 사 창작에도 매우 뛰어났다. 시와 마찬가지로 시국時局을 염려하고 나라의 장래를 걱정하는 격앙된 감정 색채의 사 작품들 곧 〈소충정訴衷情〉·〈야유궁夜游宮〉·〈도원억고인桃源憶故人〉·〈추파미秋波媚〉 등을 남겼으며, 그 외에 산수를 유람하면서 활달한 어휘 구사를 통해 마음 속의 불만과 울분을 토로해낸 작품들도 많이 남겼다. 특히 〈채두봉釵頭鳳〉은 전처前妻를 그리워하는 애틋한 감정을 절실하게 표현하였고, 〈복산자卜算子·매화를 노래함(詠梅)〉은 작자의 고고孤高한 성품과 굳은 지조를 잘 나타내어 모두 널리 사랑 받아 온 작품들이다. 그의 산문 역시 정확하면서도 함축적인 표현을 통해, 애국적인 정서를 잘 나타낸 것으로 정평이 나 있다. 예전 인물들의 사적을 기록한 문장들이나 생활 주변의 일상사를 묘사한 문장들이나 모두 아주 간결하면서 생동감 넘치는 독특한 풍격을 지니고 있으며, 특히 그의 〈입촉기入蜀記〉는 신선하고 활기찬 필치로 조국 강산의 웅장한 아름다움과 촉나라 주변의 풍토風土 및 인정人情 등을 잘 묘사한 뛰어난 기행문으로 평가받고 있다.

범성대는 자字가 치능致能이고 호號가 석호거사石湖居士이며, 오늘날의 강소江蘇 소주시蘇州市 사람이다. 젊은 시절을 청빈한 생활로 보냈고, 30세 무렵이 되어 진사進士에 급제한 후 나라와 백성을 위해 훌륭한 일을 많이 하였으며, 40대 초반에는 금나라에 사신으로 파견되어 의연하게 대처하고 돌아와 그 평판이 자자하였다. 그 역시 대표적인 애국시인으로서, 농민들의 고충과 그들에 대한 지배계층의 잔혹한 수탈 등을 반영하고 농촌의 경치나 풍속 습관 등을 묘사한 향토색 짙은 작품들을 많이 발표하였다. 곧 〈세금 독촉(催租行)〉·〈세금 독촉 후편(後催租行)〉·〈전원에서의 사계절 감흥(四時田園雜興)〉·〈섣달 농촌의 노래(臘月村田樂府)〉 등이 좋은 예이다. 그리고 금나라에 사신으로 파견되어 갔을 때 지었던 72수의 절구絶句 시 역시 그 당시 금나라의 지배 하에 있던 북방 지역의 산천 풍경과 그곳 백성들의 비참한 생활상 및 통일에 대한 열망 등을 잘 나타낸 작품으로 주목받고 있다.

양만리는 자字가 정수廷秀이고 호號가 성재誠齋이며, 오늘날의 강서江西 길수吉水 사람이다. 작품 수준이 육유나 범성대에는 훨씬 못 미치지만, 유머러스한 수법과 참신하고 풍부한 상상력을 발휘하여 경치나 사물을 생생하게 묘사해냄으로써, 『성재체誠齋體』라고 일컬어지는 독특한 시의 세계를 구축하였다. 그는 특히 묘사하고자 하는 자연 경물景物의 특징적인 순간을 아주 잘 포착하였으며, 민요 학습을 통해 소탈한 묘사 수법이나 통속적인 구어체 표현을 익혀 시에다 활용함으로써 강서시파의 거칠고 딱딱한 한계를 벗어나 자연스럽고 생동적인 어휘를 잘 구사한 바 있다.

우무는 자字가 연지延之이고 호號가 수초거사遂初居士이며, 오늘날의 강소江蘇 무석無錫 사람이다. 시집詩集이 전하지 않고 남아 있는 작품 양도 별로 많지 않아, 문학적인 성과를 제대로 평가하기 어렵다. 다만 현재 전하고 있는 작품으로 미루어 보건대, 시의 내용이나 형식 모든 면에서 육유는 물론 범성대·양만리 등 시인에도 훨씬 못 미치는 정도에 불과하다.

32
송사宋詞의 거두 신기질辛棄疾

辛棄疾

신기질辛棄疾(1140~1207)은 자字가 유안幼安이고 호號가 가헌거사稼軒居士이며, 오늘날의 산동山東 제남濟南 사람이다. 그는 사 작품 창작을 통해 남송 애국주의 문학의 주역을 담당하면서, 남송 사의 새로운 경지를 개척하였다. 작품집 《가헌사稼軒詞》에 600여 수의 사가 수록되어 전하고 있는데, 작품 수 역시 송대 작가들 중 수위首位를 달리고 있을 뿐만 아니라, 작품 내용이 풍부하고 다양하며 예술적 기교 또한 매우 다채로워서 송사宋詞의 최고봉이란 칭찬을 받기에 조금도 손색이 없다 하겠다.

그는 금金 왕조가 수립되고 얼마 지나지 않아 제남에서 출생하였으며, 어릴 적부터 북방 지역 백성들이 전란의 와중에서 겪는 처참한 재난의 실상을 직접 목격한 바 있었다. 그러다 1161년에 제남 지역의 농민 출신인 경경耿京이 20만 명의 동지들을 규합하여 의

병대를 조직하자, 당시 21세였던 청년 신기질 역시 2,000여 명의 부하를 이끌고 의병대에 가담하여 서기書記 직책을 맡아보았다. 훗날 금 나라의 남침은 실패로 끝나고 말았으며, 신기질은 남송 왕조와 연합 전선을 구축하여 금을 격퇴시키자고 경경에게 건의하여 의병대의 사신 자격으로 건강建康 즉 오늘날의 남경南京으로 가서 남송 고종高宗을 알현하고, 산동 지역의 항금抗金 투쟁 상황을 보고한 다음 관직을 추인 받기에 이르렀다. 돌아오는 길에 반역자 장안국張安國이 경경을 살해하고 금나라에 투항하였다는 소식을 들은 신기질은 겨우 50명의 기병을 이끌고서 5만 병력이 지키는 장안국의 진영으로 쳐들어갔으며, 결국 장안국을 생포하고 만여 명의 봉기군을 인솔하여 남송으로 돌아갔다. 그렇지만 남송 왕조는 금으로부터 중원 지역을 되찾고자 하는 희망을 완전히 포기한 채, 오히려 굴욕적인 외교 관계를 맺음으로써 일시적인 무사안일을 추구하는 데에만 급급하였다. 이에 그는 빼앗긴 중원 지역을 되찾고 조국을 다시 통일시키자는 주장을 줄기차게 개진하였으며, 이러한 고집으로 말미암아 그는 결국 조정 인사들로부터 여러 차례 배척을 받고 벼슬에서 쫓겨나 강서江西 지역으로 가 은둔 생활을 하기도 하였다.

그의 사 작품은 내용 면에서 아주 다양하고 풍부한 주제 사상을 구현하고 있다. 그 중에서도 가장 중요한 주제는 역시 남북 분단을 안타까워하고 조국 통일을 부르짖었던 내용을 들 수 있다. 그는 언제나 이러한 염원과 이상의 바탕 위에서 잃어버린 북방 산천에 대한 그리움을 노래로 달래고, 금나라 오랑캐들의 말발굽 아래 신음하고 있는 북쪽 지역 백성들의 고통을 동정하였다. 그리고 항상 조국 통일을 목표로 삼아 용감하게 항금 구국救國 투쟁을 벌여나갈 것을 주장하였으며, 그 당시 조정 인사들이 대부분 개인의 무사안일만 도모하고 나라 잃은 슬픔이나 모욕감을 잊어버린 채 사치스런 생활에 빠져 부귀공명을 추구하는 데에 여념이 없는 한심스러운 작태를 맹렬하게 비판하였다. 〈파진자破陣子〉·〈하신랑賀新郎〉·〈자고천鷓鴣天〉·〈보살만菩薩蠻〉·〈수조가두水調歌頭〉·〈염노교念奴嬌〉·〈수룡음水龍吟〉 등 작품들이 모두 그의 우국충정을 잘 대변해 주고 있다.

그는 또한 조정 대신들의 배척을 받아 농촌으로 물러나와 은둔생활을 하면서, 세상을 외면한 채 술과 자연에 정을 붙이고 산수와 농촌 생활을 읊조린 사 작품도 많이 지었다. 시골 경치와 농촌의 풍습 그리고 농민들의 순박하고 부지런한 생활 태도 등이 〈서강월西江月·밤에 황사 길 가다가(夜行黃沙道中)〉나 〈청평락淸平樂·농촌에 살며(村居)〉 등 작품에 잘 묘사되어 있다.

신기질의 사는 소식 사의 호방한 풍격을 계승하고 남송 초기 애국시인들의 투쟁 정신도 이어받아, 주제 사상 면에서 사의 영역이 훨씬 확대된 느낌을 준다. 그는 사를 통해 서정抒情·의론議論·기사記事·묘사描寫 등을 두루 시도하였으며, 그러기 위해 시의 기법은 물론 산문과 사부辭賦의 표현 수법까지도 도입하여 사를 짓는데 활용하였다. 이렇게 함으로써 사의 어휘 구사와 표현 기법이 한층 더 풍부해졌으며, 아울러 사가 모든 일이나 모든 생각들을 다 다룰 수 있고 어떤 사상이나 어떤 감정들까지도 자유롭게 충분히 표현해낼 수 있는 새로운 운문 형식으로 완전히 자리를 잡기에 이르렀다. 또한 그는 본래 원대한 정치적 포부와 다양한 전투 경험을 지니고 있었기 때문에, 광활한 지역을 배경으로 한 의연한 전투 장면이나 강인한 성질을 지닌 사물들을 즐겨 묘사하였다. 뿐만 아니라 물가의 철새나

상 위의 술잔 또는 길 옆의 소나무 등에게 군령을 내리기도 하고, 방안에서 장기 두는 소리를 들으며 포위 당한 성안에서 돌파구를 여는 함성을 연상하는 등 기묘한 상상력과 과장 수법을 발휘하여 호방하고 낭만적인 작품 풍격을 잘 형성하였다. 그리고 그는 비유와 상징 수법을 많이 구사하였으며, 고사故事를 즐겨 사용하기도 하였다. 그는 주화파主和派 인사들의 끊임없는 견제와 배척을 받았기 때문에, 끓어오르는 불굴의 전투 정신 같은 것을 드러내 놓고 묘사할 수 없었으며, 자연히 은유적인 수법을 통해 간접적으로 표현할 수밖에 없었던 것으로 보인다. 그래서 그는 〈막어아摸魚兒〉에서처럼 남녀 간의 사랑으로 군신 관계를 상징하고, 과거 역사를 거론하여 어두운 현실을 개탄하며, 화초나 미인을 내세워 자신의 고상한 인품을 자부하는 등 간접적이고 완곡한 표현 수법을 많이 활용하였다.

물론 신기질의 사 중에도 사상적인 깊이가 얕은 소일거리 성격의 작품들이 상당수 있다. 그리고 표현 면에 있어서도 전고典故가 너무 많이 사용되어 있으며 지나치게 산문화되어 있고 의론 투의 서술이 너무 많기 때문에, 전체적으로 이해하기 어렵고 시적인 운치가 부족하다는 지적을 면키 어렵다. 그렇지만 그의 대부분의 사 작품들은 마치 당시 백성들에게 항금 구국 대열에 앞장서도록 하는 진군 나팔 소리처럼 많은 공감을 얻으면서 널리 퍼져 나갔고, 그 후 근대에 이르도록 내내 특히 민족적인 위기가 도래할 때마다 더욱 더 커다란 영향력을 행사해 왔다. 아무튼 신기질의 사는 육유의 시와 함께 남송 문학의 정수라는 평가를 받기에 충분하며, 동시대 문인들이나 후세 사 작가들이 그의 사를 열심히 본받게 되면서 『신파사인辛派詞人』이라 불리는 새로운 유파가 출현하는 계기가 되기도 하였다.

33
강기姜夔와 오문영吳文英 및 기타 사詞 작가

1141년에 남송이 금나라와 굴욕적인 화의를 맺으면서 장기간 이어져온 대립 국면이 소강 상태를 이루게 되고, 남부 지방 도시들은 일시적이나마 안정과 번영을 누릴 수 있었다. 당시 항주杭州는 북송의 변경汴京을 오히려 능가할 정도로 번화한 도시가 되었으며, 이처럼 번화한 도회지에서 사대부들은 다시 나라에 대한 걱정을 잊어버리고 잔치와 연회에 빠져 사치스런 생활을 일삼게 된다. 이러한 분위기에 편승하여 사 작품 역시 노래 가사로서의 기능이 되살아나 음률과 형식을 중시하는 쪽으로 경향이 바뀌어졌다. 이런 경향의 사 작가들을 흔히 『격률파格律派』 또는 『고전사파古典詞派』라고 일컫는데, 이는 주방언의 사풍詞風이 다시 부활된 것을 의미하기 때문이다. 그런데 이들은 지나치게 음률과 형식에만 얽매인 나머지, 자기의 개성이나 창의력을 제대로 발휘하지 못하는 폐단을 낳고 말았다. 그래서 북송 때 성행을 누렸던 사가 남송으로 넘어와 고도로 형식화한 끝에 결국 쇠퇴되고 말았으며, 그러한 책임은 거의 모두 격률파 작가들에게 있다고 해도 과언이 아니다.

이러한 격률파의 우두머리 역할을 한 사람이 바로 강기姜夔(1155?~1221?)이다. 그는 자字가 요장堯章이고 호號가 백석도인白石道人이며, 강서江西 파양鄱陽 사람이다. 평생 벼슬을 멀리한 채 시와 음악을 벗삼고 지내면서, 《백석도인가곡白石道人歌曲》이란 사집詞集을 남겼다. 사집 중에는 물론 그 당시 사회 현실에 대한 한탄을 다루고 있는 작품도 일부 섞여 있지만, 대부분이 남녀간의 이별의 슬픔이나 객지를 떠도는 나그네의 향수 같은 정서를 다룬 작품들이다. 그는 음악에 정통해서 직접 새로운 사패詞牌를 작곡하기도 하였으며, 항상 음률을 중시하고 한 구절 한 구절을 공들여 다듬어 멋진 표현을 살리려고 애썼다. 그 결과 시에서처럼 전고典故가 많이 사용되었고, 또 자연 경물景物을 읊조린 작품이 많아지게 되었다. 그리하여 남송 초기의 생동적이고 내용 위주이던 사가 그에 이르러 아름다운 문장과 음악을 위주로 한 전아典雅한 풍격의 사로 변화하였으며, 그가 사에서 구사하였던 음률과 문장은 형식 면에서 중국 사의 발전을 극점에까지 끌어올린 것으로 평가받고 있다. 〈암향暗香〉·〈영롱사범玲瓏四犯〉·〈장정원만長亭怨慢〉·〈염노교念奴嬌〉·〈제천락齊天樂〉·〈상월湘月〉·〈취루음翠樓吟〉 등이 모두 아담하고 우아한 환경을 설정하여 자신의 고적孤寂한 심경을 피력하고, 은유적이고 상징적인 수법으로 사물을 의인화시켜 나타낸다든지 억양이 풍부한 어휘들을 골라 씀으로써, 경물 묘사와 감정 토로를 절묘하게 결합시킨 그의 사의 독특한 특색을 잘 보여 주고 있다.

오문영吳文英(1200?~1260?)은 자字가 군특君特이고 호號가 몽창夢

窗이며, 오늘날의 절강浙江 영파시寧波市 사람이다. 그는 사란 반드시 음률을 지켜야만 하며, 그렇지 않으면 장단구長短句 시에 불과하다고 주장하였다. 그리고 어휘 구사가 점잖고 감정 표현이 완곡하게 이루어져야 한다고 주장하여, 사의 완약을 부르짖었던 이청조李淸照의 사론詞論을 수용 발전시킨 것으로 볼 수 있다. 그의 사 중에도 시국에 대한 한탄을 은유적으로 나타낸 작품들이 일부 있긴 하지만, 역시 남녀간의 사랑이나 개인적인 이별의 쓰라림을 묘사한 작품이 거의 대부분을 차지하고 있다. 그는 특히 중당中唐 시인 이하李賀와 만당 시인 이상은李商隱의 표현 수법과 어휘 구사 기교를 열심히 모방하여, 나름대로 아주 특이한 사의 세계를 구축하였다. 우선 그의 사는 작품 구성 면에서 짜임새가 그다지 정밀하지 않으면서도, 때로는 경치로부터 감정으로 때로는 감정으로부터 경치로 때로는 눈앞의 장면에서 과거 상황으로 시공時空의 한계를 종횡무진 마음대로 넘나드는 독특한 전개 방식을 자주 택하고 있다. 그리고 어휘 구사가 아주 정교하고 기발하며, 흔하게 쓰이지 않는 생소한 전고까지도 즐겨 사용하였다. 이러한 특징 때문에 그의 사는 의미가 애매모호하고 상당히 이해하기 어려운 결점을 드러내기도 하였다.

남송 왕조가 패망한 이후에는 왕기손王沂孫(1240?~1290?)이란 작가가 나와서 강기·오문영의 뒤를 이어 완약사 작품을 계속 발표하며, 사단詞壇에서 나름대로 큰 영향력을 행사하였다. 그는 영물사詠物詞 작품을 주로 많이 지었는데, 사물 묘사를 통해 간접적으로 망국의 슬픔을 표현하고 그 한을 달래는 방식을 많이 취하였다. 다만 그의 작품 역시 상당히 난해하고, 감정 표현도 그

다지 절실하지 못한 한계를 드러내고 있다. 주밀周密(1222~1308) 역시 정교한 영물사 작품들을 통해 망해 가는 조국에 대한 설움을 잘 나타내었다. 또 한 명의 비중 있는 사인詞人으로 장염張炎(1248~1320)을 들 수 있는데, 그는 남송 말엽의 대표적인 격률파 사인으로 군림하면서 《산중백운사山中白雲詞》라는 사집과 함께 《사원詞源》이란 전문 사론서를 남긴 것으로 유명하다. 이 《사원》은 사의 격식이나 규율 및 표현 기교 등을 상세히 분석 정리한 사학詞學 관련 전문 이론서로서, 후세 작가들의 사작詞作 지침서로 또는 사학 연구의 중요한 참고 자료로 활용되며 커다란 영향을 끼친 바 있다.

34

원호문元好問과 문천상文天祥

북방의 몽고족蒙古族은 1234년에 금金나라를 멸망시킨 후, 원元이라는 정식 국호를 사용하기 시작하였다. 그리고 1279년에는 남으로 밀고 내려가서 결국 송宋 왕조까지 멸망시키고, 중국 대륙을 완전히 장악하기에 이르렀다. 바로 이 시기를 전후하여 북쪽 금나라와 남쪽 송나라에 각각 중요한 시인들이 나타났으니, 그들이 바로 원호문元好問(1190~1257)과 문천상文天祥(1236~1282)이다.

원호문은 금나라의 유명한 시인으로 자字가 유지裕之이고 호號가 유산遺山이며, 오늘날의 산서山西 흔현忻縣 사람이다. 그가 생존하였을 당시에는 금과 남송 두 나라가 비교적 평화로운 관계를 유지하고 있었으며, 북방의 여러 민족들 사이에 활발한 문화 교류가 진행되었다. 특히 금나라의 세종世宗과 장종章宗 등 임금은 한족漢族 문화를 흡수하는 정책을 과감하게 추진하기도 하였다. 그래서 원호문은 금나라 통치 하의 북방에서 성장하였지만 어릴 때부터 착실하게 문화적인 소양을 쌓을 수 있었고, 전통 시詩·문文

에 대해 깊은 조예를 갖추게 되었다. 그의 시는 중국 고전시의 사실주의적 전통을 이어받아, 금말원초金末元初의 사회적 모순과 백성들의 고통스런 생활상 등을 잘 반영하고 있다. 1232년 이후 몽고족이 계속 남하하여 낙양洛陽과 변경汴京 등을 함락시켰고, 그 무렵 원호문은 몽고군에게 포로로 붙들려 요성聊省으로 압송되었다. 당시에 그는 시체가 길가에 즐비하게 늘려 있고 부녀자들이 약탈당하고 가옥은 마구 파괴되어 있는 차마 눈뜨고 볼 수 없는

文天祥

참혹한 광경을 직접 목격하였다. 이러한 현실 앞에서 몽고 세력에 대한 증오와 분노를 토로하고 또 백성들의 쓰라린 심경을 묘사하여, 〈안문산 가는 길에 본 바를 쓰다(雁門道中書所見)〉·〈아가씨 노래에 덧붙여(續小娘歌)〉·〈기양岐陽〉 등과 같은 감동적인 시편들을 남겼다. 전반적으로 금나라의 문학이 남송보다 훨씬 낮은 수준에 불과하였지만, 원호문만은 분명히 예외로 간주되어야 할 것이다. 그는 풍부한 생활 체험을 바탕으로 이백이나 두보의 우수한 시 전통을 계승하여 나름대로의 독자적인 시풍을 구축하였으며, 특히 7언율시에 아주 탁월한 역량을 발휘하였다. 시의 내용이 풍부하고 호방한 기상도 담겨 있으며 표현 기교 역시 상당히 세련되어 있어서, 금나라를 대표하는 문학가임은 말할 필요도 없고 중국문학사 전반全般을 통틀어 매우 비중 있는 문인으로 평가받아 왔다.

원호문이 지은 《시를 논한 절구 30수(論詩絶句三十首)》는 건안建安 연간 이후로 송대에 이르기까지의 시 작품들에 대해 체계적인 논술을 가하고 있는 역작이다. 원래 두보杜甫의 영향을 받아 짓게 되었다고 하는데, 나름대로 정확한 문학적 견지들을 많이 표명하고 있다. 특히 조씨曹氏 부자와 도연명陶淵明·이백李白·두보 등의 시를 높이 평가하였고, 반면에 서곤파西崑派와 강서시파江西詩派의 작품을 비판하였다. 그는 시가 자연스럽고 소박하게 표현되면서 깊은 의미를 반영하고 호방한 풍격을 갖추어야 한다고 주장하였으며, 그런 점에서 제齊·양梁의 형식주의적 시풍을 일소하였던 진자앙의 업적을 아주 높이 평가하기도 하였다.

그는 사詞에도 아주 뛰어났다. 소식과 신기질의 영향을 강하게 받아, 나라의 불행과 백성들의 재난에 대해 비분강개하는 심정을 표현한 호방한 풍격의 사를 많이 지어서, 역시 금나라 제일의 사 작가로 평판이 높다. 〈목란화만木蘭花慢〉·〈수룡음水龍吟〉·〈수조가두水調歌頭〉 등이 대표작이라 할 수 있다. 한편 〈막어아摸魚兒〉 같은 사는 기러기를 내세워 진지하고 숭고한 사랑을 예찬한 완약파 계통의 작품으로 역시 그의 대표작으로 꼽히고 있다.

문천상은 자字가 이선履善 또는 송서宋瑞이고 호號가 문산文山이며, 오늘날의 강서江西 길수吉水 사람이다. 그의 시는 덕우德祐 2년 곧 1276년을 경계로 작품 경향이 뚜렷한 차이를 보이고 있다. 그 이전의 작품들은 대체로 거칠면서 평담平淡한 경향을 다분히 띠고 있다. 1276년에 그는 남송 조정의 사신으로 파견되어 원나라와 회담을 진행하다가 그대로 억류되어 압송 당하던 중, 진강鎭江 부근에서 겨우 탈주하는 데 성공하여 온주溫州로 돌아가 서종瑞宗을 옹립하고 다시 원나라와의 결전의 의지를 불태웠다. 2년 후 원과의 전쟁에서 패하고 다시 포로로 붙잡혀 4년 동안 감금 생활을 하면서도, 갖은 위협과 핍박에 굴하지 않고 굳건히 버텨내다가 결국 살해 당하고 말았다. 후기의 작품들 속에서 그는 자신이 겪었던 전투 상황과 백성들이 원으로부터 당했던 피해의 실상을 기록하는 한편, 조국을 향한 굳은 절개와 숭고한 애국심을 아낌없이 표현해내었다. 《지남록指南錄》·《후지남록後指南錄》·《음소집吟嘯集》 등 시집에 수록된 작품들이 대부분 이러한 우국충정을 생생하게 표현하고 있어서, 독자들에게 진한 감동을 전해 준다. 〈정기가正氣歌〉·〈영정양을 지나며(過零丁洋)〉·〈금릉 역에서(金陵驛)〉·〈회수를 건너며(過淮)〉 등이 대표작이라 할 수 있다.

35
화본話本 소설

『화본話本』은 원래 『설화說話』라고 하는 기예를 연출하던 사람 곧 소리꾼들이 사용하였던 대본이다. 송대에는 여러 가지 형태의 설창說唱 문학 양식이 출현하였는데, 그 중에서도 화본은 민간인들 사이에 대대적으로 유행하면서 일종의 백화白話 단편소설 형식을 이루게 되었다.

설화의 기원은 송대보다 훨씬 오래 전으로 거슬러 올라간다. 돈황敦煌 석굴에서 발견된 자료들을 통해 볼 때, 당대唐代에 이미 화본이 존재하였음을 알 수 있다. 송대로 내려와서 이 설화가 더욱 더 발달을 보게 되어, 도시의 지정 공연 장소인 『와사瓦肆·瓦舍』에서 본격적으로 공연되기에 이르렀으며, 설화를 전문으로 연출하는 설화인說話人들의 전문 서클인 『서회書會』가 조직되기도 하였다. 송대에는 상업과 공업이 유례 없이 발전하면서 도시 서민들의 지위가 격상되었고, 자연히 서민들의 생활이나 사상 감정이 반영된 문학 예술 형태에 대한 수요가 급격히 늘어나게 되었다. 이러한 분위기를 타고 설화는 민간인들 사이에 급속히 확산될 수 있었다. 맹원로孟元老의 《동경몽화록東京夢華錄》에 의하면 어떤 와사들은 규모가 굉장히 커서 그 중에는 수천 명을 수용할 수 있는 와사도 있었을 정도이며, 남송 때에는 와사가 더 늘어나서 항주杭州에만 23군데나 되었다고 한다. 설화의 종류도 아주 분명하게 세분되어 있어서, 사회의 여러 가지 일이나 기괴한 이야기들을 다룬 『소설小說』과 불경을 비롯한 여러 경전이나 수도에 관련된 이야기들을 다룬 『강경講經』(『담경談經』이라고도 함)·역사적인 사건이나 옛 인물 주변의 이야기를 다룬 『강사講史』(『강사서講史書』라고도 함)·호악胡樂을 바탕으로 한 수수께끼 같은 형식의 놀이인 『합생合生』 등 네 종류가 있었다.

이들 네 가지 종류의 설화들 중 강경은 당대唐代 변문의 직계로서, 명明·청淸 시대의 『보권寶卷』이란 강창문학 양식으로 그 맥락이 이어진다. 그리고 합생은 설화와 가무歌舞를 합친 형태로, 훗날 원元 『잡극雜劇』으로 발전된다. 나머지 두 종류 곧 소설과 강사는 그 당시 민중들의 환영을 가장 많이 받았고, 또 이들을 전문으로 연출하는 설화인들이 가장 많았으며, 나중에는 궁중과 귀족 집안에까지 유입되어 성행하면서 대본 자체의 문학적인 성숙도나 세련미가 날로 더해져 갔다. 오늘날의 소설 장르와 가장 관련이 깊은 것 역시 이들 두 종류라 하겠는데, 현재 전하고 있는 송대 소설은 장편·단편을 막론하고 모두 이 두 종류의 화본에 속한다. 그 중 『소설』이란 화본은 서민들의 생활이나 민간 전설 등에서 소재를 취해온 짤막한 이야기로서, 훗날 단편소설로 발전하게 된다. 그리고 『강사』는 왕조의 흥망성쇠나 전쟁 및 주요 사건 등을 이야기로 엮은 작품들인데, 나중에 장편소설로 발전된다.

이들 중 단편인 소설류는 모두 다 줄거리가 선명하고 내용 전개도 복잡하며 심리 묘사도 실감나게 잘 이루어져 있어서, 작품의 우수성을 충분히 인정받고 있다. 또 순수한 백화체를 택하고 있는데, 그 백화문의 운용 정도 다시 말해 백화문 기교가 이미 성숙한 단계에까지 도달한 것으로 평가된다. 이에 반해 장편인 강사류는 주로 역사서에 근거를 두고 사서史書의 영향을 많이 받았기 때문에, 내용 면에서 전통 관념을 과감히 떨쳐버리지 못하고 백성들의 진보된 감정을 표현하는 데 한계를 드러낼 수밖에 없었으며, 또 등장 인물의 성격도 선명하게 부각되지 못한 점이 아쉬움으로 지적되고 있다. 이들은 대부분이 쉬운 문언문이나 또는 미숙한 백화문을 섞어 쓴 문장들로 기술되어 있는데, 문학적인 면에서 문장의 성숙도가 단편보다 훨씬 뒤떨어진다. 다만 이런 장편들이 내용이나 구성 등 모든 면에서 명·청대의 연의소설演義小說과 장회소설章回小說의 선구가 되었다는 점에서 퍽 중요시되고 있다.

송대의 단편 화본 작품들은 1915년에 발견된 《경본통속소설京本通俗小說》과 명나라 때 홍편洪楩이 편찬한 《청평산당화본清平山堂話本》 그리고 역시 명대의 문인인 풍몽룡馮夢龍이 편찬한 《유세명언喩世明言》·《경세통언警世通言》·《성세항언醒世恒言》 등에 여러 편이 약간씩 수정이 가해진 채로 수록되어 전하고 있다. 다루어진 내용은 상당히 다양하여서, 우선 〈연옥관음碾玉觀音〉·〈지성장주관志誠張主管〉·〈요번루다정주승선鬧樊樓多情周勝仙〉 등처럼 남녀간의 애정과 혼인을 주제로 한 작품들이 있고, 〈착참최녕錯斬崔寧〉·〈송사공대뇨금혼장宋四公大鬧禁魂張〉·〈왕신지일사구전가汪信之一死救全家〉·〈삼현

신포룡도단옥三現身包龍圖斷獄〉 등처럼 관료들을 주 대상으로 삼아 그들의 횡포와 무능함을 비판하거나 또는 모범 관료를 칭송하는 내용의 작품들이 있으며, 〈서산일굴귀西山一窟鬼〉·〈서호삼탑기西湖三塔記〉·〈가신선대뇨화광묘假神仙大鬧華光廟〉 등처럼 신선이나 귀신 또는 불교 관련 고사들을 다룬 작품들도 있다.

장편소설에 해당하는 강사는 정사正史에 의거해서 역사적인 인물이나 사건을 서술한 작품들로, 현재 《신편오대사평화新編五代史平話》·《대송선화유사大宋宣和遺事》·《대당삼장취경시화大唐三藏取經詩話》 등 3편이 전하고 있다. 이들 강사류는 대체로 내용이 부실하며 문장도 서툴고 구성도 엉성하여, 문학적인 면에서 그 가치가 단편보다 훨씬 못하다. 그렇지만 이들이 각각 《삼국연의三國演義》·《수호전水滸傳》·《서유기西遊記》 등 후세 소설들의 출현에 직·간접적으

《喩世明言》 삽화

로 지대한 영향을 끼쳤다는 점에서 상당히 주목을 끈다.

결론적으로 이 화본 소설들은 내용 면에서 일반 민중 즉 소상인이나 수공업에 종사하는 노동자들의 생활과 사상·감정을 잘 대변함으로써, 현실성과 사회성을 풍부히 갖추고 있다. 그래서 종래의 전통문학 양식들과 속문학俗文學 분야의 장르들을 통틀어 독자들에게 가장 친근감을 주는 양식으로 받아들여졌던 것이다. 또 언어 구사에 있어서 과감하게 구어체인 백화를 대대적으로 사용하였으며, 구성이 아주 치밀하게 짜여 있고 인물 묘사도 매우 생동감 있게 잘 이루어져 있어서, 속문학으로서의 진면목을 확실하게 구비하였다. 비록 강사의 경우 소설 화본에 비해 상대적으로 체제가 좀 산만하고 문어체 표현이 많이 섞여 있으며 인물의 성격 묘사도 비교적 단순하고 틀에 박힌 듯한 측면이 있긴 하지만, 그래도 나름대로의 독창성이나 문학사적인 의의는 충분히 확보하였던 것으로 인정된다. 이런 장점들 때문에 화본은 그 당시 민중들로부터 대대적인 환영을 받을 수 있었으며, 또 후세의 소설이나 희곡 분야에 여러 면에서 다양한 영향을 크게 끼칠 수 있었던 것이다.

36
원元 잡극雜劇

關漢卿

잡극雜劇은 완전한 형식을 갖춘 중국 최초의 희곡 양식이며, 원대元代의 여러 문학 장르들 중 가장 큰 성과를 거둔 분야이기도 하다. 본래 금나라 말엽부터 원대 초기 사이에 처음으로 출현하여, 원 왕조 전기前期인 지원至元(1279~1294) 및 대덕大德(1297~1307) 연간에 완전한 형태를 갖추고 대대적인 흥성을 누렸다. 현재 성명을 확인할 수 있는 잡극 작가가 대략 90명 정도이고, 각종 문헌들에 제목이 밝혀져 있는 작품이 700여 편이나 되며, 그 중 지금까지 제대로 보존되고 있는 작품만도 160여 편에 달한다.

중국의 전통 희곡은 일종의 종합예술이다. 그것은 춤과 노래와 잡기雜技 및 코미디 등 여러 요소가 혼합되어 이루어진 것으로, 창

唱과 설說 즉 노래와 대사가 한데 혼합된 형태의 공연물이었다. 고대古代 가무歌舞로부터 당대唐代의 가무희歌舞戲·골계희滑稽戲 등을 거쳐, 송대에는 남방의 남송과 북방의 금나라 양쪽에 모두 비교적 성숙된 희곡 형태인 남희南戲와 잡극雜劇이 각각 생겨나게 되었다. 원대로 넘어오면 이 희곡 분야 특히 잡극이라는 양식은 아주 신속한 발전과 성숙을 거듭하게 된다. 원대에는 도시 경제의 급속한 발전으로 오락에 대한 수요가 한층 더 높아졌고, 영토 확장과 교통 발달이 국내외적으로 음악을 비롯한 문화 전반의 교류를 더욱 촉진하여, 잡극과 같은 민간 속문학이 흥성할 수 있는 바탕이 마련되었다. 게다가 이 당시에는 수·당 이래로 계속 시행되어 왔던 과거제도가 폐지되고 교육 제도 역시 거의 파괴되었기 때문에, 진로가 불투명해진 대다수 지식인들이 주로 민간에 유입되어 민간 예술인들과 잦은 접촉을 나누면서 자신들의 문학적 소양을 민간의 수요에 맞춰 발휘하게 되었고, 이에 힘입어 잡극의 문학성이 훨씬 더 높아질 수 있었다.

잡극은 체제 면에서 보통 네 개의 절折 곧 4막으로 이루어져 있고, 이들이 각각 기起·승承·전轉·결結의 흐름으로 연결되어 있다. 그리고 대체로 극의 맨 앞에 설자楔子라고 불리는 한두 곡의 노래나 말을 삽입시켜서, 마치 서막序幕에서와 마찬가지로 작품의 줄거리를 개괄하거나 전체 배경을 설명하였다. 간혹 이 설자가 막의 중간에 붙어서, 앞뒤의 절을 서로 연결하는 구실을 하는 경우도 더러 있다. 한편 잡극은 중국 희곡의 3요소인 창唱·과科·백白 등이 적절히 배합되어 고사故事를 엮어내고 있다. 그 중 창은 노래 성분으로, 하나의 절 안에서는 한 궁조宮調에 속하는 여러 개의 소령小令으로 이 창 부분이 구성되었다. 과는 개介라고도 하는데, 연기자들의 동작이나 표정 및 무대 효과 등을 지정하는 대목으로 예를 들면 잔을 집어드는 동작을 지정한 『파잔과把盞科』나 바람 소리를 내는 무대 효과를 지정한 『내작기풍과內作起風科』 등이 있다. 그리고 백에는 일반적인 대사에 해당하는 빈백賓白과 등장 인물 두 사람이 주고받는 대사인 대백對白과 혼잣말인 독백獨白과 무대 위에 다른 배역이 있지만 자기는 다른 곳에 있는 것처럼 또는 상대가 자기 말을 듣지 못하는 것처럼 가정된 상태에서 혼자 말을 하는 방백旁白과 주연이 노래를 하는 도중에 몇 마디의 말을 삽입하는 대백帶白 등등과 같은 여러 종류가 있었다. 이들 3요소 중에서는 창이 가장 중요시되었는데, 한 절 안의 노래는 처음부터 끝까지 주인공 한 사람이 독창으로 진행하였으며, 남자 주인공이 독창하는 극본을 말본末本이라고 일컫고 여자 주인공이 독창하는 극본을 단본旦本이라고 불렀다. 백은 상대적으로 중요도가 낮고 부수적인 것으로 여겨져 『빈백』이라고 일컬어졌으며, 경우에 따라 생략되기도 하고 또 배우가 그 때 그 때 상황에 따라 마음대로 바꾸거나 늘이고 줄이고 하는 예가 많았다. 잡극의 배역 곧 각색脚色은 크게 남자 역인 말末과 여자 역인 단旦으로 나누어지며, 말에는 다시 남자 주인공인 정말正末을 비롯하여 남우 조연급인 부말副末·충말冲末 등이 더 있고, 단에도 여자 주인공인 정단正旦을 비롯하여 여우 조연급인 부단副旦·첩단貼旦 등이 더 있다. 그 외에 역시 남자 조연의 하나로 강직하고 사나운 역할을 주로 맡았던 정淨이란 배역과 어릿광대 역인 축丑이란 배역이 더 있었다. 이상의 말·단·정·축 등 4가지 배역을 4대 각색이라 하며, 이 외에도 『잡

雜』이라고 불리는 여러 배역들 예를 들면 벼슬아치 역인 고孤와 할멈 역인 복아卜兒·영감 역인 발로孛老 등등이 더 있었다. 그리고 잡극 작품의 마지막 부분에는 전체 내용을 요약한 제목과 극의 정식 명칭인 정명正名이 붙어 있는데, 이들은 대체로 8언으로 된 한두 구의 시詩·사詞로 이루어져 있다. 또 편의상 정명의 끝 부분 서너 글자를 따서 흔히 제목의 약칭으로 많이 불러 왔다.

내용 면에서 잡극은 그 당시 일반인들의 생활상이나 사상 감정 등을 잘 반영하고 있다. 잡극 작가들은 대부분 가난한 일반 지식인들로, 정치적으로 소외된 채 위축된 삶을 살았다. 그들은 대체로 벼슬을 하지 못했으며, 주로 극작가들의 모임인 서회書會에 가담하여 창작 활동을 하거나 또는 직접 분장을 하고 무대에 올라 연기도 하는 등 지극히 평범한 인생을 살았다. 그래서 그들은 직접 일반 대중들과 호흡을 같이 하면서, 작품을 통해 사회의 각계각층 인사들 형상이나 감정·생활 양상 등을 두루 잘 묘사해놓고 있으며, 그 중에서도 특히 도시 하층민을 비롯하여 농민 반란군의 우두머리나 어부·나무꾼·방랑자·기생·가난한 선비 등 이른바 보통 사람들의 생활상을 상세하게 다루고 있다. 그러면서 구태의연한 허례허식에 반대하고 봉건통치자들의 탈법 사례나 인명 경시 풍조 등을 풍자함으로써, 봉건사회의 모순점을 예리하게 고발하고 있는 점에서 풍부한 사상성까지도 같이 겸비한 것으로 인정받고 있다.

원대 잡극의 작품 경향은 대체로 원나라가 남송을 멸망시키고 완전한 통일을 이룩하였던 1279년을 경계로 해서 현저한 차이를 보이고 있다. 전기前期에는 몽고족의 주요 활동 무대가 대륙 북방에 한정되어 있었기 때문에, 잡극 작품 역시 북방적인 기질과 민간 음악으로서의 특징 같은 것들을 고스란히 잘 보존하고 있었다. 그래서 작품들마다 질박하고 솔직하며 활발한 기풍을 간직하고 있으며, 또 백화체 표현도 자연스럽게 활용하고 있다. 작가들은 거의 모두가 대도大都를 중심으로 한 북방인들이었으며, 대표 작가로 관한경關漢卿(1241?~1307?)·왕실보王實甫(1234년 전후)·백박白樸(1226~1306?)·마치원馬致遠(1250?~1324?) 등을 들 수 있다. 후기後期 곧 원의 통일 이후에는 몽고족의 세력권이 남쪽으로까지 확장됨에 따라, 잡극의 중심지도 자연히 남방으로 옮겨오게 된다. 이리하여 항주杭州를 중심으로 한 남방에서 성행을 누리며 주로 남방 사람들 손에 의해 창작 상연되게 되자, 차츰차츰 북방적인 기질을 잃고 화려한 수식을 추구하는 경향을 드러내게 되었다. 이 시기의 작품 수준은 전기 때보다 훨씬 뒤떨어지며, 대표적인 작가로 정광조鄭光祖(1294년 전후)와 교길喬吉(1280~1345) 등이 활동하였다.

전기 작가들 중 작품 양이나 작품 수준 등 모든 면에서 가장 우뚝한 위치를 차지하고 있는 사람이 바로 관한경이다. 그는 시와 문장에 두루 뛰어났을 뿐만 아니라, 음악에도 정통하여 악기 연주나 노래에 대단한 솜씨를 발휘하였으며, 그 외 춤을 비롯한 모든 분야의 예능에 두루 뛰어났다고 한다. 『옥경서회玉京書會』라는 극작가 서클에 가담하여 열심히 잡극 창작에 임했는데, 다른 작가들과 달리 극본 창작에만 그치지 않고 직접 작품 연출을 맡기도 하였으며, 심지어 배우로 무대 위에 올라가 직접 연기를 펼쳐 보이기도 하였다. 이러한 경력 때문인지 그의 작품에는 구성 면에서 무대 공연을 염두에 둔 여러 가지 효과들이 충분히 잘 살려져 있다. 또 전체적으로 생동적인 구어체 표현을 많이 사용하는 가운데 간혹 민간 문학이나 고전들 속의 어휘도 적절히 섞어 씀으로써, 현장감이 있고 자연스러운 느낌을 준다. 그는 평생을 기원妓院과 극장劇場에서 보내며, 많은 양의 작품을 창작하였다. 그렇지만 애석하게도 그의 출생 시기나 사망 연도는 물론 생애에 관한 자세한 내용들이 제대로 알려져 있지 않으며, 작품들도 그가 지은 것으로 알려진 극본 66편 중에서 12편만 온전한 상태로 보존되어 있고 부분적으로 누락 훼손되어 전하는 것이 5편 있으며, 나머지는 모두 없어져버렸다. 제재가 매우 다양하다는 점이 가장 주목을 끄는데, 대표작으로 꼽히는 《두아원竇娥寃》·《호접몽蝴蝶夢》·《구풍진救風塵》·《망강정望江亭》·《배월정拜月亭》·《사천향謝天香》·《단도회單刀會》 등 작품들이 모두 관리나 부호富豪들의 전횡과 타락, 사회 제도의 모순, 하층 부녀자들의 고난과 반봉건 정신 등 다양한 주제를 생동감 있게 잘 그려놓고 있다.

왕실보 역시 아주 뛰어난 잡극 작가로, 작품 성과나 행사한 영향력 등 여러 면에서 관한경에 전혀 뒤지지 않는 우수 극작가였다. 14편의 극본을 지은 것으로 알려져 있지만, 현존하는 것은 3편뿐이고 일부분만 남아 있는 작품이 2편 더 있는 정도이다. 그의 작품은 관한경의 것과는 대조적으로 현실감이나 사회성이 부족한 반면에, 묘사가 아주 치밀하고 아름다운 특징을 보이고 있다. 대표작 《서상기西廂記》는 1본本 4절折이라는 원 잡극의 일반적인 체제를 따르지 않고 특이하게 5본本 21절折로 이루어진 원대 유일의 장편 잡극이면서, 현존 잡극 중 가장 뛰어난 불후의 명작으로 손꼽히고 있다. 당唐 원진元稹의 전기 소설 《앵앵전鶯鶯傳》에 나오는 장생張生과 앵앵鶯鶯 사이의 사랑을 다루고 있는데, 봉건 예교禮敎 사상에 반대하는 주제 의식이 아주 선명하게 잘 부각되어 있다. 또한 짜임새 있는 구성과 반복되는 긴장 속에 전개되는 극적인 갈등 같은 것들이 등장 인물들의 섬세한 심리 묘사와 잘 어우러져 있어서, 천하 제일의 극본이라는 예찬을 받기에 충분한 작품이다. 특히 두 주인공의 애절한 사랑을 노래한 곡사曲辭 부분이 서정시처럼 아름답고 짜임새 있게 잘 엮어져서 진한 감동을 전해주며, 등장 인물들 간의 대사 부분 역시 훌륭하게 잘 구사되어 있어서 마치 인물들이 살아 움직이는 듯한 느낌을 줄 정도이다. 그래서 《서상기》는 역대로 많은 독자층을 형성하여 중국인들 사이에 사대기서四大奇書 못지 않게 널리 읽혀 왔을 뿐만 아니라, 천하의 명문名文으로 칭송되면서 중국에서 가장 유명한 사랑 이야기로 두고두고 전해져 왔다.

백박은 관한경과 같이 『옥경서회玉京書會』에 참가하여 함께 작품 활동을 한 작가로, 모두 16편의 잡극을 지었다고 알려져 있지만 현존하는 것은 《장두마상牆頭馬上》과 《오동우梧桐雨》 및 《동장기東牆記》 등 3편 뿐이다. 그 중 《장두마상》은 한 쌍의 청춘 남녀 사이에 벌어지는 파란만장한 사랑 이야기를 그리고 있는데, 독자들에게 진한 감동을 안겨줄 뿐만 아니라 극적인 구성도 아주 탄탄하여 백박의 대표작으로 전혀 손색이 없는 작품이다. 《오동우》는 당 현종玄宗과 양귀비楊貴妃의 사랑을 주제로 한 작품으로, 문장이 아름답고 구성이 잘 짜여져 있어서 옛날부터 마치원의 《한궁추漢宮秋》란 작품과 함께 원 잡극의 대표작으로 평가받아 왔다. 특히 곡사

부분이 매우 아름답게 구사되어 있어서, 마치 주옥 같이 아름다운 서정시 작품들을 그대로 옮겨다 놓은 것 같은 착각을 갖게 할 정도이다.

마치원은 17편의 극본을 남겼다고 하는데, 그 중 7편만 제대로 보존되고 있으며 부분적으로 남아 있는 것이 1편 더 있다. 그는 실의에 잠겨 현실을 외면하려 했던 지식인의 한 사람으로서, 작품을 통해 주로 신선神仙에 관한 내용을 많이 다루면서 귀족적인 취향을 잘 살려내었다. 원 잡극 중의 최고 걸작으로 평가되는 《한궁추漢宮秋》가 바로 그의 대표작인데, 이 극본은 한漢 원제元帝의 총애를 받던 궁녀 왕소군王昭君이 나라를 위해 자원하여 흉노족匈奴族에게 시집갔던 사실을 그려내고 있다. 왕소군의 애국심과 원제의 왕소군에 대한 사랑을 잘 묘사하였고, 간신배들의 매국적인 행위와 조정의 부패 실상을 여실히 파헤쳐 놓음으로써, 과거 역사의 재조명을 통해 당시 현실을 적절히 풍자하였다. 곡사가 매우 전아典雅하고 아름다우며 대사 부분도 상당히 세련된 문투로 기술되어 있어서, 대중을 위한 연극 대본이라기보다는 사대부들의 읽는 희곡으로서의 성격을 강하게 띠고 있는 작품이다.

1279년 원元의 대륙 통일 이후 잡극의 주요 무대가 남방으로 옮겨지면서, 잡극 고유의 북방적인 기질이나 성격이 남방 풍토와 맞지 않아 잡극은 차츰 쇠퇴 국면을 맞게 된다. 그런 중에도 후기의 대표 작가라 할 수 있는 정광조와 교길 등은 원래 북방 출신이었기 때문에, 남방에서 작품 활동을 하면서도 나름대로 훌륭한 작품들을 써낼 수 있었다. 정광조는 원대 후기의 잡극 작가 중 가장 대표적인 인물로, 관한경·백박·마치원 등과 함께 『원곡4대가元曲

四大家』라 일컬어져 왔다. 주로 역사극이나 연애극을 많이 썼으며, 그 당시 배우나 관객들로부터 가장 환영받는 극작가였다고 한다. 모두 18편의 극본을 남겼다고 하는데, 그 중 현존하는 것은 《천녀이혼倩女離魂》을 비롯한 8편 뿐이다. 대표작인 《천녀이혼》은 당대唐代 전기 소설 《이혼기離魂記》에 근거하여 개작한 작품으로, 후기 잡극의 정수라는 평을 받고 있다. 왕문거王文擧와 장천녀張倩女의 숭고한 사랑과 이들이 봉건 예교 사상의 험한 파도를 헤쳐나가는 과정을 그리고 있는데, 전체적으로 전아典雅하고 화려한 문체로 주인공들의 심리를 생생하게 잘 묘사한 다분히 서정적인 색채를 띠고 있는 걸작이다. 다만 현실적인 감각이 너무 결여되어 있다는 지적을 받아 왔다.

37
원元 산곡散曲

산곡散曲은 사詞를 이어서 새로 생겨난 시가詩歌 곧 운문의 일종이다. 원대元代에 발생해서 원대에 성행하였으므로 흔히 『원곡元曲』이라고 부른다. 그런데 이 『원곡』이라는 용어는 엄밀히 따져볼 때 성격이 전혀 다른 두 가지의 문학 장르를 다 포괄하고 있다. 그 중 하나가 바로 여기서 다루고자 하는 산곡이며, 나머지 하나는 바로 극곡劇曲 곧 앞에서 이미 설명한 잡극이다. 이들 두 가지 장르를 합쳐 『원곡』이라고 통칭하는 이유는 둘 다 원대에 주로 성행하였으며 똑같이 북곡北曲을 채용하고 있기 때문이다. 다시 말해 잡극의 창唱 부분은 바로 같은 궁조宮調에 속하는 여러 편의 산곡 작품들로 엮어진다고 할 수 있다. 곧 원곡 중에서 시가詩歌 형식으로 쓰여진 것이 바로 散曲이며, 창곡唱曲과 동작·대화로 이루어져 희곡 대본 형태를 갖춘 것을 극곡劇曲 즉 잡극이라고 부르는 것이다.

남송 후기로 접어들면서 사詞는 격률을 지나치게 따지며 고도로 형식화 귀족화한 나머지, 민간 가요라고 하는 본래의 성격을 상실하고 대중들로부터 외면 당하게 되었을 뿐만 아니라, 문인들조차도 더 이상 자신들의 창의력이나 개성을 살려 자연스럽게 작품을 써내기가 극히 어려운 지경이 되고 말았다. 이러한 상황에서 새로운 시가 형식의 출현이 요구되었으며, 그런 기대에 부응하여 대두된 것이 바로 산곡이었다. 원래 송대에는 민간 예술이 극성을 누리면서 여러 가지 강창講唱 형식과 무곡舞曲들이 유행하였는데, 여기에 사용된 노래들은 대부분 민간 가요 성격을 띤 것들이었다. 그리고 몽고족의 남침과 함께 몽고 음악이 대량으로 유입되어 민중 속으로 파고들면서, 결국 두 종류의 음악이 서로 혼합되어 새로운 형태의 음악이 생겨나게 되었다. 이 새로운 형태의 음악은 자연히 새로운 형태의 가사를 필요로 하게 되었고, 이러한 수요에 맞추어 산곡이 새로 생겨났던 것이다. 산곡은 사의 변형이므로 흔히 『사여詞餘』라고 일컫기도 하며, 음악의 반주 하에 노래부를 수 있는 운문이란 점에서 흔히 『악부樂府』라고 부르기도 한다. 또 대사(白)나 동작(科) 등이 없이 단지 노래만으로 구성되기 때문에, 『청곡淸曲』이라고 부르기도 한다.

산곡은 사를 계승한 운문 양식이기 때문에, 형식이나 소재 등 여러 면에서 사와 유사한 점이 많다. 그러면서도 곡은 사와 여러 면에서 뚜렷한 차이점을 보이고 있기도 하다. 우선 사에 사패詞牌와 사조詞調가 있듯이, 곡에도 곡패曲牌나 곡조曲調가 있다. 그런데 곡패 중에는 사패와 명칭 및 형식이 일치하는 것들도 더러 있지만 절대다수가 사패와는 전혀 다른 고유한 것들이며, 설령 사패와 명칭이 같다 하더라도 그 형식이 완전히 다른 경우도 있다. 또 곡과 사가 모두 구절의 장단이 일정하지 않지만, 곡은 사보다 더욱 변화가 심하고 자유롭다. 예를 들어 곡은 한 구가 짧게는 한두 글자로부터 길게는 수십 글자나 되는 구도 있다. 그리고 츤자襯字를 사용하여 작자가 자기 의도에 맞게 형식을 자유로이 변화시킬 수도 있었다. 이 츤자는 곡률曲律에 규정되어 있는 자수字數 이외에 임의로 더 첨가한 글자로서, 보통 구절의 앞이나 중간에 삽입되었다. 평측平仄의 제한을 받지 않고, 수량도 무한정으로 자유롭게 구사할 수 있었다. 이 츤자는 원곡의 문학성과 사회성을 확대 내지는 심화시켜 준 아주 중요한 요소 중의 하나인데, 산곡 중에서는 소령小令보다 투수套數에 더 많이 활용되었고, 잡극에서는 산곡에 쓰인 것보다 훨씬 더 많이 운용되었다. 또 곡은 압운 면에서 사보다 훨씬 간단하고 자유로운 면을 보이고 있다. 곧 평성平聲과 측성仄聲 글자를 통압通押하는 것이 가능하였을 뿐만 아니라, 한 작품에서 동일한 운자韻字를 중복 사용하는 중운重韻도 허용되었다. 이처럼 곡은 조구造句 면에서의 자유로운 변화와 운율상의 융통성을 허용함으로써, 시나 사보다 훨씬 더 강한 구어문학적口語文學的 성격을 띠게 되었다. 한편 곡은 사에 비해 매우 통속적이고 대중적인 경향을 띠고 있으며, 제재도 생활 주변의 모든 일이나 갖가지 감정들을 두루 다 취하고 있다. 결론적으로 곡은 형식 면에서나 내용 면에서나 사보다 훨씬 자유로워졌다고 할 수 있으며, 중국의 여러 운문 양식들 중에서 가장 자유로운 형태이고 가장 변화가 다양해서 아주 신선한 느낌을 주는 형식이라 할 수 있다.

산곡은 크게 소령小令과 투수套數 두 가지 체재로 나누어진다. 소령은 길이가 짧으며 표현 방식도 통속적이고 부드러운 곡으로,

당·오대의 소사小詞와 흡사하다. 소령의 유행에 뒤이어 보다 많은 내용을 담아 노래부르고자 하는 취지에서 두세 곡의 소령을 연이어 짜 맞춘 대과곡帶過曲이란 형식이 생겨났다. 그리고 한 걸음 더 나아가 같은 궁조宮調에 속하는 여러 개의 소령을 모아 한 조組의 대곡大曲을 이루어 훨씬 더 복잡한 내용을 다루기에 이르렀는데, 투수라고 불리는 이 장편 시가는 짧게는 서너 곡으로부터 긴 것은 34곡으로 이루어진 것도 있다. 길이가 길기 때문에, 포서적鋪敍的인 방식을 많이 사용하여 복잡한 내용이나 고사故事를 효과적으로 묘사하였다. 처음부터 끝까지 매 구절마다 동일한 운으로 압운을 하였고, 끝 부분에는 반드시 미성尾聲이라고 불리는 한 구절을 붙여서 곡이 끝났음을 표시해 주었다.

산곡의 작가들은 주권朱權의 《태화정음보太和正音譜》에 227명이 제시되어 있는데, 실제로는 이보다 훨씬 더 많은 작가들이 활약하였을 것으로 추측된다. 그리고 산곡 역시 잡극과 마찬가지로 원나라가 송을 멸망시키고 완전한 통일을 이룩하였던 1279년을 경계로 해서 전기와 후기로 나누어 살펴볼 수 있다.

전기의 작품들은 대개 북방적인 기질과 민간 음악적인 특징을 잘 간직하고 있으며, 후기의 작품들처럼 일부러 깎고 다듬은 흔적이 없이 대체로 질박하고 솔직하면서 활발한 느낌을 준다. 이 시기의 작가들은 거의 모두가 대도大都를 중심으로 한 북방인들이었고, 그 중 대표적인 작가로 관한경과 백박 그리고 마치원 등을 들 수 있다. 관한경은 잡극 분야의 제1인자로 정평이 나 있는 인물이지만, 산곡의 경우 잡극과는 판이하게 다른 경향을 보여 아주 섬세하고 소극적인 서정 위주의 작품을 주로 남겼고, 그래서 사회성이 결여되어 있다는 지적을 받는다. 다만 자연스러운 표현 방식과 통속적인 언어 구사 그리고 다양한 제재 선택 등 면에서 다른 작가들을 훨씬 능가하였다. 그의 작품으로는 현재 소령 57수와 투수 14편이 전하고 있다. 백박은 생존 당시에 《천뢰집天籟集》이라는 산곡집을 편찬하였다고 하는데 대부분 실전되었고, 현존 작품으로는 후대에 편찬된 《천뢰집척유天籟集摭遺》에 소령 33수와 투수 4편이 수록되어 전하고 있다. 그는 일찍이 금나라 문인 원호문의 문하에서 공부를 하였으며, 원대 곡 작가들 중 학식이 가장 높았다고 한다. 남녀간의 사랑이나 이별을 다룬 작품이 많으며, 그 외에 풍경을 묘사하거나 명리名利에 초연해지려는 탈속적脫俗的인 사상을 다룬 훌륭한 작품들도 상당수 남겼다. 마치원은 원대 산곡의 제1인자라고 일컬어지는 대표적인 산곡 작가이다. 임중민任仲敏이 편찬한 《동리악부東籬樂府》에 그의 소령 104수와 투수 17편이 수록되어 전하므로, 작품 양에 있어서도 전기 작가들 중 으뜸이라 할 수 있다. 작품의 제재가 매우 다양하고 의경意境이 풍부할 뿐만 아니라 표현 수법 역시 자연스러운 맛을 잘 살리고 있어서, 당시唐詩에 있어서의 이백李白이나 송사宋詞에 있어서의 소식蘇軾과 비견될 만하다는 평가를 받기도 한다.

후기로 내려오면 시문의 대가이자 고관대작이기도 했던 여러 인물들이 산곡을 짓기 시작하면서, 격률과 조탁 및 대우對偶 등을 중시하는 형식주의적 경향이 짙어지게 된다. 이 시기에는 곡의 중심 무대가 북방에서 남방으로 옮겨졌고, 작가들도 대부분 남방 사람들이었다. 이들에 의해 차츰차츰 더 다듬어지고 세련미를 더해 온 산곡은 원 말기로 내려오면서 결국 고도로 형식화한 끝에, 아름답기는 하지만 생기가 전혀 없고 극히 부자연스러운 한계를 드러내고야 말았다. 후기의 대표적인 작가로는 장양호張養浩(1269~1329)와 교길 그리고 장가구張可久(1317년 전후) 등을 들 수 있다. 그 중 장양호는 원곡 작가로서는 아주 특이하게 예부상서禮部尙書 벼슬을 지냈던 고위 관료 출신 문인이다. 소령 110여 수와 투수 2편이 전하고 있는데, 마치원과 마찬가지로 전원 생활의 한적함을 주로 다루고 있으며, 백성들의 고충이나 현실에 대한 불만 내지는 관료 생활의 무미건조함을 묘사한 작품들도 상당수 남겼다. 장가구는 원대 산곡 작가들 중 가장 많은 작품을 창작한 사람으로, 《소산악부小山樂府》에 소령 751수와 투수 7편이 전하고 있다. 그는 특이하게 잡극을 한 편도 짓지 않고 오직 산곡 창작에만 전념하여 원대 후기 산곡의 최고봉이란 칭호를 얻었는데, 자연 풍경을 묘사한 작품이 비교적 많고 그 외에 송별이나 남녀간의 사랑을 비롯하여 화답和答·회고懷古·설리說理·영물詠物 등 다양한 주제의 작품을 두루 발표하였다. 자구字句의 조탁이나 대우對偶 및 성률聲律 등에 지나치게 집착하여, 산곡 고유의 자연스러움이나 질박한 속성을 많이 훼손시켰다는 지적을 받는다.

38
남희南戱

남희南戱는 남곡희문南曲戱文의 준말로서, 흔히 희문戱文이라고도 일컫는다. 원 잡극이 음악 면에서 북곡北曲을 사용한 데 반하여, 남희는 남곡을 택하고 있기 때문에 이렇게 불려 왔던 것이다. 중국은 남방과 북방이 커다란 기후 차이를 보일 뿐만 아니라, 음악에 있어서도 악기나 음악의 성격에 이르기까지 큰 차이를 드러낸다. 북방에서는 날씨가 춥고 건조하기 때문에, 타악기 중 북이 많이 쓰였고 또 현악기가 비교적 발달하였다. 이에 반해 남방에서는 덥고 습도가 높은 날씨 탓으로, 금속제 타악기나 대나무로 만든 관악기 등이 주로 발달하였다. 음악의 성격 역시 북방의 경우 빠른 박자에 억센 느낌을 주는 합창곡이 많으며, 남방 음악에는 박자가 느리고 부드러운 경향을 띤 독창곡이 많다. 그래서 중국의 희곡은 그것이 북방 음악을 사용하는지 아니면 남방 음악을 사용하는지 하는 문제가 극 전체의 성격이나 구성 및 문장 등에 이르기까지 절대적인 영향을 끼치게 되는 것이다.

남희는 대체로 북송 말기부터 남송 초기 무렵에 걸쳐 생겨났고, 남송 중엽에 이르러 절강성浙江省 동부 해안 지역에서 상당히 성행하였던 것으로 추정된다. 원래 강남의 온주溫州와 영가永嘉 등 지역을 중심으로 유행하였던 지방희地方戲였기 때문에, 『온주잡극溫州雜劇』 또는 『영가잡극永嘉雜劇』이라고도 불렀다. 이처럼 남희는 오히려 잡극보다 훨씬 더 일찍 생겨나서 한때 상당한 성행을 누렸지만, 몽고족이 다스린 원대에 접어들면 북곡을 채택한 잡극의 위세에 눌려 거의 자취를 감추어버리고 만다. 그래서 송대의 남희 작품으로 《악창분경樂昌分鏡》·《조정녀趙貞女》·《왕괴王魁》 등이 있었던 것으로 기록에 전하고 있지만, 현재 완전하게 보존된 것은 하나도 없는 실정이다.

이처럼 남희는 잡극의 위세에 눌려 거의 자취를 감추다시피 하였지만, 그래도 완전하게 소멸되지는 않고 민간에서 여전히 그 명맥을 유지해 나오면서 오랜 동안의 잠복 기간을 거치게 된다. 그러면서 원 잡극이 남송 멸망 이후에 차츰차츰 본연의 생동감을 잃고 쇠퇴되었던 것과 대조적으로, 남희는 잡극의 앞선 창작 기교나 연출 기법 그리고 북곡의 장점 등을 흡수하면서 착실한 개선을 이루어 나갔다. 그 결과 남희는 원말명초元末明初에 이르러 일종의 새로운 희곡 양식인 『전기傳奇』로 발전하여, 오히려 잡극을 압도하고 전국적으로 대단한 유행을 누리게 된다. 이 『전기』란 용어는 원래 당대唐代 배형裴鉶이 편찬한 소설집 《전기傳奇》에서 유래되어 당대의 문언소설을 가리키는 말로 쓰여 왔는데, 명·청대로 내려와서는 잡극과 다른 새로운 형태의 이 남방 희곡을 지칭하는 말로 사용되었다.

전기傳奇나 남희는 체제와 형식 면에서 잡극과 완전히 다르게 짜여져 있다.

첫째, 잡극이 1본 4절로 구성되는 데 반해, 전기는 착齣 곧 막수에 제한이 없어 긴 작품의 경우 심지어 4·50착으로 이루어진 장편 극본도 있을 정도이다. 다만 전기의 착은 그 길이가 잡극의 절보다 많이 짧다.

둘째, 잡극은 하나의 절 안에서 주인공 한 사람만 노래를 부르지만, 전기는 독창·대창對唱·합창 등이 모두 가능하다.

셋째, 잡극은 한 절 안에서 하나의 궁조宮調만을 사용하고 또 하나의 운韻으로 끝까지 가야 하지만, 전기는 한 착 안에서 궁조의 제한을 받을 필요가 없고 또 운도 마음대로 바꿀 수 있다.

넷째, 잡극은 작품 맨 앞이나 막간에 설자楔子를 집어넣는 데 반해, 전기는 제1착 부분에서 작품의 전체적인 대의를 설명하며 이를 『개장開場』 또는 『가문家門』이라고 불렀다.

다섯째, 잡극은 순수 구어체로 된 대화를 많이 구사하고 문언체文言體를 별로 사용하지 않은 데 반해, 전기 중에는 때때로 변려체駢儷體로 된 문구가 자주 사용되어 있다.

이러한 여러 가지 차이점들로 미루어 보건대, 전기는 잡극보다 체재가 훨씬 더 자유롭고 내용이 한층 더 복잡 다양한 면을 보이고 있어서, 희곡사상戲曲史上 한 단계 더 높은 진보를 이룩한 것으로 평가된다.

원말명초에 전기라고 하는 중국 희곡의 새 장을 열었던 작품이 바로 고명高明(1305?~1359)의 《비파기琵琶記》이다. 작자 고명은 원말 지정至正 5년 곧 1345년에 진사進士에 급제하여, 절강· 강서

江西·복건福建 등지에서 관료 생활을 하며 대단한 문명을 떨쳤다. 1356년 이후로는 난리를 피하여 영파寧波 근처에서 줄곧 은둔 생활을 하였는데, 《비파기》도 이 때 지어진 작품이라고 한다. 명 태조太祖가 일찍이 그의 명성을 듣고 조정으로 불렀으나 노환으로 사양하였으며, 그가 죽고 난 후 명 태조는 《비파기》를 보고 극찬을 한 바 있다. 이 《비파기》는 원말명초의 전기 중 가장 뛰어난 작품이면서, 후세에 전기의 시조로 받들어져 왔다. 전편이 42착으로 이루어져 있으며, 후한後漢의 학자 채옹蔡邕의 일을 다루고 있다. 채옹은 23세 때 조오랑趙五娘과 결혼을 하였는데, 결혼 5개월 만에

《琵琶記》 삽화

부친의 엄명을 받고 서울로 과거를 보러 떠났다. 과거에 장원급제한 그는 본의 아니게 당시 막강한 권력을 장악하고 있던 재상 우승유牛僧孺의 집에 데릴사위로 들어가게 되었다. 한편 고향에 남은 아내 조오랑은 흉년이 들고 악당들이 배급 쌀을 빼앗아 가고 하는 와중에서도, 자신은 부엌에서 몰래 쌀겨를 먹으며 시부모를 극진히 봉양하였다. 그러나 병을 얻은 시부모는 차례차례 세상을 떠났으며, 장례 비용이 없었던 조오랑은 머리를 잘라 돈을 마련하고 혼자 흙을 날라서 봉분을 만들고 하여 겨우 장례를 치렀다. 그 후 천만 리 머나먼 길을 손에 비파 하나만 들고 걸식하면서 서울까지 올라온 조오랑은 미타사彌陀寺라는 절에서 시부모의 초상화를 걸어 놓고 명복을 빌다가 우연히 남편 채옹을 만나 행복한 여생을 보내게 되었다. 대강 이러한 줄거리로 엮어져 있는데, 원래 이 채옹에 관한 이야기는 남송 때 이미 민간에 널리 퍼져 있었으며, 또 《조정녀》라는 희문으로 각색되어 공연된 바 있기도 하다. 고명은 이 《조정녀》 희문을 근거로 하여 그 내용을 일부 변경하고 또 심리 묘사나 언어 구사 및 극적인 구성 등을 대폭 개선하여, 《비파기》라고 하는 대표적 전기 작품을 탄생시켰던 것이다. 작품 중에서 조오랑을 효도와 정절 등 구 시대의 부덕婦德을 고루 갖춘 전형적인 여성상으로 그려 놓고 있으며, 흉년을 배경으로 한 탐관오리들의 비행을 고발하고 귀족들의 호화스러운 생활과 일반 서민들의 비참한 생활상을 대조적으로 그려냄으로써 사회의 경종을 울리고자 하였다. 게다가 세련된 곡사曲辭와 생동감 넘치는 대화 그리고 세밀한 심리 묘사나 그에 잘 어울리는 적절한 환경 묘사 등 여러 면에서 높은 문학적 가치를 인정받기에 전혀 손색이 없는 걸작이라 할 수 있다.

《비파기》이외에도 이 당시에는 《살구기殺狗記》·《백토기白兎記》·《배월정拜月亭》·《형차기荊釵記》 등과 같은 유명한 전기 작품들이 쓰여졌다. 이들은 흔히 『4대전기四大傳奇』라 일컬어져 왔고, 여기에 《비파기》를 추가하여 『5대전기五大傳奇』라 불려지기도 하였다. 《살구기》는 36착으로 되어 있으며, 원말명초 시기에 민간에서 이루어진 작자 미상의 작품이다. 내용은 부자인 손화孫華가 동생 손영孫榮을 학대하면서 나쁜 친구들과 어울려 주색으로 소일하였는데, 부인인 양씨楊氏가 꾀를 써서 남편을 깨우쳐 준다는 줄거리이다. 양씨는 개를 죽여서 마치 사람을 죽인 것처럼 위장하여 대문 앞에다 두고, 술 취해 돌아온 남편에게 시체를 빨리 치우도록 시켰다. 당황한 남편은 친구들한테 부탁하였지만 번번이 거절 당하고, 결국 동생의 도움으로 시체를 성 밖에 묻을 수 있었다. 손화는 비로소 동기간의 우애를 깨닫고 의좋은 형제가 되었으며, 나쁜 술친구들과 왕래를 끊어버렸다. 그러자 앙심을 품은 친구들은 손화를 관가에다 고발하였고, 양씨의 진술을 들은 법관이 개 시체를 확인함으로써 그의 무죄가 확인되었다. 결국 손씨 일가는 오히려 조정의 포상을 받고 관직에 올랐으며, 나쁜 친구들은 처벌을 받게 되었다. 이러한 줄거리인데, 곡사曲辭가 너무 비속卑俗하고 곡률도 제대로 맞지 않는다는 비판을 받아 왔지만, 여러 등장 인물들의 개성을 뚜렷하게 묘사하여 시대성 있는 사회 문제를 잘 부각시켰을 뿐만 아니라 대중적 무대 예술로서의 통속성도 잘 살리고 있다.

《백토기》는 32착으로 되어 있으며, 역시 원말명초 시기에 민간에서 이루어진 작자 미상의 작품이다. 《오대사평화五代史平話》에 유지원劉知遠에 관한 이야기가 소개되어 있고 금대金代에 《유지원제궁조劉知遠諸宮調》가 있었던 사실로 미루어 볼 때, 이 작품 역시 오래 전부터 전해 온 이야기를 토대로 하여 각색한 것으로 보인다. 주인공 유지원은 결혼 후 가난과 처형 부부의 학대에 시달리다가, 마침내 자원하여 전쟁터로 종군하게 된다. 아내 이삼랑李三娘은 친정에서 갖은 고생을 이겨내며 아들 교제랑咬臍郎을 낳아 기르다가 아버지에게로 보낸다. 10여년 후 어느 날 교제랑이 사냥을 나가 흰 토끼를 쫓다가 우연히 어머니를 만나게 되었고, 그 후 이들 세 식구는 단란하게 행복한 생활을 꾸려나갈 수 있었다는 줄거리이다. 전체적으로 세련미가 전혀 없고 너무 질박한 경향을 띠고 있어서 저속하다는 비판을 받아 왔지만, 그 속에 담긴 감정은 매우 진실되고 풍부하여서 일반 대중들에게 진한 감동을 전해 주기에 충분하였다.

《배월정》은 일명 《유규기幽閨記》라고도 하며, 모두 40착으로 이루어져 있다. 원대 시혜施惠의 작품으로 알려져 왔으나 믿기 어렵고, 역시 민간에서 나온 작품일 가능성이 많다. 관한경의 잡극 《규원가인배월정閨怨佳人拜月亭》을 개편하여 이룬 장편 전기인데, 복잡한 줄거리와 치밀한 구성이 아주 돋보이며 곡사가 질박하면서도 생동감이 있고 대사 역시 등장 인물들의 신분에 어울리게 잘 구사되어 있어서, 일찍부터 《비파기》와 함께 원말명초의 양대兩大 전기로 일컬어져 왔다. 줄거리는 금나라 충신 타만해아陀滿海牙의 아들 흥복興福과 장세륭蔣世隆·장서련蔣瑞蓮 남매 그리고 왕상서王尙書의 딸 서란瑞蘭 등 청춘 남녀들이 간신들의 모함과 몽고군의 남침 등으로 인해 갖은 고초와 우여곡절을 겪은 끝에, 결국은 두 청년이 과거에 급제하고 또 각각 서련·서란과 결혼도 하여 행복한 삶을 꾸리게 된다는 내용이다.

《형차기》는 명 태조의 17째 아들인 주권朱權의 작품으로 추정된다. 그는 음률에 정통하여 당시 곡단曲壇에서 명성이 자자하였으며, 저서로 《태화정음보太和正音譜》와 잡극 12편을 남기기도 하였다. 송·원 이후로 전해 내려오던 왕십붕王十朋에 관한 이야기를 각색하여 엮은 장편 전기인데, 《비파기》 같은 작품과는 비교할 수 없을 정도로 수준이 많이 뒤떨어지지만, 어휘가 참신하고 음조音調가 밝은 가운데 애감哀感과 비정悲情을 잘 묘사하여 독자들에게 깊은 감동을 전해 주었다. 줄거리는 홀어머니 밑에서 가난하게 살던 청년 왕십붕이 전옥련錢玉蓮이란 처녀와 결혼을 하게 되었는데, 살림이 워낙 가난하여 폐백조차 제대로 보낼 수가 없었기에 하는 수 없이 어머니의 형차荊釵 곧 가시나무로 만든 비녀를 예물로 삼아 빙례聘禮를 치렀다. 그 후 십붕은 서울로 올라가 과거를 보아 장원급제하였고, 그 기쁜 소식을 즉시 고향집으로 전하였다. 그런데 과거에 낙방하고 고향에 돌아와 있던 나쁜 친구 손여권孫汝權이 옥련을 탐한 나머지 편지 전하는 하인을 매수하여, 십붕이 이미 승상의 딸과 결혼을 하였기 때문에 옥련과는 이혼할 수밖에 없다는 내용으로 편지 내용을 완전히 고쳐버렸다. 그러자 옥련의 계모는 손여권에게로 개가할 것을 자꾸 강요하였고, 한사코 반대하던 옥련은 결국 강물에 몸을 던지게 되었다. 그러나 다행히 그곳을 지나가던 전안무錢按撫에 의해 구출되었고, 그 후에도 옥란은 갖은 고난을 다 겪었지만 잘 견뎌내고 마침내 십붕을 다시 만나 행복을 누리게 된다는 내용이다.

39
명대明代 시문

명대明代에는 소설이나 희곡 분야가 눈부신 발전을 거듭한 반면에, 여태껏 정통문학으로서의 지위를 굳건히 지켜왔던 시가詩歌와 산문 등은 상대적으로 부진을 면치 못하였다. 양적인 면에서는 주이존朱彝尊이 편찬한 《명시사明詩詞》에만 보더라도 3,400여명의 작품들이 실려 있어서 당·송대에 전혀 손색이 없지만, 그 수준 면에서 볼 때 당·송은 물론 원元·금대金代에도 오히려 미치지 못하였다. 명대 시·문이 부진하였던 이유로는 많은 학자들이 팔고문八股文의 출현을 지적하고 있다. 이 팔고문은 과거 시험 답안으로 작성케 하였던 특이한 문체의 일종으로, 원래 태조太祖와 유기劉基에 의해 제정되었다. 한 편을 8개의 단락 곧 파제破題·승제承題·기강起講·기고起股·허고虛股·중고中股·후고後股·대결고大結股 등 8단계로 나누어 논술토록 되어 있어서 팔고문이라 불렸는데, 반드시 변려문의 대구를 사용하여야 하고 옛사람들의 문투로 기술되어야 하며 그 외에도 글자 수를 비롯한 여러 면에서의 제약이 수반되는 까다로운 문체였다. 그런데 그 당시 과거 준비를 하는 사람들은 모두 팔고문을 익힐 수밖에 없었기 때문에, 결과적으로 지식인들이 생기 없고 형식적이기만 한 팔고문 학습에 온갖 정력과 재주를 다 허비하게 되었고, 자연스러운 시·사·산문 창작에는 관심을 기울일 여유가 없었던 것이다.

한편 명 왕조는 건국 초기부터 원대 때 말살되었던 한족 문화를 회복시키고자 많은 노력을 기울였고, 그러한 분위기 하에서 문단에도 자연스럽게 복고주의復古主義 내지는 의고주의擬古主義 문학 사조가 형성되었다. 명 초기의 주요 문인들로는 송렴宋濂(1310~1381)·고계高啓(1336~1375)·유기劉基(1311~1375) 등을 들 수 있다. 이들은 모두 복고주의 문인으로서, 원말·명초의 혼란기에 겪었던 복잡한 현실을 시나 문장 속에 잘 반영한 바 있다. 그 외에 임홍林鴻이란 시인은 성당시를 숭상하고 격률을 중시하는 시론詩論을 전개하였으며, 고병高棅은 《당시품휘唐詩品彙》를 편찬하여 당시唐詩의 시대를 초당初唐·성당盛唐·중당中唐·만당晩唐으로 구분하고 성당을 시의 절정기로 간주하였다. 이들의 견해는 모두 후세의 복고주의 문인들에게 큰 영향을 끼쳤다.

잠시 후 영락永樂(1403~1424) 연간에 이르러 국내 정세가 평온을 되찾고 국력이 충실해지면서, 양사기楊士奇·양영楊榮·양부楊溥 등 이른 바 『삼양三楊』이라고 불리는 세 명의 재상들에 의하여 『대각체臺閣體』 시문이 많이 지어졌다. 이 대각체는 조정의 공덕과 태평성대를 예찬하는 내용의 작품으로, 작가의 창의성이나 정열 같은 것이 전혀 담겨 있지 않고 현실과 아주 동떨어진 귀족 문인들의 창화唱和의 도구에 불과하였다. 그러다가 이동양李東陽(1447~1516)이 출현하면서 대각체가 몰고 온 무기력한 침체 분위기를 탈피할 수 있는 여건이 서서히 조성되었다. 그는 약 50년 간의 관료 생활 중 30년 세월 동안 조정의 요직을 두루 역임하면서, 동시에 문단의 지도자로 군림하며 대단한 명성을 누렸다. 많은 인재들을 문하에 불러모아 후진 양성에도 힘썼는데, 그가 호남湖南 다릉茶陵 사람이었기 때문에 그 문하생들을 흔히 『다릉파茶陵派』라고 부른다. 이동양 역시 전형적인 대각체 작품을 주로 남겼지만, 명 초기부터 일기 시작하였던 의고적인 기풍이 더욱 더 현저해지도록 하는 역할을 하여, 바로 다음 시기에 등장하는 전칠자前七子의 복고운동에 상당한 영향을 끼쳤다.

명초부터 비롯되어 이동양을 거치며 더욱 현저해진 의고주의 문학사조는 전칠자와 후칠자後七子들의 활동을 통해 16세기 근 100년 동안 문단을 완전히 장악하게 된다. 전칠자는 이몽양李夢陽(1473~1530)과 하경명何景明(1483~1521)을 위시하여 서정경徐禎卿 · 변공邊貢 · 왕정상王廷相 · 강해康海 · 왕구사王九思 등 일곱 명의 문인이고, 후칠자는 이반룡李攀龍(1514~1570) · 왕세정王世貞(1526~1590)을 중심으로 한 사진謝榛 · 종신宗臣 · 양유예梁有譽 · 서중행徐中行 · 오국륜吳國倫 등 7명의 문인들을 가리킨다. 이들은 모두 진秦 · 한漢의 문장과 성당의 시를 표방하고, 그러한 옛 작품들 속에서 훌륭한 모델을 찾아 모방하여야 한다고 주장하였다. 전 · 후칠자의 복고 운동은 곧바로 대단한 세를 이루어, 명 초기 대각체 시문의 유행을 차단시키는 데 성공하였다. 그들이 내걸었던 『진 · 한의 문장과 성당의 시』라는 주장은 대각체와 팔고문의 구속에 얽매여 있던 당시 지식인들에게 지식과 사상의 폭을 한층 넓혀 주었다. 그렇지만 그들이 주장하였던 복고 운동은 너무 형식주의로 흘러서 모방과 표절만 일삼았기 때문에, 현실로부터 이탈될 수밖에 없었으며 또 시나 문장의 예술적인 생명을 말살시키는 결과를 빚고 말았다.

전칠자의 복고주의 기풍이 한창 문단의 주류를 이루고 있을 때, 그러한 기풍에 의식적으로 반대를 하고 나선 문인들이 있었다. 대표적인 인물로 왕신중王愼中(1509~1559) · 당순지唐順之(1507~1560) · 모곤茅坤(1512~1601) · 귀유광歸有光(1506~1571) 등을 들 수 있는데, 이들은 모두 당·송의 고문을 주로 배우면서 고문 창작과 고문에 관한 이론 표명에 매우 열성적이었다. 이들은 작품에 나타나는 작가의 개성이나 시대성을 중시하였으며, 작자의 생각이나 감정을 얼마 만큼 솔직하고 자연스럽게 표현해내는가가 중요하지 성율의 조화나 자구의 조탁 같은 것들은 모두 그다지 중요하지 않다는 주장을 전개하였다. 그 중에서 왕신중·당순지·귀유광 등 세 사람은 『명대 고문의 삼대가』라고 불리고 있으며, 모곤은 《당송팔대가문초唐宋八大家文鈔》 144권을 편찬하여 당·송의 고문을 널리 퍼뜨리는 데 크게 노력하기도 하였다. 그런데 이들의 문학관도 후칠자가 등단하면서 다시 파묻혀 버렸고, 후칠자에 의해 중국 문단은 다시 의고주의 사조로 완전히 물들어버리고 말았다.

후칠자에 의하여 다시 만연해진 의고주의 기풍은 명나라 말기 만력 연간에 접어들면서 새로운 반발을 받게 된다. 이 당시에는 왕수인王守仁이란 대사상가가 제창하였던 양명학陽明學이라는 혁신적인 사상이 철학계와 사상계를 풍미하고 있었다. 양명학은 인간의 본능적인 욕구를 긍정적으로 인정하고 사람들 개개인의 양지良知의 자유를 제창하는 한편, 종래의 전통적인 유가 즉 주자학파朱子學派들의 예교주의와 유교에 대한 권위를 정면으로 부정하면서 당시 문화계에 커다란 충격을 안겨 주었다. 왕수인의 사상은 그의 제자들인 왕용계王龍溪·왕근계王近溪·하심은何心隱·이지李贄(약 1567년 전후) 등에게로 이어지면서 전통적인 사상 체계에 대한 비판의 강도를 더욱 더 높여갔다. 이들은 양명학파들 중에서도 더 급진적인 성향을 띠었기 때문에 『왕학王學의 좌파左派』라고 불렸는데, 맹렬한 기세로 종래의 복고주의 기풍에 반대를 가하여 바로 뒤에 등장하는 공안파公安派의 문학관에 사상적인 기초를 제공해 주었다. 그 중에서도 이지가 특히 큰 영향력을 행사하였으며, 그의 사상은 제자들인 공안파 작가들에 의해 그대로 계승되었다. 공안파의 대표적인 인물은 원종도袁宗道·원굉도袁宏道·원중도袁中道 등 원씨袁氏 3형제였는데, 이들이 호북湖北 공안公安 사람이었기 때문에 공안파라고 불렸다. 3형제 중에서도 원굉도가 가장 큰 영향력을 발휘하였는데, 그는 모방과 표절을 주도하는 의고파를 격렬하게 비난하면서, 문학은 영원불멸의 전형이 있는 것이 아니고 시대에 따라 변하는 것이며 각 시대마다 그 시대의 독특한 문학적 특색과 성과가 있다고 주장하였다. 또 『성령설性靈說』을 주창하여서, 옛 사람들의 격식에 구애받지 않고 작자 자신의 가슴속으로부터 솟아 나오는 절실한 감정을 자연스럽게 표현해내어야 한다고 역설하였다. 그는 순수하고 자연스러운 시 정신을 개성적으로 표현해낸 것이 바로 참된 시 곧 『진시眞詩』라고 간주하면서, 상투적인 복고주의를 정면으로 배격하였다. 그런 점에서 그는 민간 부녀자들이 부르는 노래에 참된 감정과 참된 소리가 담겨 있고 또 천진난만한 흥취興趣가 서려 있어서 오히려 짙은 감동을 준다고 역설하였으며, 그래서 전통문학보다는 통속문학이나 민간문학의 가치가 더 높이 평가되어야 한다고 주장하기도 하였다. 학자들은 명·청대에 통속문학이 크게 진작될 수 있었던 분위기가 바로 이 공안파 작가들에 의해 조성된 것으로 판단하고 있다.

공안파와 거의 동시대에 역시 의고주의를 공격하고 나섰던 일련의 문인들이 더 있었는데, 우두머리였던 종성鍾惺(1572~1624)과 담원춘譚元春이 모두 호북湖北 경릉竟陵 사람이었기 때문에 흔히 『경릉파竟陵派』라 불린다. 이들의 문학 주장도 크게 보면 공안파와 대동소이하다. 우선 개인의 감정을 중시하였고 격식에 얽매이지 말 것을 주장하였으며, 복고주의에 반대하는 입장을 보이는 등 공안파와 거의 흡사한 면을 보이고 있다. 다만 다른 점이라고 한다면, 작품 창작에 있어서 공안파 문인들이 진시眞詩의 창작을 역설한 데 반해, 경릉파 문인들은 고인들의 작품 속에서 내용이 충실한 작품을 골라 배워야 한다고 주장하였다. 이런 주장은 공안파 시인들의 작품이 성령의 표현만을 강조한 나머지 점점 현실로부터 유리되면서 천박한 경향을 띠게 되었기 때문에, 그런 폐단을 시정하기 위해 고인들의 시 정신을 배울 것을 제안하였던 것이다. 이처럼 전·후칠자들의 복고주의에 대한 반대 운동은 이지로부터 공안파 그리고 경릉파 등으로 이어지면서 일시적으로나마 대단한 풍미를 누렸다. 그렇지만 너무 형식주의로 흘렀을 뿐만 아니라 너무 진보적이고 과격한 경향을 띠었기 때문에, 그들의 저술은 모조리 금서禁書로 묶이고 또 저자들이 죄인으로 몰려 구속되는 불운을 겪었다. 그리고 이런 운동이 실제 작품으로 충분히 뒷받침되지 못하였기 때문에, 결국 큰 성공을 거두지는 못하였다. 그렇지만 그 결과 전·후칠자의 모방 풍조를 일소시키는 데 성공하였고, 권위에 굴복하지 않는 그들의 자유로운 발상이나 전통을 뛰어넘는 참신한 착상 그리고 개성을 존중하는 창조성 등이 모두 그 당시 사람들에게 일종의 해방감 같은 것을 불어넣어 주기에 충분하였다.

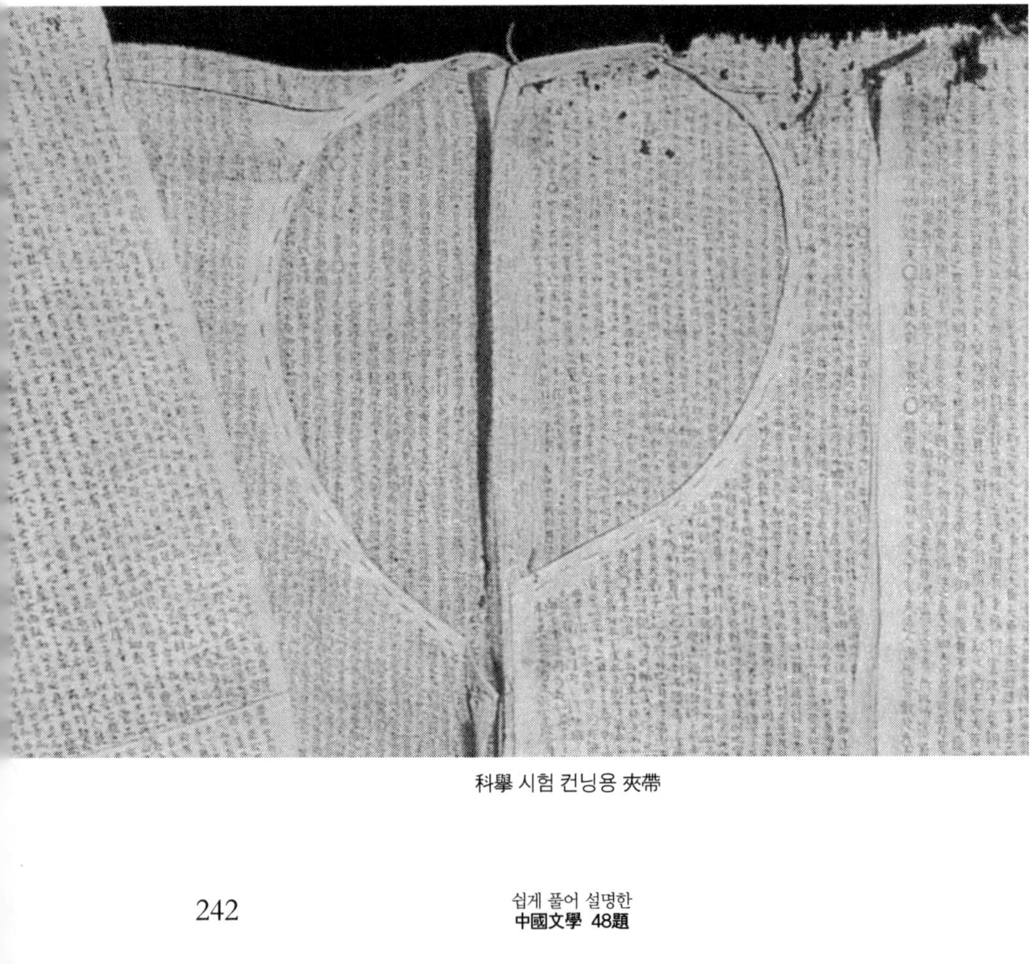

科擧 시험 컨닝용 夾帶

40
명明 전기傳奇

원대에 성행을 누렸던 잡극은 원의 수도였던 대도大都 곧 오늘날의 북경北京 지역을 중심으로 유행하였다. 반면에 강남江南 지방에서는 송대 때부터 내려오던 남희南戲 또는 희문戲文이라고 하는 연극 형식이 민간에 유행하고 있었다. 그런데 이 남희는 남송이 멸망한 후에 원 잡극에 압도당해서 쇠퇴일로를 걸어오긴 하였지만, 그래도 완전하게 소멸되지는 않고 여전히 민간에서 명맥을 유지해 오면서 오랜 동안의 잠복 기간을 거친 뒤에 명대에 와서 다시 그 꽃을 피우게 되었던 것이다. 원래 원 잡극은 남송 멸망 이후에 그 무대가 강남 지역으로 옮겨졌고, 그래서 원 후기에는 강남 지역에서도 잡극을 짓는 작가가 속속 나타나게 되었다. 그런데 잡극은 원래 북쪽에서 일어난 것이기 때문에, 잡극에 사용되는 음악이나 언어 그리고 그 속에 담긴 정신과 기질 같은 것들이 모두 북방인에게 적합한 것이었다. 그래서 남방 사람들이 아무리 잡극 창작에 몰두한다고 하더라도 『원곡4대가』의 작품과 같은 훌륭한 작품들을 지을 수가 없었고, 자연히 잡극 본래의 풍격과 특성이 점점 사라져가는 현상이 빚어졌다. 반면에 남방에서 민간인들 사이에 겨우 명맥을 유지해오던 남희는 당시 강남 지역으로 옮겨와서 성행을 누리던 잡극의 영향을 다분히 받아, 창작 기교라든지 연출 기법 등에 새로운 변화를 더해 가면서 상당한 개선을 보게 되었다. 이렇게 형성된 남희는 결국 원말명초에 와서 오히려 잡극을 압도하게 되었고, 나아가서는 전국적으로 유행하기에 이르렀던 것이다.

명대의 희곡은 남방의 언어와 가곡歌曲으로 짜여진 남희 곧 『전기傳奇』가 그 주축을 이룬다. 전기는 체제 면에서 잡극보다 더 자유롭고 내용 면에서 잡극보다 더 복잡한 양상을 보이고 있으므로, 전체적으로 잡극보다 한 단계 더 진보한 희곡 양식이라고 할 수 있다. 원말명초에 이미 『5대전기』라 불리는 《비파기》·《살구기》·《백토기》 ·《배월정》·《형차기》 등 작품이 나와 중국의 연극계를 화려하게 장식해 주었다. 그러나 그 이후 대략 50여년 동안은 시대적인 불안정으로 인해 작가들이 창작에 몰두할 수 있는 심리적인 여유를 찾기 어려웠고, 또 때마침 수도가 남경에서 북경으로 옮겨감에 따라 궁중 주변에서 잡극이 다시 유행하면서 전기가 잠시 침체 국면을 맞게 되었다.

그러다가 사회가 차츰 안정되고 민중들도 향락에 눈을 돌리게 되면서, 가정嘉靖(1522~1566) 연간에 이르러 전기는 새로이 찬란한 발전을 보게 된다. 이 당시에 전기 작품이 침체 국면을 벗어나 전성기를 구가할 수 있었던 것은 무엇보다 위양보魏良輔라고 하는 유명한 음악가가 출현하여 곤강崑腔이란 음악 곡조를 정비하고 개량해서 대대적으로 유포시켰던 결과라고 할 수 있다. 원래 전기는 각 지방마다 서로 다른 곡조와 창법으로 공연되어졌고, 심지어는 사용되는 악기들까지도 판이하게 달랐다고 한다. 그런데 명 중기에 이르면서 각 지방의 곡조들 간에 자연스러운 통폐합이 이루어진 결과 몇몇 지방의 곡조들이 나름대로 큰 세력권을 형성하게 되었고, 그 중에서도 익양강弋陽腔·여요강餘姚腔·해염강海鹽腔 등 세 강조腔調가 가장 넓은 지역에서 유행하고 있었다. 이에 반해 곤산강崑山腔 즉 곤강은 원래 아주 부드럽고 감미로운 곡조이면서도, 겨우 오吳 지방 일대에서만 제한적으로 유행하였을 뿐 다른 세 강조보다 훨씬 열세에 놓여 있었다. 그런데 위양보에 의해 개량되어진 곤강은 급속도로 확산되면서 다른 강조들을 압도하기에 이르렀고, 결국 그 당시부터 청대 건륭乾隆(1736~1795) 연간에 이르기까지 약 300년 가까운 기간 동안 중국의 극단을 거의 지배하다시피 하였다. 게다가 양진어梁辰魚(1521?~1594?)라는 작가가 출현하여 곤강에 맞추어 부를 수 있는 전기 극본을 창작해냄으로써, 곤강이라는 훌륭한 반주 음악에 양진어의 훌륭한 극본까지 덧붙여져 양자가 완벽하게 결합 조화를 이루게 되었다. 양진어의 전기 작품 《완사기浣紗記》는 최초의 곤강 사용 극본이라는 점에서 명대 희곡사상明代戲曲史上 매우 중요한 의의를 지니며, 이 극본을 통해서 곤강이 다른 강조들을 완전히 압도하고 널리 유행하게 되는 계기가 마련되었다고 한다. 이와 비슷한 시기에 발표된 이개선李開先(1501~1568)의 〈보검기寶劍記〉·정약용鄭若庸(약 1535년 전후)의 〈옥결기玉玦記〉·왕세정王世貞(1537~1590)의 〈명봉기鳴鳳記〉 등 역시 이 당시의 대표작이라 할 수 있다.

그 후 만력萬曆 연간 곧 명대 말엽으로 접어들면 전기 작품이 대량으로 쏟아져 나와, 흔히 중국문학사에서 만력 연간을 명대 전기의 황금시대라고 일컫는다. 이 무렵에는 곤강이 남방을 벗어나 당시 수도였던 북경 지역에까지 유입되어 유행하였으므로, 전기의 황금시대이면서 동시에 곤강의 극성기이기도 하였다. 다만 이 당시의 작품들은 전반적으로 궁조宮調나 창법 그리고 운율이나 어휘 구사 등 곡사曲辭 부분에만 너무 집착한 나머지, 희곡 작품으로서의 극적인 구성이나 대사 또는 내용 줄거리 등에는 거의 관심을 기울이지 않은 경향을 보이고 있다. 그래서 차츰 희곡으로서의 성격을 상실하고 사곡詞曲과 유사해지는 변화를 드러내게 되었다. 만력 시기에 활약한 작가들 중 대표적인 인물로 심경沈璟(1555?~1615)과 탕현조湯顯祖(1550~1617) 두 사람을 들 수 있다. 먼저 심경은 곡사가 음악에 합치되어야 한다고 주장하면서, 극본의 악곡 즉 음악적인 격률을 매우 중시하였다. 이에 반해 탕현조는 곡사 자체의 표현을 더 중시하면서 음률에는 별로 주의를 기울이지 않았던 차이점을 보이고 있다. 이들은 희곡 작법에 있어서 아주 판이한 입장을 고수하였으므로, 자연히 생각을 같이하는 작가들을 규합하여 서로 다른 두 개의 유파를 형성하게 되었다. 우선 심경을 추종한 작가들은 격률을 중시하였기 때문에 『격률파』라 불리고, 또 심경이 오강吳江 사람이었기 때문에 『오강파吳江派』라고도 불렸다. 탕현조 일파들은 곡사 즉 문

湯顯祖

사文辭를 중시하였기 때문에 『문사파』라고 불렀고, 또 탕현조가 임천臨川 사람이었기 때문에 『임천파臨川派』라고도 불렸다. 격률파 작가로는 심경 외에도 복세신卜世臣(약 1610년 전후)·여천성呂天成(1573?~1619?) 등을 비롯하여 고대전顧大典(약 1582년 전후)·섭헌조葉憲祖(1566~1641)·왕기덕王驥德(? ~1623) 등이 활약하였다. 탕현조는 자字가 의잉義仍이고, 해약海若·약사若士·청원도인淸遠道人 등의 호號를 사용하였다. 34세 때 진사에 급제한 후 남경태상박사南京太常博士·예부주사禮部主事·수창지현遂昌知縣 등을 역임하였으며, 관료 사회의 부패와 모순에 회의를 느끼고 고민하던 끝에 1598년 관직을 버리고 고향으로 내려가 극본을 쓰면서 만년을 보냈다고 한다. 대표작으로는 『옥명당사몽玉茗堂四夢』이라 불리는 《환혼기還魂記》·《자차기紫釵記》·《한단기邯鄲記》·《남가기南柯記》 등 4편의 전기를 들 수 있으며, 특히 《환혼기》는 그 중에서도 가장 유명한 작품으로 중국희곡사상 불후의 명작으로 꼽히고 있다. 《환혼기》는 55착으로 이루어져 있으며, 일명 《모란정牡丹亭》이라고도 불린다. 여주인공 두여랑杜麗娘은 꿈속에서 유몽매柳夢梅와 사랑을 맺은 다음, 깨어나 냉혹한 현실을 실감하고 상사병을 앓다가 세상을 떠난다. 훗날 유몽매가 과거를 보러 가는 도중 두여랑의 집에 묵게 되고, 밤에 두여랑의 혼백과 재회하여 다시 사랑을 나누었다. 두 사람의 뜨거운 사랑은 결국 저승에까지 알려져 죽었던 두여랑이 무덤으로부터 다시 살아나게 되었으며, 그 후 두 사람은 자신들의 사랑을 부모와 주위 사람들에게 이해시키기 위해 수많은 우여곡절을 겪는다. 마침내 유몽매는 과거에 장원급제하였으며, 생사를 초월한 그들의 사랑 역시 주위의 인정을 받고 축복 속에 원만한 가정을 꾸린다는 내용이다. 작자는 이 작품에서 인간의 진실한 사랑이야말로 냉혹한 현실은 물론 생사까지도 초월할 수 있는 극히 고귀한 것이라고 강조하고 있다. 아울러 참된 인간성을 말살하는 봉건 예교주의禮教主義 사상의 비정함이라든지 상류 계층 인사들의 가식적인 태도나 사회 윤리의 붕괴 및 관료 사회의 부패상 등을 잘 풍자해 놓고 있다. 이 작품은 남녀간의 숭고한 사랑을 아름답고 낭만적인 필치로 잘 묘사한 곡사 부분이 특히 돋보이며, 게다가 구성 역시 짜임새 있게 잘 엮어져 많은 사람들에게 진한 감동을 전해 주었다. 탕현조 외에도 문사파 작가로 완대성阮大鋮(1587~1646)·오병吳炳(?~1646)·이옥李玉(1591?~1671) 등을 더 들 수 있다. 특히 이옥은 명말·청초에 활약한 아주 뛰어난 현실주의 작가로 정평이 나 있다. 그는 불우한 일생을 살면서 오직 희곡 연구와 창작에 몰두하여, 북곡北曲 연구에 아주 중요한 자료로 인정받고 있는 《북사광정보北詞廣正譜》와 30여 편의 전기 작품을 남겼다. 현재 12편의 전기가 전하고 있는데, 《청충보淸忠譜》·《일봉설一捧雪》처럼 명말 정국政局의 갈등 양상과 암흑상을 묘사한 작품들도 있고, 《인수관人獸關》·《영단원永團圓》·《점화괴占花魁》 등처럼 서민들의 인정人情과 생활상을 묘사한 작품도 있으며, 그 외 수隋·당唐 때의 농민 반란을 묘사한 역사극 《기린각麒麟閣》과 송대 진관秦觀과 소소매蘇小妹의 사랑을 묘사한 연애극 《미산수眉山秀》 등도 있다. 한결같이 통속적이고 질박하여 무대 연출에 적합한 장점을 지니고 있으며, 특히 『일인영점一人永占』이라불리는 《일봉설》·《인수관》·《영단원》·《점화괴》 등 네 작품이 대단한 인기를 끌며 성황리에 상연된 바 있다.

41
사대기서四大奇書

명대明代에는 종래의 정통문학 즉 시·사·고문 등이 부진하였던 반면에, 통속문학인 소설이나 희곡이 오히려 최고도의 발전을 보았다. 특히 소설 분야의 경우 백화소설이 찬란한 발전을 이룩하여, 중국문학사에 있어서 명대가 백화문학의 성숙기로 일컬어지고 있다. 물론 백화소설은 당대唐代 변문變文을 기원으로 하고 있고, 또 송·원대의 화본 소설을 거치면서 착실한 발전을 거듭해온 결과물이라 할 수 있다. 그렇지만 송·원대의 화본 소설은 대부분 백화문과 문언문을 섞어서 사용하고 있고, 완전하게 백화문만으로 이루어진 작품들은 극소수에 불과하였다. 그런데 명대로 내려오면 문인들이 의식적으로 백화소설을 창작하게 되었고, 그로 인해 중국 소설이 문체에 있어서 일대 혁신을 보게 되었던 것이다. 또한 송·원대의 화본 소설은 그 성격이 설화인說話人들이 무대에서 이야기를 연출해낼 때 사용했던 대본에 불과하였지, 독자들을 직접적인 대상으로 생각하고 바로 읽힐 수 있는 작품으로 지어진 것이 아니었다. 그렇지만 명대 소설은 독자들이 직접 눈으로 읽을 수 있는 소설 작품으로 창작되었기 때문에, 성격상 오늘날의 소설에 상당히 근접되었다고 하겠으며, 그런 점에서 소설사에 있어 커다란 진보를 가져온 것으로 볼 수 있다.

명대의 장편소설은 장章이나 회回로 나누어져 있기 때문에, 흔히 『장회소설章回小說』이라 불린다. 그 대표작으로는 예전부터 『사대기서四大奇書』라고 일컬어져 왔던 《삼국연의三國演義》·《수호전水滸傳》·《서유기西遊記》·《금병매金瓶梅》 등을 꼽을 수 있다.

《삼국연의》는 《삼국지연의三國志演義》 또는 《삼국지통속연의三國志通俗演義》라고도 불린다. 작자는 나본羅本(1367년 전후)인데, 자字인 관중貫中으로 더 많이 알려져 있다. 청淸 강희康熙(1662~1722) 연간에 모종강毛宗崗이 고쳐 쓴 120회본이 가장 널리 통행되고 있으며, 위魏·촉蜀·오吳 3국으로 분열되어 패권 다툼이 심하게 벌어졌던 한漢나라 후기 약 100년 동안의 사건들을 기술하고 있는 대표적인 역사소설 작품이면서, 장편소설 형태를 갖춘 중국 최초의

TV 연속극 《三國演義》 중의 關羽 · 劉備 · 張飛

작품이기도 하다. 진수陳壽가 쓴 정사正史 《삼국지三國志》를 근간으로 삼고 있지만, 작자의 상상력이 발휘되어 서술 관점은 정사 《삼국지》와 상당히 다른 차이를 보인다. 작품 중에 군벌 세력들의 혼전 속에서 멸망의 길을 치닫고 있는 동한東漢 황실과 그 세력들의 비참한 말로, 난리의 와중에서 백성들이 겪는 고통, 안정과 통일을 바라는 백성들의 염원 등등이 모두 잘 반영되어 있다. 특히 위나라 조조曹操와 촉나라 유비劉備 간의 모순을 중점적으로 그리고 있는데, 조조를 부정적으로 묘사한 반면에 유비에게 정통성을 부여해 주고 있는 점이 주목을 끈다. 그 외에도 제갈량諸葛亮과 장비張飛 등을 비롯한 수많은 등장 인물들의 지모智謀·책략策略·활약상 등이 아주 생생하게 잘 그려져 있다.

《삼국연의》는 성격상 역사소설에 속하기 때문에 당연히 역사적인 사실에 구애받을 수밖에 없었고, 그래서 상대적으로 소설로서의 허구적인 구성이나 창조적인 기교 같은 것들이 소홀히 다루어지게 되었다. 또 문체 면에서도 옛 문헌들로부터 인용을 많이 할 수밖에 없었기 때문에 문언문文言文을 채용하게 되었고, 자연히 쉬운 백화체白話體 문장을 구사한 《수호전》 같은 작품에서처럼 등장인물들의 독특한 개성이나 성격을 사실적으로 묘사해내기가 어려웠다. 그런 점에서 《삼국연의》는 4대기서에 속하는 다른 작품들보다 예술적 가치가 부족한 것으로 평가되고 있다. 그렇지만 이런 문제점들은 모두가 역사소설이기 때문에 수반된 어쩔 수 없는 한계라고 할 수 있다. 그리고 종래의 다른 역사소설들과 비교해 볼 때, 역사적 사실에 입각하면서도 한편으로 상당한 허구적 손질을 가해서 변화롭고 우여곡절이 많은 탄탄한 구성을 이루어 놓고 있다. 그런 점에서 《삼국연의》는 중국 역사소설들 중에서 가장 뛰어난 작품으로 평가받고 있으며, 또 역대로 중국인들이 가장 많이 읽었던 가장 성공한 소설이기도 하다.

《수호전》은 영웅소설 중 처음으로 장편 장회소설 형태를 갖춘 작품으로, 역시 《삼국연의》와 마찬가지로 민간에 널리 유행하였던 소설이다. 최초의 작자에 대해서는 시내암施耐菴(1296?~1365?)이라는 설과 나관중羅貫中이라는 설 등 여러 학설이 분분하고 정론이 없다. 그렇지만 나관중이 개작한 것으로 알려져 있는 《삼국연의》와 풍격이 판이하게 다르다는 점을 고려할 때, 역대로 시내암 쪽을 더 통설로 받아들여 왔던 것이 신빙성이 있다 하겠다. 시내암은 본명이 자안子安이고 호號가 내암거사耐菴居士였으며, 원말명초 때의 전당錢塘 사람이었다. 생애에 대한 자세한 기록이 전하지 않고 있으며, 그가 지었다고 하는 원본 《수호전》 역시 이미 오래 전에 없어지고 전하지 않는다. 현재 100회본·120회본·70회본 등 여러 가지 판본들이 전하고 있으며, 그 중 가장 널리 유통되는 것은 명말청초明末清初 때 김성탄金聖歎 곧 김인서金仁瑞에 의해 편찬된 70회본이다.

《수호전》의 내용 구성은 판본들에 따라 약간의 차이를 보이고 있지만, 원형에 가장 가까운 100회본의 경우 크게 두 부분으로 나누어 볼 수 있다. 전반부는 송강宋江을 비롯한 108명의 호한好漢 즉 영웅들이 각각 여러 가지 원인들로 인해서 도적이 되어 양산박梁山泊이란 곳에 모여드는 내용으로, 71회까지가 여기에 해당된다. 후반부는 72회부터 시작되며, 양산박에 모인 도적 집단이 점차 세력을 강화시켜서 관군과 맞서 싸우다가 결국에는 조정에 귀순하게 되며, 또 나라를 위해 요遼와의 전쟁에 가담해서 승리를 거두고 개선하는 것으로 묘사되어 있다. 그렇지만 요와의 싸움에서 대부분이 전사하고 그 중 일부인 27명만 겨우 살아 남아 개선하였으며, 생존자들도 우선은 조정으로부터 관직을 하사 받았지만 결국은 모두 뿔뿔이 흩어지고 간신들의 모함을 받아 비참한 최후를 맞게 된다는 줄거리를 취하고 있다. 전반부에는 주로 영웅호걸들의 용감한 반항 활동이 묘사되어 있고, 후반부에는 조정의 부름을 받은 영웅호걸들의 비참한 말로가 그려져 있다. 작품 전반全般에 흐르는 주제는 『관핍민반官逼民反』(관리들의 핍박을 못 이겨 백성들이 반란을 일으킴)과 『체천행도替天行道』(영웅들이 하늘을 대신하여 정의를 행함)라 일컬어지는 저항 정신이라 할 수 있다. 실제로 송강을 위시한 108명의 호걸들은 원래 나쁜 사람들이 아니었는데, 포악한 정치와 부패한 관료들의 횡포 등 사회 환경 때문에 핍박 받고 갈곳 없어서 하는 수 없이 도적이 되었다가 양산박으로 들어갔던 것으로 묘사되어 있다. 작자는 이들의 활약상을 통해서 독자들에게 관리에 대한 반항심을 일깨워 주었고, 또 그런 것을 통해서 정치와 사회 현실의 불만에 쌓인 일반 대중들의 공감과 갈채를 받을 수 있었던 것이다.

《수호전》은 여러 면에서 아주 뚜렷한 예술적 성과를 거둔 작품이다. 우선 백화문이 세련되고 생동감 있게 잘 구사되어 있어서, 명대 백화소설 작품 중 최고봉이란 평을 받아 왔다. 그리고 중요 인물들의 성격이나 신분 및 의식구조 등이 잘 묘사되어 있으며, 특히 비범하고 영웅적인 면모들이 중점적으로 적나라하게 잘 그려져 있어서 주인공들이 마치 살아 움직이는 듯한 느낌을 준다. 아울러 민중을 대표하는 존재로 설정된 양산박의 영웅들을 내세워 민중의 의지나 희망을 잘 반영함으로써, 『관핍민반』이라는 주제를 잘 부각시켜 놓고 있다. 이처럼 《수호전》은 《삼국연의》보다 훨씬 더 높은 예술적 가치를 인정받으면서, 방대하고 아름다우면서도 약동하는 느낌을 주는 중국 제일의 영웅소설로 독보적인 지위를 누려 왔다. 그렇지만 후세의 봉건 지배계층 인사들은 《수호전》이 조정에 대한 반항심을 유발한다는 점을 우려하여, 일반인들이 이 작품을 읽지 못하도록 금서禁書로 묶어버렸다. 그러나 그러한 금지령에도 불구하고, 그 자체의 내용적인 깊이나 높은 예술적 가치 때문에 시종일관 독자들의 흥미를 불러 일으켰으며, 후세의 소설·희곡 및 기타 민간 문예 등 여러 분야에 커다란 영향을 끼칠 수 있었다.

《서유기》는 초당初唐 때 승려였던 삼장법사三藏法師 즉 현장玄奘(600~664) 스님이 손행자孫行者를 데리고 천축天竺 곧 인도로 불경을 가지러 가는 여행 도중에 81군데에서 겪었던 갖가지 고난을 서술해 놓은 작품이다. 작자 오승은吳承恩(1500?~1582?)이 현장법사의 취경取經에 얽힌 이야기들을 수집하여, 신마소설神魔小說 내지는 신화소설神話小說의 대표작인 《서유기》를 엮어낸 것으로 알려져 있다. 100회본을 기준으로 살펴보면 제1회부터 7회까지가 손오공孫悟空의 탄생과 천궁天宮에서 손오공이 난동을 부린 내용을 기술하고 있고, 제8회부터 12회까지에서 현장법사가 등장하여 불경을 가지러 가게 된 배경을 설명하였으며, 제13회부터 100회까지에서는 손오공이 저팔계豬八戒와 함께 현장법사를 모시고 험산준령을 지나며 여러 요괴들을 물리치고 불경을 가져오는 과정을 묘사하고 있다.

이 작품 역시 소재를 역사적인 사실로부터 취해 왔지만, 다른 작품들과는 달리 작자의 기상천외한 상상력이 발휘되어 비현실적이고 환상적인 세계가 가득 펼쳐져 있기 때문에, 독자들의 흥미를 무한히 자아낸다. 전체적으로 황당무계한 이야기가 주종을 이루고 있어서 더러 유치한 느낌을 주기도 하지만, 예전의 신괴류神怪類 설화들과는 상당히 다른 차이점을 드러내고 있다. 곧 과거의 신괴류 설화들에는 대체로 종교적이고 미신적인 요소가 아주 강하게 작용하고 있으며, 주제도 권선징악勸善懲惡이나 인과응보因果應報 등이 천편일률적으로 강조되어 있다. 이에 반해 《서유기》에는 물론 불교를 위시한 여러 종교들의 종교적 색채가 다분히 깔려 있기는 하지만, 그런 요소들이 작품의 표면에 드러나 있지 않고, 우선 작자의 기상천외한 환상력이나 순진무구한 낭만성 그리고 왕성한 창의력 같은 것들이 두드러지게 느껴진다. 중국 사람들은 전통적으로 공孔·맹孟 이후로 줄곧 현실주의로 일관하였지, 낭만적인 정신이나 광대한 환상력 같은 것이 사상계나 문학계 할 것 없이 한결같이 결여되어 있었다. 그런 점에서 이 《서유기》는 아주 독특한 색채를 드러내 보이고 있는 낭만문학의 보고寶庫라고 할 수 있다. 한편 등장인물들이 대부분 요괴들로 설정되어 있는데, 이 요괴들이 다들 사람의 형상을 띠고 있는 것으로 묘사되어 있기 때문에 요괴들한테서 일종의 친근감을 느낄 수가 있다는 점 역시 주목을 끈다.

《서유기》의 주제에 관해서는 여러 가지 의견들이 많이 개진된 바 있다. 작자가 배움을 권장하고자 하는 의도로 이 작품을 지었다는 주장도 있고, 참선參禪이나 수도修道를 강조하기 위한 의도로 지었다는 설도 있으며, 심지어는 작품에 등장하는 요괴들이 백성을 탄압하는 지주 계급을 상징하고 손오공은 이들에 맞서 싸우는 영웅으로 형상화된 것이라는 견해도 제시되었다. 어떤 이는 손오공이 일체의 구속을 반대하며 자유를 추구하는 신화적인 영웅으로 형상화되어 있는 것으로 이해하여, 손오공이 옥황상제한테 대항해서 천궁天宮을 때려 부순 행동이 마치 황제에게 대항하고 봉건통치 시대의 모든 제도나 질서 등을 파괴하는 행위를 염두에 둔 서술이라고 풀이하였으며, 불경을 가지러 가는 도중에 만났던 여러 마귀들이 사회의 부정 부패 세력들을 비유한 것이라는 해석을 제기하기도 하였다. 그렇지만 이런 주장들은 모두 부자연스러운 억지 해석 같은 느낌이 많이 들고, 노신魯迅이 《중국문학사략中國文學史略》에서 언급한 것처럼 작자가 단순하게 유희적인 동기에서 창작한 작품으로 이해하는 편이 훨씬 더 설득력이 있어 보인다. 어떻든 《서유기》는 신화적인 색채가 농후한 낭만주의 소설의 전형으로서, 천궁과 요괴들의 세계를 의인화시키고 현실화시킴으로써 인간 사회의 복잡하게 뒤엉킨 갖가지 모순과 투쟁 양상 등을 세세하게 반영해 놓은 작품임에 틀림이 없고, 그런 점에서 남녀노소를 막론한 역대 중국인들의 사랑을 완전히 독차지할 수 있었다.

《금병매》는 반금련潘金蓮·이병아李甁兒·춘매春梅 등 여주인공 세 명의 이름에서 한 글자씩을 따서 제목을 삼은 작품으로, 《수호전》 중의 제23회부터 제27회 앞 부분까지에 나오는 무송武松에 관한 이야기를 소재로 택하여 100회나 되는 장편으로 확대 창작한 소설이다. 곧 무송의 형수 반금련은 서문경西門慶과 정을 통한 후, 남편인 무대武大를 살해하고 서문경의 첩이 되어 음탕한 생활을 계속하였다. 남편 서문경은 음욕淫慾에 가득 찬 생활을 계속하면서 사업을 번창시키고, 또 뇌물을 바쳐서 벼슬도 얻는 등 모든 욕망을 다 채워나간다. 그렇지만 이들은 결국 무송에 의해 응징을 받게 되며, 79회에서 서문경은 병사하고 87회에서는 반금련이 피살당하게 된다. 그 후로 서문경 집안은 완전히 몰락하여 처첩妻妾들이 뿔뿔이 흩어지게 되고, 유복자인 효가孝哥는 결국 인과응보의 진리를 깨닫고 출가하는 것으로 작품이 막을 내린다. 창작 연대는 대략 만력萬曆 중기 무렵 곧 16세기 말 경으로 추정되며, 작자는 난릉蘭陵 곧 오늘날의 산동성山東省 역현嶧縣 사람인 소소생笑笑生이라고만 밝혀져 있을 뿐 어떤 인물인지 전혀 확인이 되지 않고 있다. 판본으로는 가장 이른 판본인 《금병매사화金甁梅詞話》본과 청 강희 연간에 장죽파張竹坡가 본문에 비평을 가한 개정본改訂本 등이 통행되고 있다.

이 작품의 가장 두드러진 특색은 성性에 대해서 아주 노골적이면서도 계속적인 묘사를 가해 놓고 있다는 점이다. 그래서 《금병매》는 중국 뿐만 아니라 동서고금을 통해 유명한 음서淫書로 여겨져 왔고 외설문학猥褻文學의 대표로 꼽혀 왔으며, 또 오래도록 금서로 묶이기도 하였다. 그런데 이 작품이 지어진 것으로 추정되는 만력 중기 무렵에는 중국 사회에 정실 정치와 부패 정치가 판을 치고 있었다 한다. 신종神宗은 후궁들과의 향락에 깊이 빠져 있었고, 조정 대신들 사이에는 매관매직이 마구 성행할 정도였다. 한편 수공업의 발달과 함께 벼락부자가 된 상인들은 관리들과 결탁하여 재산을 늘려나가며 돈으로 벼슬을 사기도 하는 등 사회의 부조리 현상이 극에 달하였으며, 또 조정에서부터 항간에 이르기까지 방중술房中術에 관한 이야기들이 대단한 성행을 누렸을 정도로 퇴폐적이고 향락적인 풍조가 사회 전반에 두루 만연해 있었다. 《금병매》의 출현은 바로 이러한 사회 분위기와 밀접한 관련이 있었던 것으로 보여진다.

어쨌든 《금병매》는 중국 염정소설艷情小說의 대표작이면서, D. H. 로오렌스의 《차텔리 부인의 사랑》과 비교될 만한 걸작으로 평가받고 있다. 또 이 작품은 서문경이라고 하는 약재상을 주인공으로 해서 그를 둘러싼 여러 처첩들 간의 이야기를 다루고 있다는 점에서 인정소설人情小說이라 불리기도 하고, 그 당시의 사회 풍조를 잘 대변하고 있다는 점에서 사회소설이라고 불리기도 한다. 작품에 대한 평가는 보는 시각에 따라 여러 가지로 다르게 내려지고 있다. 어떤 사람은 봉건 사회의 부패한 관료 정치와 관리들의 음탕한 향락적인 생활 실상을 잘 폭로한 사실주의적 작품이라고 평하기도 하고, 또 일부에서는 관료들의 지배 구조나 일부다처제와 같은 봉건 윤리를 옹호하고 있는 퇴폐적인 작품이라고 보는 견해도 있다. 또 어떤 사람은 인간의 본능에 대한 긍정적인 서술을 통해서 자유로운 시대 정신을 고양시킨 작품이라고 높이 평가하는 반면에, 일각에서는 남녀의 성적인 묘사에만 치우친 외설문학이라고 혹평하는 경우도 있다. 이처럼 다양한 평가가 내려지고 있지만, 《금병매》는 종래의 통속소설 작품들이 대부분 실생활과는 거리가 먼 영웅이나 기상천외한 환상적 세계를 다루고 있는데 반해, 현실 사회의 평범한 인물들을 내세워 그들의 가정 생활과 사회 생활을 사실적으로 묘사하면서 철저하게 현실 세계를 파헤친 작품이라는 점에서 중국소설사에 있어 아주 획기적인 의미를 지닌다. 더군다나 예전의 다른 작품들이 모두 민간인들의 입을 통해 전해오던 내용을 문인들이 가공하고 정리해서 이루어낸 것들인데 반해, 이 작품은 특정 문인 개인이 창작한 최초의 장편소설이라는 점에서도 소설 발전 과정에 있어 차지하는 의의가 자못 크다 하겠다.

42
청대淸代 시문

청대淸代에는 소설과 희곡 같은 장르가 비교적 성행하였고, 시·문 분야는 상대적으로 열세를 면치 못하였다. 시詩의 경우 전반적으로 복고적인 학술 풍토 속에서, 모든 시인들이 예전 작가와 작품을 규범으로 삼아 모방하는 형태로 작품 활동을 전개하였다. 문인들에 따라 시에 대한 견해나 이론들이 다양하게 개진되었는데, 크게 보면 당시唐詩를 숭상하는 종당파宗唐派와 송시宋詩를 숭상하는 종송파宗宋派 두 유파로 나눌 수 있다. 이들 두 유파 외에도 시인 자신의 창의성과 개성을 살려 나름대로 독자적인 시풍詩風을 구축하고자 노력하였던 일부 시인들이 있었지만, 시단 전체의 큰 흐름을 막기에는 도저히 역부족이었다.

청대 초기의 시단은 전겸익錢謙益(1582~1664)과 오위업吳偉業(1609~1671) 두 사람이 주도하였는데, 이들은 각각 송시와 당시를 숭상하면서 종송파와 종당파의 출발을 이끌어내었다. 전겸익은 명조明朝에서 예부시랑禮部侍郎까지 지냈던 고관인데, 청나라에 항복하고 계속 관직을 맡았기 때문에 지조 없는 사람이라는 비난을 많이 받았다. 그는 전·후칠자를 비롯한 명대 문인들의 의고주의擬古主義 문학사조를 강도 높게 비난하고, 진실된 감정의 자연스러운 표현을 중시하였던 공안파公安派의 공적을 극찬하였다. 아울러 내용이 부실하고 단순한 모방에 그치는 『무시無詩』를 배격하는 한편, 내용이 충실한 『유시有詩』를 지어야 한다고 역설하였다. 특히 송대 시인 소식과 육유 그리고 금金나라 시인 원호문을 좋아하고 송·원대 시를 높이 평가하여 종송파 출범의 길을 터 주었다. 오위업 역시 명조 때 남경국자감사업南京國子監司業을 지냈고, 청조淸朝에서도 국자감좨주國子監祭酒를 역임하였다. 그는 청조를 섬긴 사실을 못내 부끄럽게 생각하면서, 자신의 행동을 후회하고 조국의 멸망을 안타까워하는 내용의 작품을 써내었으며, 특히 백거이의 시를 본받아 우수한 걸작들을 많이 발표함으로써 종당파의 출범을 이끌어내었다. 이 두 사람 외에 명나라의 유신遺臣인 고염무顧炎武·황종희黃宗羲·왕부지王夫之 등 역시 훌륭한 시를 많이 남긴 청초淸初 학자 겸 시인이다. 이들은 모두 망해버린 조국 명나라에 대한 울분과 회한을 그린 시들을 많이 남겼다. 특히 고염무는 400수 가량의 시가 현존하고 있을 정도로 가장 많은 작품을 남긴 바 있다.

그런데 청대 초기에 가장 문명을 크게 떨쳤던 사람은 역시 왕사정王士禎(1634~1711)이라 할 수 있다. 그는 자字가 이상貽上이고 호號가 완정阮亭 또는 어양산인漁洋山人이며, 오늘날의 산동山東 역성歷城 사람이다. 벼슬이 형부상서刑部尙書에까지 올랐으며, 시문집 《대경당집帶經堂集》을 위시하여 《대경당시화帶經堂詩話》·《지북우담

王士禎

池北偶談》·《향조필기香祖筆記》 등 많은 저술을 남겼고, 3천여 수나 되는 시를 창작하기도 하였다. 시에 있어서는 신운설神韻說을 제창하여 시의 정취가 맑고 담백하면서도 심오한 의미의 경지에 이르러서 신묘神妙한 운치를 지녀야 한다는 주장을 폈으며, 당시唐詩 특히 왕유와 맹호연의 시를 중시하면서 종당파의 우두머리로 군림하였다.

청대 중엽에는 학술 전반의 부흥 추세에 편승하여, 문단 분위기가 한층 더 활성화되었다. 심덕잠沈德潛(1673~1769)은 이 시기의 대표적인 시인인데, 자字가 확사確士이고 호號가 귀우歸愚이며, 오늘날의 강소江蘇 장주현長洲縣 사람이다. 67세 때 진사進士에 급제한 후, 건륭乾隆 황제의 신임을 받아 예부상서禮部尙書를 지냈으며, 10년 동안 황제의 시작詩作 상대가 되어 주었다고 한다. 그는 종당파의 일원으로, 격조설格調說을 제창하였다. 격格이란 시에서 사상을 표현해내는 양식樣式을 뜻하며, 조調란 시의 언어적인 음조音調를 가리키는 말이다. 그는 시의 형식적 외면적인 요소를 매우 중시하여, 작시 기교의 능숙한 발휘를 통해 시각적視覺的인 효과와 청각적聽覺的인 효과를 두루 잘 구현하여야 한다고 역설하였다. 한위육조漢魏六朝의 시를 선별한 《고시원古詩源》과 당唐·명明·청淸 각 시대의 시를 뽑은 《당시별재唐詩別裁》·《명시별재明詩別裁》·《국조시별재國朝詩別裁》 등 시선집을 편찬하기도 하였다.

원매袁枚(1716~1797) 역시 이 시기의 대표적인 시인으로, 자字가 자재子才이고 호號가 간재簡齋 또는 수원隨園이며, 오늘날의 절강浙江 전당현錢塘縣 사람이다. 23세 때 과거에 급제하여, 젊은 나이로 강녕현江寧縣(오늘날의 남경南京)의 지현知縣을 맡았다. 부친 상喪을 당하여 관직에서 물러난 후, 줄곧 40년 동안 전원에 파묻혀 시와 문장을 지으며 유유자적한 생활을 하였다고 한다. 성령설性靈說을 주장하여, 진실된 성정性情이 담기고 작자의 개성이 발휘된 시를 써야지 천편일률적으로 옛 작품을 모방하여서는 안 된다고 역설하였다.

그 외에 옹방강翁方綱(1733~1818)이란 시인 역시 기리설肌理說이란 독자적인 시론詩論을 제시한 바 있다. 그는 왕사정의 신운설을 보완하여, 신운에만 너무 집착하면 천박하게 되는 폐단이 뒤따르기 때문에 『기리肌理』를 잘 살려내어야 한다고 주장하였다. 『기리』란 사람의 피부 결 곧 살결을 뜻하는데, 사람의 살결에 부드러운 살결이 있고 거친 살결이 있듯이 작품에 있어서도 작자의 개성적인 결이 중요하며, 그러한 개성을 살리기 위해서는 많은 학문을 쌓아야 된다고 설명하였다.

청대 후기 곧 만청晩淸 시대에는 시인들이 일반적으로 송시宋詩

를 선호하였다. 그 당시 서양 열강들의 침략이 거세어지는 와중에서 청나라 조정의 부패와 무능이 백일하에 드러난 상태였기 때문에, 이런 시대적 배경 하에서 시인들의 관심이 자연히 사상성이 강한 송시 쪽으로 향하게 되었던 것이다. 이러한 변화의 시발점은 공자진龔自珍(1792~1841)으로부터 비롯되었는데, 그는 시를 통하여 암울한 사회 현실을 비판하고 위선으로 가득 찬 세태에 대해 분개하면서 나름대로의 정치 이상을 피력하곤 하였다. 그 외에도 증국번曾國藩(1811~1872)·하소기何紹基(1799~1873)·정진鄭珍(1806~1864)·김화金和(1818~1885)·진삼립陳三立(1852~1936)·진연陳衍(1856~1938) 등이 모두 송시를 좋아하였던 청대 후기의 대표적인 시인들이며, 이들은 특히 소식과 황정견의 시를 숭상하였기 때문에 흔히 『강서파江西派』라 불리기도 한다.

청말에 이르면 사회 전반에 개혁의 물결이 확산됨에 따라, 시단에도 『시계혁명詩界革命』이 일어난다. 곧 담사동譚嗣同(1865~1898)·강유위康有爲(1858~1927)·양계초梁啓超(1873~1929)·황준헌黃遵憲(1848~1905) 등이 등장하여, 격동하는 시대적 감상感傷들을 충분히 담아내고자 전통 시가詩歌에 대대적인 혁신의 바람을 불어넣었다. 특히 황준헌은 일본·미국·영국·싱가포르 등 여러 나라를 돌며 장기간의 외교관 생활을 하였던 인물로서, 자신이 접하였던 외국 문물과 신사상新思想 그리고 나라를 사랑하는 우국충정과 제국주의 침략에 대한 반항심 등을 통속적인 언어를 구사하여 자연스럽게 묘사해내었다.

사詞는 송대宋代 이후 긴 침체기를 거쳐오다가, 청대로 접어들어 학술 전반의 복고주의 기풍에 편승하여 문인들로부터 상당한 관심을 받게 된다. 우선 양적인 면에서 여러 유파의 많은 작가들에 의해 엄청나게 많은 작품들이 쏟아져 나왔다. 뿐만 아니라 청대 학문의 특징이라 할 수 있는 고전에 대한 정리와 재평가 작업이 사 분야에도 활발하게 진행되어, 이전 작품에 대한 학문적인 연구와 정리가 왕성하게 이루어졌다. 그래서 이런 면에서의 업적이 오히려 작품 창작 면의 성과를 크게 앞지르고 있는 것으로 평가될 정도이다.

초기의 사 작가로는 오위업과 왕사정 그리고 납란성덕納蘭性德(1655~1685) 등을 들 수 있다. 특히 납란성덕은 청대 사단詞壇을 빛낸 대표적인 사 작가로, 사집詞集《음수사飮水詞》에 347수의 사가 수록되어 전하고 있다. 31세의 젊은 나이로 세상을 떠났지만, 학술 분야에 두루 큰 공헌을 남겼고, 무예에도 아주 뛰어나 변방 수비를 맡은 적도 있다고 한다. 변새邊塞 지방의 풍경을 잘 묘사한 작품들과 상처喪妻한 후 세상 뜬 아내를 그리는 내용의 애절하고 다정다감한 도망사悼亡詞 작품들이 매우 우수하다는 평을 받고 있는데, 청말의 왕국유王國維 같은 평론가는 납란성덕을 북송 이래의 제1인자라고 격찬하기도 하였다.

중기 무렵에는 진유숭陳維崧(1625~1682)·주이존朱彝尊(1629~1709)·장혜언張惠言(1761~1802) 등이 차례로 등단하여, 각각 양선파陽羨派·절서파浙西派·상주파常州派 등의 유파를 형성하고 활발한 작품 활동을 전개하였다. 진유숭은 사집《가릉사迦陵詞》에 모두 415종의 사조詞調에 1,600여 수의 사가 실려 있어서, 역대 사인詞人들 중 최다산最多産 작가로 손꼽힌다. 그는 소식蘇軾과 신기질辛棄疾의 작풍을 이어받아, 충실한 내용과 웅대 호방한 풍격을 구현하였다. 주이존(절강성浙江省 출신)은 왕사정(산동성山東省 출신)과 함께 『남북2대가』로 불렸을 정도로 시·사·문 등에 널리 이름을 떨쳤으며, 《강호재주집江湖載酒集》·《정지거금취靜志居琴趣》 등 사집에 모두 600여 수의 작품을 남긴 바 있다. 그는 강기姜夔·장염張炎 등 남송 사인들의 작품을 높이 평가하면서, 격률과 수사가 정교하고 청신·전아典雅한 사풍을 구축하고자 하였다. 장혜언은 상주사파의 시조로, 비흥比興·기탁寄託의 수법을 통해 온유하고 함축된 정서를 표현하려 애썼으며, 북송 사 특히 주방언周邦彥의 심미굉약深美閎約한 사풍을 모델로 삼았다. 주제周濟(1781~1839) 역시 장혜언의 이론을 계승하여, 상주파의 세력을 크게 키웠던 작가이다. 그는 《지암사止庵詞》라는 사집을 남겼으며, 장혜언의 이론을 보완한 사 이론서 《개존재논사잡저介存齋論詞雜著》를 저술하였고, 또 주방언·신기질·오문영吳文英·왕기손王沂孫 등 네 명의 작품을 뽑아 엮은 《송사가사선宋四家詞選》을 편찬하기도 하였다.

청대 후기에는 장춘림蔣春霖(1818~1868)이란 작가가 나와서, 태평천국의 난을 전후하여 몰락해가는 시국 상황을 염려하고 조국의 장래를 걱정하는 내용의 작품을 많이 발표하였다. 그래서 흔히 두보의 시를 『시사詩史』라고 일컫듯이 그의 사를 『사사詞史』라 일컫기도 하며, 청대 전반을 통해 가장 특출한 사인으로 높이 평가되고 있다. 그 외에도 여러 문인들이 사 창작 뿐 아니라, 사의 정리나 교감 및 평론 등에 많은 성과를 남겼다. 곧 왕붕운王鵬運(1849~1904)의 《사인재휘각사四印齋彙刻詞》·《송원삼십일가사宋元三十一家詞》 등과 정문작鄭文焯(1856~1918)의 《사원각률詞源斠律》·《절묘호사교석絶妙好詞校釋》 등과 황주이況周頤(1859~1926)의 《혜풍사화蕙風詞話》와 왕국유王國維(1877~1927)의 《인간사화人間詞話》 등이 모두 이 시기에 발표된 사론서詞論書 내지는 사선집詞選集이다. 특히 《인간사화》는 서양의 근대 미학이론 내지는 문학이론을 도입하여 중국의 전통문학을 재조명한 매우 중요한 시詩·사詞 평론서인데, 중국에서 근대적인 문학비평의 장을 처음 열어 놓았다는 평을 받고 있다.

산문 분야에서는 『청초고문삼대가淸初古文三大家』로 불리는 위희魏禧(1624~1680)·후방역侯方域(1618~1654)·왕완汪琬(1624~1690) 등이 청대 초기의 대표적인 문장가였다. 위희는 조국 명나라가 멸망당한 후 산 속에 은거하며 고문 창작에만 몰두하였다고 하는데, 주로 전란의 참상과 청조에 항거하는 기개 같은 것을 표현하였다. 후방역은 삼대가 중에서도 가장 뛰어난 문장가로 정평이 났으며, 역시 당시 백성들의 항청抗淸 의식을 추앙하는 내용의 문장을 많이 남겼다. 왕완은 구양수와 증공의 산문을 본받으면서, 학문적인 색채가 농후한 문장을 주로 지었다.

청대 중엽으로 내려오면 방포方苞(1668~1749)·유대괴劉大櫆(1698~1780)·요내姚鼐(1731~1815) 등 동성파桐城派 문인들이 문단을 완전히 주도하게 된다. 이들 중심 인물들이 모두 안휘성安徽省 동성현桐城縣 출신이기 때문에 동성파라고 불렸다. 방포는 『의법義法』을 산문의 표준으로 제시하여, 『의義』(문장의 사상 내용)와 『법法』(문장의 구성과 수식 등 형식적인 측면)이 겸비된 문장을 써야 한다고 주장하였다. 유대괴는 방포의 의법설을 보완하여 『신기음절神氣音節』을 표방하고, 문장 속에 작자의 정신이 충실하게 표현되면서 음조音調와 절주節奏 등의 조화를 통한 예술성이 뒷받침되어야 한다고 주장하였다. 요내 역시 유대괴의 견해를 보완하여 훌륭한 문장의 요건으로 『신神·이理·기氣·미味·격格·율律·성聲·색色』 등을 제시하였는데, 그 중 『신·이·기·미』는 유대괴의 『신기』를 확충한 것으로 문장의 내용과 정신을 가리키며, 『격·율·성·색』은 『음절』을 확충한 것으로 문장의 수사와 형식을 가리킨다. 이들의 주장은 그 당시 대단한 반응을 얻으면서 크게 위세를 떨쳤고, 청 말기까지도 줄곧 큰 영향을 끼쳤다. 특히 요내가 편찬한 《고문사류찬古文辭類纂》 75권은 진한秦漢으로부터 방포·유대괴에 이르는 역대 산문가들의 문장을 엄선 수록한 산문집으로, 각 문체에 대한 개괄적인 해설까지 곁들여 고문 교과서로서의 완벽한 체제를 갖추고 있어서 후세 문인들 사이에 폭넓게 활용된 바 있다. 요내 이후에는 증국번曾國藩(1811~1872)이란 문인이 출현하여 동성파의 고문 전통을 계승 발양시키게 된다. 그는 태평천국太平天國의 난을 평정하는 등 정치 군사적인 역량이 뛰어났을 뿐 아니라, 문학과 학술 분야의 식견도 아주 높았다. 그래서 그 당시 유명 문인들이 거의 모두 그의 문하에서 배출되었을 정도로 문단에 큰 영향력을 행사하였다. 그의 산문은 동성파에 근원을 두고 있으면서도, 작품의 제재가 확대되었고 사상적인 깊이가 더해졌으며, 통속성이 배제된 대신 기풍이 훨씬 강건해진 경향을 보이고 있다. 그는 또 《고문사류찬》의 수록 범위가 너무 좁다고 생각하여, 경서經書·사서史書 및 제자諸子의 문장들을 두루 보충한 《경사백가잡초經史百家雜鈔》 26권을 편찬 유행시키기도 하였다. 이들 외에 강소성江蘇省 양호현陽湖縣 출신인 운경惲敬(1757~1817)·장혜언張惠言(1761~1802) 등 이른 바 양호파陽湖派 문인들이 출현하여, 고문과 함께 변려문도 즐겨 지으면서 비교적 질박하고 자유로운 산문 경향을 구축하였다. 다만 이들은 이론이나 작품 성과 등 모든 면에서 동성파에 훨씬 뒤졌을 뿐 아니라, 참여한 문인들 수도 얼마 되지 않았다. 그래서 결국 문단 내에서 큰 조류를 형성하지 못한 채, 동성파의 방계 유파 정도의 지위에 머물고 말았다.

청대의 산문 분야는 이처럼 동성파의 고문이 거의 주도하다시피 하였다. 그렇지만 복고주의 기풍이 워낙 강하였던 청대의 학문 경향 속에서, 변려문騈儷文 역시 여러 문인들에 의해 재현되고 또 상당히 유행하기까지 하였다. 청 초기 변려문의 명수였던 진유숭陳維崧을 비롯하여 오기吳綺(1619~1694) 등이 초기에 활약하였고, 청 중엽에는 이른 바 『변문팔대가騈文八大家』라 불리는 원매袁枚·홍양길洪亮吉(1746~1809)·공광삼孔廣森(1752~1786) 등이 나와서 착실히 변려문을 계승 창작하였으며, 말기에는 완원阮元(1764~1849)이 출현하여 변문의 중요성과 가치를 역설하면서 변려문의 대가로 군림하였다. 그는 고인들이 옛날부터 문장을 『문文』과 『필筆』로 나누었던 점에 착안하여, 운韻이 있는 문장 곧 아름답게 표현된 글이 『문』이며 실용적인 글은 『필』에 해당된다고 보았다. 그래서 변려문 같은 문장이야말로 진정한 문학이라 할 수 있는 반면에, 당송8대가의 고문 같은 것은 문학성이 결여된 글들이며 또 유가 경전이나 《사기史記》 같은 학술적인 문장들도 모두 문학으로 볼 수 없는 글들이라고 주장하였다. 그 당시로서는 완원의 높은 지위와 명망 때문에, 그의 문학 이론 역시 문단으로부터 상당한 주목을 받았다. 그렇지만 그에 대한 반박도 만만치 않았으며, 전체적으로 볼 때 변려문은 이론이나 창작 모든 면에서 동성파 고문에 완전히 압도되었을 정도로 그 기세가 미미한 정도에 불과하였다.

43 청대淸代 전기傳奇와 지방희地方戲

청대의 희곡은 원·명대 때처럼 흥성을 누리지 못하였으며, 수준도 예전보다 훨씬 뒤졌다는 것이 일반적인 평가이다. 그 당시에는 만주족의 통치 하에서 정치 풍토가 전에 없이 억압적이고 사상적인 통제가 어느 때보다도 심하였으며, 그래서 작가들이 자유롭게 자신의 역량을 발휘할 수 없었다. 본래 현장성을 생명으로 하는 희곡 양식이 다른 어느 분야보다도 사회·문화적인 통제 장치의 타격을 직접적으로 또 크게 받았던 때문일 것이다. 그리고 풍부한 생활 경험을 갖춘 뛰어난 작가들이 많이 배출되지도 못하였으며, 희곡과 같은 공연 예술을 천시하는 유가儒家들의 경직된 사고 방식이 계속 이어졌기 때문에, 희곡계는 자연히 침체될 수밖에 없었다.

희곡 작품의 성격도 크게 변질되었다. 서민들을 주요 대상으로 삼는 대중 지향성이 상실되었을 뿐 아니라, 상연을 전제로 하는 극 양식 본래의 현장성 역시 대폭 축소되었다. 그 대신 지배 계층의 기호에 부응하는 방향으로 변화를 시도함으로써, 나름대로의 활로를 열어나가고자 하였다. 그래서 작품들이 대체로 옛날 전적典籍이나 역사적인 문건들로부터 소재를 취해 와서 작품을 엮어내는 의고적擬古的인 경향을 띠게 되었으며, 또 운서韻書나 곡보曲譜 등에 근거하여 곡률曲律을 준수함으로써 상류층 인사들의 취향에 영합하는 추세를 나타내었다. 결국 청대의 희곡은 상연용 극본이라기보다는 상류층 인사들이 머리 속으로 무대를 상정하면서 눈으로 읽는 감상용 문학 작품으로 점차 변질되었고, 그리하여 대중들로부터 완전히 이탈된 채 그 생명력을 상실하고 말았다.

특히 잡극 분야는 예전과 전혀 비교가 되지 않을 정도로 심한 쇠퇴 국면을 맞았다. 청대 전체를 통틀어 비교적 유명한 작가로 《임춘각臨春閣》·《통천대通天臺》를 지은 오위업과 《독이소讀離騷》·《도화원桃花源》·《조비파吊琵琶》·《흑백위黑白衛》를 지은 우동尤侗(1618~1704) 그리고 《일편석一片石》·《제이비第二碑》·《사현추四絃秋》를 지은 장사전蔣士銓(1722~1784) 등 몇 사람을 꼽을 수 있을 따름이다. 한 가지 특기할 만한 사실은 명대 때 생겨났던 길이가 짧은 단극短劇 작품들이 이 시기에도 계속 많이 지어졌다는 점이다. 이 단극은 문인들 사이에서 상연과 관계 없이 자신의 불만이나 원한을 발산시키기 위한 심심풀이로 크게 유행하였으며, 대표적인 작가로 혜영인嵇永仁(1637~1676)·홍승洪昇(1645~1704)·계복桂馥(1736~1805)·조석불曹錫黻(1729?~1757?)·양조관楊潮觀(1745년 전후)·서위舒位(1765~1815)·석온옥石韞玉(1756~1837) 등이 작품 활동을 하였고, 특히 양조관은 32종이나 되는 많은 단극을 남긴 바 있다.

청대에는 전기傳奇 역시 그다지 큰 성과를 남기지 못하였다. 그렇지만 전반기에는 악곡과 상연상의 필요에 의해 전기가 한 동안 극성을 누리면서, 청대 희곡을 전기가 완전히 주도하는 국면이 전개되었다. 작가들도 많이 배출되었고, 작품 역시 양적인 면에서 볼 때 명대보다도 오히려 더 많을 정도로 활발한 창작이 진행되었다. 특히 청대 초기에 우수한 작품들이 상당수 발표되었으며, 대표적 작가로 청대 4대 전기 작가인 이어李漁(1611~1685)·홍승·공상임孔尙任(1648~1718)·장사전 등을 들 수 있다. 그 중에서도 홍승의 《장생전長生殿》과 공상임의 《도화선桃花扇》은 청대 전기 중 최고의 걸작으로 높이 평가받고 있다.

이어는 청대 전기를 대표하는 4대 극작가 중의 한 명으로, 희곡 창작은 물론 연극에 관련된 음악이나 극 연출 나아가 희곡의 비평과 이론 등 연극 전반에 걸친 전문적인 지식과 안목을 두루 갖춘 극작가였다. 그는 중국희곡사상 희곡의 전 분야를 아우르는 가장 포괄적이고도 체계적인 희곡 이론을 제시하였던 사람이다. 특히 그 당시 대다수의 보수적인 문인들이 희곡 작품의 수사적인 측면과 음악적인 곡률만 중요시하였던 것과 달리, 그는 실제 무대에서의 연출 방식과 상연 효과 등을 아울러 중시하였다. 그래서 그의 작품은 대중적인 무대 위에서 상연되는 것을 전제로 쓰여졌으며, 통속적이고 사실적인 표현과 등장 인물들의 성격에 부합되는 대사가 잘 구사되어 있어서, 관객들이 쉽게 이해할 수 있었을 뿐만 아니라 실제로 무대에 올려 상연하기에 아주 용이하였다. 작품으로 16종의 전기가 전하고 있는데, 대부분 풍자와 해학·익살 등을 주조로 한 작품으로서 저속하고 천박하다는 비판을 받기도 하였지만, 대중적으로 큰 호응을 얻은 바 있다.

이어보다 한 세대 뒤의 작가인 홍승은 원래 남방 출신으로, 젊어서 북경으로 올라 와 관료의 등용문 격인 국자감國子監에 입학하였다. 그렇지만 중년에 이르도록 관직에 오르지 못한 채 불우한 생활을 보냈다. 그는 관료로서는 출세를 하지 못하였지만, 희곡 창작에는 뛰어난 능력을 발휘하여 수많은 전기와 잡극을 창작하였다. 대표작인 《장생전》은 유명한 당唐 현종玄宗과 양귀비楊貴妃의 사랑 이야기를 다루고 있는데, 두 사람의 애정을 미화하고 낭만적인 비극성을 부여하는 방식을 취하고 있다. 그런데 작자는 이 작품에서 단순한 애정극의 범위를 넘어서서, 안록산安祿山·양국충楊國忠·곽자의郭子儀 등 등장 인물들의 행동을 통해 안사安史의 난을 배경으로 한 당시의 역사적 상황을 생생하게 묘사해냄으로써, 강사講史나 연의소설演義小說을 연상시키는 통속적이고 대중적인 분위기를 구현하였다. 작품 속에서 양귀비는 청순하고 성격이 온순한 절세의 미인으로 묘사되어 있으며, 그녀의 비극적인 최후가 관객들로부터 무한한 동정심을 자아낸 바 있다. 반면에 양국충은 권력욕에 사로잡힌 전형적인 간신으로 묘사되어 관객들의 분노가 빗발치듯 집중되었으며, 또 안록산의 반란에 대한 묘사 역시 그 당시 만주족의 중국 침략에 대한 민족주의적인 비애감을 은근히 부추기는 측면을 강하게 드러내고 있다. 그리고 무엇보다도 작품 중의 곡사曲辭가 아름답고 화려하면서도 아주 처절하게 짜여져 있어서, 관객들에게 매우 진한 감동을 전해 주었다.

공상임은 일찍이 강희康熙 황제가 곡부曲阜의 공자 묘를 참배하였을 때 경전을 강의한 적이 있었으며, 그 인연으로 인해 관직에 발탁되었다고 한다. 관료가 된 후 줄곧 강남 지방에서 근무하며, 작품 《도화선》의 배경이 되는 명대 말기의 역사에 대해 깊이 이해할 수 있었다. 문헌을 통한 조사는 말할 필요도 없고, 명대 때부터 생존해 온 노인들을 직접 만나서 명대의 역사적 사실과 도화선에 대한 이야기들을 자세히 들었으며, 그는 이러한 지식과 경험 등을 바탕으로 10여년 동안의 각고 끝에 드디어 《도화선》을 완성하기에 이르렀다. 《도화선》은 1699년에 완성된 작품으로, 청대 희곡 중 가장 뛰어난 작품으로 공인 받고 있다. 전부 44착으로 구성되어 있으며, 명 말엽의 명망 높은 귀공자 후방역侯方域과 명기名妓 이향군李香君 사이의 파란만장한 사랑을 위주로 몰락을 앞두고 있는 당시의 사회상과 권력 계층 인사들 사이의 암투 등을 생생하게 그려내고 있다. 이 작품은 두 남녀의 사랑을 중심으로 극이 전개된다는 점에서 애정을 다룬 희곡임에 분명하지만, 그들의 운명적인 사랑 이야기를 축으로 하여 명나라가 멸망해가는 역사적 과정을 정확하고 생생하게 그려내고 있다. 역사적 소재를 다룬 대부분의 민간문학 작품들이 오락성과 통속성을 확보하기 위해 사실史實을 지나치게 과장하거나 적당히 왜곡 서술하는 것과는 달리, 이 작품은 작자가 서두에 참고문헌 목록을 제시해 두었을 정도로 역사적 사실을 존중하면서 현실을 엄정하게 바라보는 객관적 태도를 견지하고 있는 점이 아주 돋보인다. 그리고 주제가 아주 선명하게 부각되어 있고 등장 인물들의 형상이 실감나게 잘 묘사되어 있어서, 많은 문학사가들의 주목을 끌기에 충분하였다. 또한 대사 부분이 유창하면서도 생동감 있게 잘 구사되어 있고, 곡사 역시 정련되게 잘 다듬어져 있다는 평가를 받는다. 한편 대부분의 중국

희곡들이 행복한 대단원으로 막을 내리는 것과 달리, 이 작품은 두 주인공이 우여곡절 끝에 서로 재회하여 사랑을 이루어낸 상황에서 끝나지 않고 각자 출가하여 입산하는 것으로 극이 마무리됨으로써, 당시 사람들 가슴 속에 응어리진 망국의 비애를 더 증폭시키는 효과를 잘 살려내기도 하였다.

장사전 역시 4대 극작가 중의 한 명으로, 전기 뿐만 아니라 잡극 작품도 많이 창작하여 그 당시에 이미 상당한 호응을 받은 바 있다. 비교적 많은 작품이 현재까지 전해오고 있는데, 작품의 주제나 소재의 폭이 넓고 구성도 잘 짜여져 있다는 평을 받는다.

곤곡崑曲을 채택한 전기 작품은 명대 가정嘉靖 연간 이후 한 동안 전성기를 구가하다가, 명말부터 차츰 쇠퇴되기 시작하였다. 청대로 넘어와서도 사대부들의 오락물 성격을 점점 더 강하게 띠면서 일반 대중들과의 관계가 멀어져 갔으며, 제재의 범위도 아주 협소해지고 전아典雅한 어휘 구사와 세련된 곡사曲辭 운용 등 형식적인 면만 강조되기에 이르렀다. 그래서 결국 무대 위에 올려서 공연하기가 어렵게 되었고, 설사 공연을 한다 하더라도 일반인들이 이해하기에는 너무나 난해한 다분히 상투적이고 장식적인 형태로 변질되고 말았다. 청대 전기가 이렇게 무대예술이라고 하는 희곡의 본질을 상실한 채 단지 눈으로 읽고 감상하는 극본으로 성격이 바뀌어가자, 전기를 대신하여 관객들을 다시 극장으로 끌어들일 수 있는 새로운 연극 양식의 대두를 초래하게 된다. 이러한 요청에 부응하여 나타난 것이 바로 『화부花部』 또는 『난탄亂彈』이라고 하는 지방희地方戲였다.

지방희는 전기가 침체되고 중국 연극계에 일종의 공백기가 형성되었던 18세기 중반에 대두되었다. 말 그대로 대도시가 아닌 각 지방의 서민들 사이에서 유행하였던 극 양식으로서, 지방들마다의 토속적인 음악을 기반으로 하여 생겨났다. 그 당시에는 여러 지방에서 모두 수십 종이나 되는 다양한 토속 음악들이 유행하고 있었는데, 그 중에서도 익양강弋陽腔 · 한조漢調 · 경조京調 · 휘조徽調 · 천조川調 · 이황조二簧調 · 방자강梆子腔 · 서피조西皮調 등이 비교적 넓은 세력권을 형성하고 있었다. 청대 초기부터 각 지방의 도시들이 번영을 누리면서 인구가 상당히 증가되었고, 그렇게 되면서 자연히 연극을 즐기는 관중들의 수요에 부응하여 각 지방의 토속 음악을 바탕으로 한 지방희 작품들이 차츰차츰 무대 위에 올려지기 시작하였다. 이처럼 각지로부터 자연발생적으로 유입된 지방희가 처음에는 사대부들로부터 저속하다는 비난을 받았지만, 점차 서민 대중들의 호응을 얻으면서 결국 청대 중기에 이르러 전기에 필적할 만큼 큰 세력을 형성하게 되었다. 지방희는 원래 민간에서 생겨난 것이기 때문에, 구성이 상당히 자유롭고 엄격한 제약이나 규칙이 별로 수반되지 않았다. 그리고 곡사나 대사가 통속적이고 생기 넘치는 백화체로 짜여져 있으며, 음악 역시 아름다우면서도 평이하고 명쾌한 곡조들로 구성되어 있어서 당시 서민들의 공감대를 쉽게 형성할 수 있었다. 이러한 속성 때문에 지방희는 서민들 사이에서는 물론 점차 상류 계층과 사대부 계층의 환영도 받을 수가 있었던 것이다.

지방희의 급속한 발전과 함께 청대 중기 이후로 많은 지방희 극본들이 쏟아져 나왔다. 그런데 대부분이 민간에서 자연발생적으로 이루어진 것들이기 때문에, 작자가 불분명하고 오랜 세월 동안 무대 위에 올려져 수정되는 과정을 거쳐 완성된 것으로 보인다. 이런 지방희는 각 지방의 토속 음악들이 워낙 다양하였기 때문에, 그 종류가 매우 다양하였을 뿐만 아니라 각기 독특한 풍격과 맛을 지니고 있었다고 한다. 다만 공연 형식이나 극본의 양식 그리고 표현 방식이나 언어의 운용 및 내용 등은 거의 비슷한 면을 보이고 있다.

이런 여러 가지의 지방희들 가운데서 가장 널리 유행하였던 것이 바로 피황皮簧을 주조로 한 경극京劇이다. 경극은 경희京戲 또는 평극平劇이라고도 하는데, 말 그대로 북경 지방을 중심으로 유행한 지방희의 한 종류였다. 피황은 본래 서피西皮와 이황二簧 두 곡조가 융합되어 이루어진 새로운 음악이었다. 그 중 서피는 원래 감숙성甘肅省 일대에서 유행하였고, 이황은 원래 호북성湖北省의 황강黃岡·황피黃陂 일대에서 유행하였다. 그러다가 청대 중기에 이 두 곡조가 서로 융합하여 피황이라는 새로운 음악으로 발전하였으며, 18세기 말에는 급기야 북경으로 유입되기에 이르렀다. 그 후로도 피황은 여러 종류의 음악들을 두루 흡수하고 또 전기의 음악인 곤강崑腔의 장점까지 받아들임으로써, 음악적으로 더욱 더 다듬어진 결과 드디어 경극의 음악으로 완전히 자리를 굳히게 되었다.

19세기로 접어들면 상업 발전과 도시의 발달에 힘입어 북경을 중심으로 유행하던 경극이 오히려 각 지방으로 널리 보급되기 시작하였으며, 그 결과 전국적인 성행을 누리면서 마침내 전기를 대체하는 양상이 전개된다. 서민들의 애호를 바탕으로 꾸준한 발전을 거듭한 끝에, 극본도 다양해지고 전국적으로 대단한 명성을 날렸던 명배우들도 많이 배출되었다. 물론 경극은 전기나 잡극과 비교해볼 때 곡사가 저속하고 구성도 엉성하여 전체적으로 세련미가 아주 부족하다는 비판을 면할 수 없지만, 그 자체의 통속성이나 대중성으로 인해 이해하기가 쉽고 서민적인 정서에 잘 부합되는 강점을 지니고 있기도 하다. 그리고 규칙이 자유롭고 음악이 다양하며 부수적인 볼거리도 풍부하기 때문에, 관객들의 폭넓은 사랑을 받으면서 오늘날에 이르기까지 약 100여년 동안의 중국 연극계를 완전히 독점하다시피 활발하게 공연되어 오고 있다.

京劇 유명 배우

44
《요재지이聊齋志異》

蒲松齡

육조六朝 시대 지괴志怪 소설이나 당대唐代 전기傳奇 소설의 맥락을 이어받은 단편 문언소설은 송대 이후 점차 쇠퇴되어 오다가, 명 말기부터 단편소설을 애호하는 기풍이 점점 확산되면서 다시 활성화되었고, 청대로 넘어와서도 이런 단편소설들이 계속 활발하게 지어졌다. 그 중에서도 청대 초기에 포송령蒲松齡(1640~1715)이 편찬한 《요재지이聊齋志異》는 단편소설 즉 필기筆記 소설의 최고봉이란 평을 받고 있다.

포송령은 자字가 유선留仙 또는 검신劍臣이고, 호가 유천柳泉이며, 오늘날의 산동山東 치박淄博 사람이다. 어린 시절부터 남달리 총명하였고 19세 때부터 과거 시험에 응시하여 현縣·부府·도道 등

세 번에 걸친 시험에서 수석으로 합격하여 문명文名을 떨쳤지만, 정작 본 시험에서는 누차 낙방하였고 71세 때 겨우 공생貢生이 되었다고 한다. 31세 때 지방 막료 직을 잠시 맡은 외에는 평생 동안 고향에서 글방 선생으로 지내며 곤궁하게 일생을 보내었는데, 문학 작품 창작에는 대단한 열의를 보여 《요재지이》 외에도 문집 4권과 시집 4권 및 기타 잡저雜著들을 남긴 바 있다. 그의 대표작인 문언 단편소설집 《요재지이》는 원래 모두 16권에 431편의 단편이 수록된 청가정본靑柯亭本이 1766년에 간행되어 널리 유통되었다. 근래에 들어 1962년 중화서국中華書局에서 출판한 회교회주회평본會校會注會評本에는 모두 491편이나 되는 단편이 실려 있다. 포송령은 수 년 간에 걸친 자료 수집과 집필 작업을 거쳐 40세 무렵에 이 《요재지이》의 편집을 완료하였고, 그 후에도 계속해서 수정과 보충을 가하였다고 한다. 그는 자신의 유일한 취미가 바로 신괴류神怪類 이야기들을 수집하는 것이라고 말한 적이 있다. 실제로 그는 평소에 늘 사람들을 찾아다니며 구술하는 이야기를 일일이 받아 적었고, 또 몇몇 친구들의 도움을 받아 다른 지방에서 전하고 있는 고사故事들을 두루 채집하기도 하였다. 이렇게 해서 모은 자료들을 다듬고 정리하고 각색을 가하여 바로 《요재지이》라는 역작을 이루어내었던 것이다.

《요재지이》에는 다양한 주제가 설정되어 있다. 우선 그 당시 사회의 어두운 면들과 부패한 정치 현실 및 탐관오리들의 갖가지 만행 등을 낱낱이 폭로한 작품들이 매우 주목을 끈다. 예를 들어 〈촉직促織〉에서는 황제가 귀뚜라미 싸움 구경을 아주 즐겨 지방 관리들이 황제에게 아첨하기 위하여 백성들을 마구 핍박하며 귀뚜라미를 잡아 바치게 하였고, 백성들은 압박과 착취를 당한 나머지 가산을 탕진하기 일쑤였으며 심지어 귀뚜라미 때문에 가족을 잃는 경우도 있었던 것으로 묘사되어 있다. 작자는 이 작품에서 봉건사회의 추악하고 어둡고 잔혹한 실상을 예리하게 비판하였으며, 아울러 백성들의 고통에 대해 무한한 동정의 손길을 보내고 있다. 〈석방평席方平〉에서도 주인공 석방평이 아버지의 원수를 갚기 위하여 넋이 저승으로 가서 상소를 올리게 되었는데, 원수로부터 뇌물을 받은 저승의 관리들은 석방평의 탄원을 받아들이기는커녕 오히려 그에게 잔혹한 형벌을 가하였으며, 결국 석방평은 갖가지 위협과 유혹을 물리치고 부친의 원수를 갚는 것으로 묘사되어 있다. 이 작품에서의 저승은 사실 당시의 현실 사회를 비유한 것이며, 작자는 그 당시 각급 관청의 관리들이 뇌물을 받아 먹고 법을 어기곤 하였던 사실들을 빗대어 나타내었던 것이다.

《요재지이》 중에는 과거제도의 갖가지 폐단과 문제점을 폭로한 작품들도 상당수 있다. 곧 〈사문랑司文郞〉에서는 시험관들이 수험생의 문장을 제대로 판별할 줄도 모르면서 능력 있는 인재를 낙방시키고 형편 없는 사람을 급제시키는 사례를 들어, 신랄한 풍자를 가해 놓고 있다. 또 〈왕자안王子安〉에서도 부귀공명에 눈이 먼 선비들의 한심한 행태와 함께 봉건 과거제도가 야기한 부정적인 사회 풍조를 매섭게 풍자하였다.

《요재지이》에서 가장 많은 지면을 차지하고 있는 것은 역시 애정을 주제로 한 작품들이다. 그 중에는 인간 대 인간 간의 연애도 다루어져 있으며, 그 외에 사람으로 둔갑한 여우라든지 귀신 또는 신선 등과 사람 사이의 연애 이야기들이 다양하게 묘사되어 있다.

이런 작품들을 통해 작자는 청춘 남녀들이 봉건 예교의 굴레에서 벗어나 자유롭게 서로 사귀며, 자신의 의사에 따라 결혼도 하고 행복한 가정 생활을 꾸려나갈 것을 제창하였다. 대표적인 예로 〈아보阿寶〉라는 작품은 가난한 선비 손자초孫子楚가 아보를 열렬히 사랑한 이야기를 서술하고 있다. 부유한 대상인의 딸 아보는 미모가 아주 빼어난 절세미인이었다. 아버지는 훌륭한 사위감을 기대하며, 웬만한 가문에서 예물을 잔뜩 준비하여 청혼해 와도 번번이 거절하곤 하였다. 이웃에 사는 손자초는 어리석은 행동을 일삼고 말까지 더듬는 청년이었는데, 한번은 주위 사람이 농담으로 아보에게 청혼해보라고 한 말을 듣고 실제로 중매쟁이를 통해 혼인 의사를 전달하였다. 아보는 중매쟁이에게 농담 삼아 손자초가 손가락이 여섯 개라고 하는데 그 중 하나를 잘라 주면 시집가겠다고 말하였고, 이 말을 들은 손자초는 그 자리에서 도끼를 집어 들어 자신의 여섯째 손가락을 내리찍었다. 중매쟁이는 깜짝 놀라 아보에게 달려가 이 소식을 전하였으며, 아보도 듣고 매우 기이하게 여겼다. 그 후 청명절이 되어 우연히 아보를 마주친 손자초는 아보에게 완전히 반하여, 몸만 집으로 돌아오고 혼은 밤낮 없이 아보의 곁을 맴돌았다. 상사병에 걸린 손자초는 식음食飮을 전폐하고 잠꼬대로 아보의 이름만 외쳐대며 사경을 헤매었으며, 그러던 어느 날 집에 기르던 앵무새가 죽게 되자 손자초의 혼이 몸으로부터 빠져나와 그 앵무새에게 옮겨 붙어 아보의 방으로 날아들었다. 앵무새가 손자초임을 알게된 아보는 그의 깊은 사랑에 감동하여, 다시 사람으로 돌아오기만 한다면 결혼을 하겠다고 약속하였다. 그러자 앵무새는 아보의 신을 한 짝 물고 집으로 돌아갔으며, 중매쟁이가 손자초의 집에 가서 그 신을 찾아다가 아보에게 전달하였다. 아보는 부모에게 손자초의 애틋한 사랑을 설명하고 결국 결혼 승낙을 받아내었으며, 이 소식을 들은 손자초는 그 길로 병이 씻은 듯이 나았다고 한다. 작품에서 손자초의 진지하고 열렬한 사랑은 마침내 농담을 진담으로 바꾸었으며, 귀공자를 그리던 아보의 사랑을 쟁취하고 나아가 가문을 지극히 중요하게 따지던 아보 부모의 고집도 굴복시킴으로써, 봉건 예교에 대한 숭고한 사랑의 승리를 구가하고 있다. 〈아두鴉頭〉 역시 건전한 부부 생활과 진정한 노동의 가치 같은 것을 고양하고 있는 한 편의 연애 소설이다. 여주인공 아두는 원래 여우가 변해서 사람으로 태어난 14살 된 소녀였다. 역시 여우의 화신이며 기생 집을 운영하고 있던 그 어머니는 어린 딸에게 손님 시중을 들며 기생질을 하도록 강요하였다. 반항 정신이 투철하였던 아두는 결국 어느 날 자기 집에 묵게된 서생書生 왕문王文과 함께 집을 뛰쳐나가서, 두 사람이 함께 가게를 열어 장사를 하며 생활하였다. 그러나 무서운 어머니와 언니가 그녀의 행방을 알고 찾아와 붙잡아가서는, 죄수들 가두는 방에다 감금시켜 놓고 채찍으로 마구 때리며 갖은 고초를 가하였다. 온갖 시련을 참고 견디며 남편에 대한 일편단심을 굳건히 지켜내던 아두는 훗날 아들이 찾아와서 구출해주게 되어, 다시 남편을 만나 세 식구가 단란하게 화목한 생활을 꾸려나갈 수 있었다.

예술적인 면에서 《요재지이》가 지니고 있는 가장 두드러진 특징은 풍부한 낭만성이라 할 수 있다. 전체적으로 여우나 유령·신선과 이인異人·동식물·꿈 등에 관한 괴상한 이야기 등을 모은 작품집이면서도, 이야기 속에 등장하는 요물들이 한결같이 인간적인 면을 지니고 있는 것으로 묘사되어 있어서 친근한 느낌을 준다. 또 현실 세계에서 실현될 수 없는 애정 관계를 인간 이외의 다른 차원에서 실현시킨다든지, 또 직접 드러내 놓고 비판을 가할 수 없는 정치 문제나 예교 사상의 폐단 등을 간접적으로 완곡하게 비판하고 있는 점 등을 볼 때, 예전의 단순하고 황당무계한 요괴담妖怪談들과는 많은 차이가 있다. 그리고 대부분의 작품들이 단편 소설의 형식을 취하고 있으면서도, 짧은 편폭 속에서 등장 인물의 심리나 생활 환경 등을 생생하게 묘사하고 복잡미묘한 사건 전개 과정들을 다양한 변화와 함께 자세히 기록함으로써, 나름대로 중대한 사회 문제들을 잘 부각시켜내었다.

《요재지이》는 이처럼 풍부한 사상성을 갖추고 있고 예술적인 성과도 매우 뛰어나서, 중국 문언 단편소설의 발전에 크게 기여하였다. 그래서 발표된 이래로 줄곧 후세 사람들의 폭넓은 주목을 받으면서, 소설계에 대단한 영향을 끼친 바 있다. 《요재지이》가 널리 유행하게 되자, 이 작품을 모방한 단편소설집들이 대거 쏟아져 나왔다. 심기봉沈起鳳의 《해봉諧鐸》과 방액邦額의 《야담수록夜譚隨錄》 그리고 원매袁枚의 《신제해新齊諧》와 기윤紀昀의 《열미초당필기閱微草堂筆記》 등이 그러한 예이며, 특히 기윤의 《열미초당필기》와 원매의 《신제해》 등은 독자들의 많은 사랑을 받았다. 그러나 이런 필기 소설들은 워낙 잡다해서 순수한 소설로 보기에 무리가 많으며, 작품 수준이 《요재지이》와 비교가 되지 않을 뿐만 아니라 당대唐代 전기 소설의 수준에도 훨씬 못 미친다는 평이 지배적이다.

45
《유림외사儒林外史》

吳敬梓

청대淸代는 장편소설의 황금 시대라고 일컬어질 만큼 발표된 소설의 양이 명대보다 훨씬 더 많고, 또 작품의 내용도 한층 더 다양하며 길이 역시 훨씬 더 길어졌다. 그런데 전체적으로 보아 역사 소설이나 신마神魔 소설 같은 작품은 비교적 드물고, 반면에 애정 소설과 사회 소설 및 협의俠義 소설 등이 주조를 이루고 있다. 그 중에서도 애정 소설인 《홍루몽紅樓夢》과 사회 소설인 《유림외사儒林外史》 두 작품은 청대 소설 전체를 대표할 만큼 가장 널리 애독되었던 작품이다.

《유림외사》의 작자 오경재吳敬梓(1701~1754)는 자字가 민헌敏軒이고 호號가 문목文木이며, 오늘날의 안휘安徽 전초全椒 사람이다. 대대로 내려오는 고급 관료 집안에서 태어나 어린 시절은 아주 풍요롭게 보냈지만, 부친 때부터 가세가 기울어 빈곤하고 불우한 일생을 살았다. 20세 때 수재秀才에 합격하였지만, 그 이후의 과거 시험에서는 운이 제대로 따라주지 않았다. 더군다나 관료들이나 사회 저명 인사들의 추악한 모습을 보고 실망한 나머지 관계로 진출하고자 하는 미련을 깨끗이 버렸으며, 내내 가난하지만 호탕하고 자유분방하게 평생을 보냈다고 한다. 만년에 들어서 《유림외사》라고 하는 유명한 장편 풍자소설을 완성하여 세상에 내놓게 되었는데, 구체적인 창작 시기는 건륭乾隆 10~14년 곧 1745년부터 1749년 사이로 추정되며, 원본은 55회로 엮어졌고 나중에 50회본·56회본·60회본 등이 나와서 유행하였다.

《유림외사》는 대표적인 풍자 소설로서, 당시의 과거제도를 주요 비판 대상으로 삼고 있다. 그리고 과거제도로 말미암아 야기된 관료제도 상의 모순점들과 또 팔고문八股文이라고 하는 형식적인 문장에 대한 공부를 통해서 비실용적인 과거 공부에만 집착하며 그런 공부를 통해서 수단 방법을 가리지 않고 벼슬을 얻고 출세도 하고 하려는 바람직하지 못한 사회 풍토 등을 객관적으로 꼬집어 놓고 있다. 작자의 관점에 따를 것 같으면 그 당시 과거제도는 참다운 지식이나 실용적인 학식을 배양시키는 것과는 거리가 멀었고, 사람들로 하여금 벼슬을 위해서 수단 방법을 가리지 않는 비열한 존재로 만들어버리는 나쁜 제도로 비쳐졌다. 또 그러한 제도의 부산물로서 당시의 유림儒林 세계는 인간성이 완전히 파괴되어 버린 극도로 비인간적인 세상으로 보였던 것이다.

작품 속에 많은 인물들이 등장하고 있는데, 이 등장 인물들은 크게 보아 모두 당시 사회가 만들어낸 전형적인 인간형이라 할 수 있다. 곧 모두가 위선적이고 교활하며 잔인하고 탐욕스러우며 혹은 우둔하거나 혹은 철면피처럼 뻔뻔스러운 사람 등 한결같이 부정적인 인물들이 대부분을 차지하고 있다. 반면에 긍정적으로 묘사된 사람들도 일부 등장하고 있는데, 두소경杜小卿을 비롯해서 몇몇 인물들이 이상적인 인간상으로 그려져 있다. 그런데 이 작품의 등장 인물들은 부정적인 인물이라 해서 처음부터 끝까지 완전한 악인으로 그려져 있지는 않으며, 또 긍정적인 인물이라고 해서 완벽한 선인으로 그려져 있지도 않다. 곧 모든 인물들이 상대적인 면을 두루 갖추고 있는 사람들로 그려져 있어서, 작자가 가능하면 주관적인 색채를 배제하고 객관적으로 과거제도의 모순과 당시 사회의 나쁜 풍토를 풍자하고자 했던 의도를 잘 드러내고 있다.

그래서 《유림외사》에는 전편을 통해 중심 인물이라고 할 만한 사람이 뚜렷하게 부각되어 있지 않으며, 또 작품 전체를 통해 일관되게 흐르고 있는 뚜렷한 줄거리도 찾아볼 수가 없다. 《수호전》에는 108명의 好漢호한들이 梁山泊양산박으로 집결하는 줄거리가 설정되어 있고, 《서유기》에서는 서역으로 불경을 가지러 가는 큰 맥락 하에 사건들이 전개되고 있는 데 반해, 《유림의사》는 곧 어떤 인물이 등장하여 그 사람과 관련된 사건이 서술되다가 그 사건이 끝나버리면 다시 그 사람이나 그 사건과는 전혀 관계가 없는 새로운 인물과 새로운 배경이 묘사되는 식으로 전편이 모두 그렇게 구성되어 있다. 각종 인물들이 차례차례 등장했다가 사라지고 하는 식으로, 어떻게 보면 구성이 매우 자유롭고 어떻게 보면 구성이 아주 산만하게 이루어져 있는 것이다. 그래서 비록 세태를 풍자하고 폭로한다는 주제가 작품 전체에 일관되게 흐르고 있기는 하지만, 인물이나 줄거리가 전혀 이어져 있지 않기 때문에 마치 같은 계열에 속하는 단편소설 작품들을 여러 편 모아 하나의 장편소설로 꾸며 놓은 것처럼 보인다. 이런 점이 바로 《유림외사》의 가장 두드러진 특징이라 할 수 있는데, 바로 이런 구성 양식을 택하였기 때문에 다양한 각양각색의 유학자들을 객관성 있게 묘사해 낼 수 있었던 것으로 분석된다. 어쨌든 《유림외사》는 객관적인 창작 태도와 정확성 있는 표현을 통해 풍자의 강도를 잘 살려냄으로써, 사실문학寫實文學 작품의 걸작인 동시에 풍세문학諷世文學 작품의 최고봉이라는 높은 평가를 받고 있다.

그리고 《유림외사》의 등장 인물들은 대부분 그 당시의 실존 인물들을 상징한 것으로 학자들의 고증 결과에 의해 밝혀진 바 있다. 예를 들면 작품 중의 마이馬二 선생은 작자의 친구인 풍수중馮粹中이란 사람을 묘사한 것으로 밝혀졌는데, 『馬二』는 곧 『馮』자의 파자破字이다. 이처럼 상형象形·해성諧聲·은어隱語 등 방식을 동원하여 당시 실존 인물들을 비유적으로 등장시켜 놓고 풍자를 가한 점도 《유림외사》의 아주 독특하고 의미 있는 시도로 인정된다.

《유림외사》와 비슷하게 풍자적인 색채를 다분히 띠고 있는 작품으로 이여진李汝珍의 《경화연鏡花緣》이란 작품이 있다. 당唐 고종高宗의 황후였던 칙천무후則天武后가 한 겨울에 모든 꽃들이 다 피어나도록 하라고 여러 화신花神들한테 명령을 내리는 것으로 작품이 시작된다. 화신들은 겁이 나서 이 명령을 감히 거역하지 못하고 꽃을 피울 수밖에 없었다. 이 사실을 알게된 옥황상제가 진노하여 화신들을 인간 세상으로 귀양보냈으며, 화신들의 우두머리였던 백화선자百花仙子는 당소산唐小山이라는 여자아이로 환생하게 된다. 소산의 아버지인 당오唐敖는 정계에서 추방당한 후 벼슬에 대한 미련을 끊고 외국 무역하는 배를 타고 여러 나라를 구경 다녔는데, 딸 소산도 아버지를 찾아서 같은 과정으로 항해를 하는 내용이 기술되어 있다. 주인공 소산이 해외를 두루 여행하면서 만난 여러 기인괴물奇人怪物들과 신선 등등이 그려져 있는데, 예를 들면 사람 얼굴에 개 머리 형상의 인간들이 사는 견봉국犬封國이나 손에 눈이 달린 사람들이 살고 있는 심목국深目國 등과 같은 괴상하고 환상적인 외국 세상이 두루 묘사되어 있다.

이 작품은 전족纏足을 비롯한 중국 전통 사회의 남존여비 사상을 신랄하게 비판하고, 아울러 미신 숭배나 썩어빠진 당시의 학술 풍토 그리고 팔고문을 사용하는 과거제도의 모순 등등 여러 가지 사회 악습과 나쁜 세태들을 고루 풍자해 놓고 있기 때문에 풍자소설로 규정할 수 있다. 한편 어떤 학자들은 이 《경화연》을 재학才學 소설로 분류하기도 하는데, 그 이유는 이 작품이 작자 자신의 풍부한 문재文才와 박학한 학식을 드러내 보이려는 의도로 쓰여졌기 때문이다. 실제로 이 작품에는 경학經學과 성운학聲韻學 및 천문학 등 여러 분야에 걸친 백과사전식의 해박한 지식들이 풍부하게 서술되어 있다.

46
《홍루몽紅樓夢》

曹雪芹

《홍루몽紅樓夢》은 청대는 물론 중국의 역대 고전 소설 작품들을 통틀어 가장 높은 예술적 성과를 인정받고 있는 작품이면서, 세계적으로도 널리 공인된 불후의 명작이다. 모두 120회에 90여만 자나 되는 대장편이며, 등장 인물도 남자 235명과 여자 230명 등 무려 465명이나 되는 아주 복잡다단한 소설이다. 현재 통행되는 120회본 중 앞부분 80회는 조점曹霑(1715?~1763?)이 지었고, 뒷부분 40회는 건륭乾隆(1736~1795)·가경嘉慶(1796~1820) 연간에 고악高鶚이란 작가가 속작續作한 것으로 알려져 있다. 원 작자인 조점은 자字가 몽완夢阮이고 호號가 설근雪芹으로, 대대로 내려오는 명문 사대부 집안에서 태어나 어린 시절을 아주 유복하게 보냈다. 특히 그의 조부 조인曹寅(1658~1712)은 강희康熙 황제의 특별한 신임을 받아 강소성江蘇省 북부의 소금 전매 사업 감독관을 지냈고, 남경南京의 직조織造를 세습받아 20년 이상 경영하며 막대한 부를 축적한 바 있다. 강희 황제가 강남 지역을 순시할 때 그의 집을 네 번이나 임시 황궁으로 사용하였다고 하니, 황제로부터 얼마나 두터운 신임을 받았는지 충분히 짐작할 수 있다. 그러나 조부가 세상을 뜨고 부친이 그 직위를 세습 받은 지 15년 가량이 지나 조점의 나이 13·4세 되던 무렵, 부친이 중대한 직무상의 실책을 범하여 가혹한 처벌을 받게 되었다. 집안 재산도 완전히 몰수 당하고, 일가족이 모두 북경으로 이사하여 빈곤한 가운데 생활고에 허덕이며 실의에 잠겨 일생을 보냈다. 《홍루몽》은 조점이 만년에 접어들어, 자신의 화려했던 젊은 시절을 회상하면서 자기가 접촉하였던 사람들 특히 여성들을 주요 모델로 설정하여 엮어낸 자서전적 소설이다.

원 제목은 《석두기石頭記》였으며, 작품 중에 『금릉십이차金陵十二釵』라고 하는 12명의 미녀들이 등장하고 있기 때문에 《금릉십이차》라는 이름으로도 불린다. 내용으로는 가보옥賈寶玉이라는 귀공자와 그를 둘러싼 임대옥林黛玉·설보차薛寶釵 등 12명의 미녀들과의 사이에서 일어난 여러 이야기들을 서술함으로써, 전형적인 귀족 가문이 몰락해가는 과정을 묘사해 놓고 있다. 가보옥과 임대옥·설보차 등 세 주인공의 삼각 연애가 빚게되는 비극적인 종말이 생생하게 그려져 있으며, 그들 외에도 가보옥의 형수를 비롯하여 말단 하녀들에 이르기까지 많은 등장 인물들 한 사람 한 사람의 성격이나 심리 상태가 아주 실감나게 잘 묘사되어 있다. 또 작품의 무대인 대관원大觀園이란 곳의 배경 설명 역시 등장 인물들의 신분과 성격에 부합되도록 구석구석에 이르기까지 잘 연결지워져 묘사되어 있다. 이런 성과는 모두 작자가 실제 체험에 바탕을 두고 풍부한 상상력을 발휘하여 이루어낸 결과라고 할 수 있을 것이다. 곧 조점이 어린 시절 귀족들의 화려한 생활을 직접 경험하였기 때문에 가보옥 집안의 배경과 설비로부터 음식, 의복, 행동거지 하나하나에 이르기까지 아주 세밀하게 그려낼 수 있었고, 그래서 귀족 가정의 사치스러운 생활상을 실감나게 독자들에게 드러내 보일 수 있었던 것으로 보인다.

《홍루몽》의 주제에 대하여는 여러 가지 견해들이 제시된 바 있다. 우선 『홍루紅樓』—미녀들이 거처하는 부잣집 누각—란 것이 결국은 공중 누각에 지나지 않는 허망한 꿈이라는 진리를 깨닫도록 해 주며, 사람이 정情으로부터 색色을 느끼고 색으로부터 공空을 깨닫고 공으로부터 도道를 깨닫는 오도悟道의 과정 다시 말해 인간의 감정으로 말미암아 야기되는 고통과 고해苦海로부터 해탈하는 과정을 그린 작품이라고 보는 견해가 있다. 한편 중국의 봉건 가정 내지는 봉건 사회의 부패상과 암흑상을 생생하게 폭로하고, 그에 대한 독자들의 반항심을 일깨워준 작품이라는 평가도 많이 제기되었다. 이런 견해에 의하면 가보옥과 임대옥 그리고 계집종인 청문晴雯 등은 남성 중심의 봉건 체제와 봉건 도덕에 반항하는 인물이며, 설보차와 습인襲人 등은 봉건 체제와 도덕에 순응하는 인물이고, 사태군史太君과 가정賈政 및 왕부인王夫人 등은 봉건 세력을 대표하는 인물이라 할 수 있다. 그들은 사태군과 왕부인 등이 설보차를 옹호하고 가보옥과 임대옥에게 핍박을 가한 결과, 그 가문이 몰락을 자초하고 비극적으로 결말지어질 수밖에 없었던 것으로 설명한다. 이런 견해는 1954년 중국 대륙에서 『홍루몽논쟁』을 불러 일으켰고, 대규모의 정풍整風 운동으로 이어지기도 하였다. 어떻든 《홍루몽》은 역대로 가장 대표적인 애정 소설이면서, 가장 뛰어난 인정人情 소설로 널리 공인 받고 있다. 왜냐 하면 다른 장회소설들과는 달리 작품 속에 영웅 호걸이 등장하는 대신 평범한 보통 사람들이 등장하고 있으며, 그런 보통 사람들이 꾸려나가는 일상적인 생활을 통해서 이야기가 전개되고 있기 때문이다. 곧 파란만장한 큰 스케일의 대 사건 같은 것이 전혀 다루어져 있지 않고, 일상 생활을 통해 이야기가 전체적으로 엮어져 있다는 사실이 《홍루몽》의 가장 두드러진 특성이라 할 수 있다. 또 이 작품은 사건 전개 과정이나 변화가 클라이맥스에까지 도달되었다가 마침내는 파국·파멸로 치달아서 비극으로 끝을 맺는 식의 당시로서는 아주 특이한 구성 양상을 택하고 있다. 그런데 이러한 비극적인 결말 덕분에 작품 주제가 더욱 효과적으로 부각될 수 있었고, 또 독자들에게 더 큰 감동력을 안겨 줄 수 있었던 것으로 분석된다.

《홍루몽》은 발표 후 독자들로부터 대단한 환영을 받았다. 음서淫書라는 이유로 통치 계층에 의해 금서로 묶였지만, 백성들로부터 오히려 더 높은 인기를 얻으면서 더욱 더 넓은 지역으로 전파되었다. 청대 후기의 지식층 청춘남녀들 중 이 작품을 읽고 감동을 느끼지 않은 사람이 없었을 정도로, 근래 200여년 동안 중국에서 가장 널리 알려진 애정 소설이 바로 이 《홍루몽》이었다. 어떤 비평가들은 《홍루몽》이 중국 최상의 작품이면서, 아울러 세계 굴지의 걸작이라고까지 극찬을 하고 있을 정도이다. 사실 영국 작가 셰익스피어가 자신의 희곡 30여 편 속에 통틀어 400여 명의 인물을 등장시키고 있는 데 비해, 《홍루몽》에서는 남자 235명과 여자 230명 등 한 작품 안에 무려 465명의 인물이 등장되어 있고, 또 이들 등장 인물들의 성격과 심리 등등이 아주 생생하게 묘사되어 있다. 그런 점에서 《홍루몽》은 국내외의 많은 학자들의 연구 대상이 되어 왔으며, 일찍이 그에 대한 연구를 하나의 학문 분야로 독립시켜 『홍학紅學』이라 부르고 있을 정도로 대단한 관심을 받아 왔다. 전문 학회 활동도 아주 활발하게 진행되고 있는데, 단적인 예로 1980년 6월 미국 위스콘신대학에서 열렸던 제1차 『국제 《홍루몽》 세미나』만 하더라도, 80여 명의 각국 학자들이 참석하여 50여 편의 논문을 발표하였을 정도로 성황을 이루었다고 한다. 청대에 많은 양의 소설들이 발표되었고 특히 만청晩淸 시기에 소설 작품들이 대량으로 쏟아져 나왔지만, 전반적으로 명대 사대기서四大奇書의 수준을 훨씬 능가하는 작품은 《홍루몽》 한 편 뿐이라고 보는 것이 일반적인 평가이다. 특히 사대기서는 《금병매》를 제외하면 모두가 오랜 세월을 거치면서 여러 사람들의 손에 의해 완성된 작품인 데 반해, 이 《홍루몽》은 거의 일 개인의 창작품이라는 점만 보더라도 청대 소설이 명대보다는 훨씬 더 진보한 것으로 인정된다.

《홍루몽》이 대대적인 유행을 거듭하다가 약간 그 기세가 주춤해지면서, 원본 중의 비극적인 결말을 대단원으로 고치거나 혹은 내용을 약간 다른 방향으로 바꾸어 서술한 속작들이 30여 종이나 간행되었다. 조점의 이름을 그대로 빌린 《후홍루몽後紅樓夢》 30

회와 진자침秦子忱의 《속홍루몽續紅樓夢》 30권 그리고 귀서자歸鋤子의 《홍루몽보紅樓夢補》 48회·작자 미상의 《홍루환몽紅樓幻夢》 24회 등이 그러한 작품들인데, 내용이나 문장이 모두 《홍루몽》과는 비교가 되지 않을 정도로 저속하고 수준이 낮다. 한편 《홍루몽》의 영향을 받아, 널리 알려진 기생이나 유명 배우들에 얽힌 이야기들을 서술한 이른 바 화류花柳 소설도 많이 지어졌다. 대표적인 예로 진삼陳森(1835년 전후)의 《품화보감品花寶鑑》 60회와 위수인魏秀仁(1856년 전후)의 《화월흔花月痕》 52회 그리고 유달兪達(? ~1884)의 《청루몽靑樓夢》 64회·한방경韓邦慶(1856~1894)의 《해상화열전海上花列傳》 64회 등이 상당히 널리 유행하였으나, 모두 특별한 내용도 없고 작품 스케일이 작으며 스토리 전개도 단순하여, 그 유행이 그리 오래 이어지지 못하고 금방 자취를 감추어버리고 말았다. 《홍루몽》은 이러한 속작이나 아류 소설들의 직접적인 모델이 된 외에도, 사실주의 문학 작품의 최고봉이라 할 수 있는 높은 예술적 성과를 바탕으로 후세 문학계에 여러 면에서 커다란 영향을 끼쳤다. 뿐만 아니라 후세의 시·사·희곡·소설·영화 등 실로 다양한 여러 장르의 작품들 속에 제재로 채택된 경우가 이루 헤아릴 수 없을 정도로 많았다.

47
《아녀영웅전兒女英雄傳》과 《삼협오의三俠五義》

19C 이후 중국의 지식인들 사이에는 현실에 대한 위기 의식이 급속도로 확산되어갔다. 또 당시 사람들에게는 초능력을 지닌 어떤 위대한 인물이 나타나서 당면한 사회적 모순들과 혼란상을 일시에 해결해 주기를 바라는 기대 심리가 팽배해 있었다. 작가들은 일반인들의 이러한 기대에 부응할 수 있는 가장 손쉬운 방법 중의 하나로, 정의감에 불타는 영웅을 등장시켜 작품 세계에서나마 암울한 현실을 타개해나가는 방식을 우선적으로 고려하게 되었다. 이러한 추세 속에서 청대 말엽에는 의적이나 호걸과 같은 초월적인 인물들의 영웅담을 주요 내용으로 한 협의俠義 소설과 악인들을 시원스럽게 징벌해주는 명석한 재판관들의 활약상을 주로 그린 공안公案 소설 작품들이 대량으로 쏟아져 나와, 대중적인 인기를 끌면서 널리 유행하였다. 이런 유의 작품들 중 가장 대표적인 것이 바로 문강文康(? ~1865?)의 《아녀영웅전兒女英雄傳》과 석옥곤石玉崑(1810?~1871)의 《삼협오의三俠五義》이다.

《아녀영웅전》은 아버지의 원수를 갚는 용감한 처녀의 영웅담을 그린 작품으로, 원래 53회로 지어졌지만 지금은 40회만 남아 있다. 여주인공 하옥봉何玉鳳은 명문 출신으로 어릴 적부터 총명하고 무예가 뛰어났다고 한다. 부친이 나쁜 사람들로부터 해를 당한 후에, 십삼매十三妹라고 이름을 바꾸고 피해 다니면서 아버지 원수 갚을 기회를 살피고 있었다. 도중에 위험한 상황에 처한 적이 있었는데, 우연히 안기安驥라는 선비를 알게 되어 도움을 받고 위험을 모면할 수 있었다. 그 후 의협적인 행동을 여러 차례 전개해 가면서, 결국 조정의 도움으로 아버지의 원수를 갚았다. 그리고 주위의 권유를 받아들여, 자기를 구해준 적이 있는 안기와 결혼하였다. 그 후 안기는 과거에 급제하여 높은 벼슬을 하였으며, 이들이

《兒女英雄傳》 삽화

모두 화목하게 잘 살아가는 것으로 대단원의 막을 내리고 있다. 재자가인才子佳人 소설에 무용담을 곁들인 작품이라 할 수 있는데, 여주인공이 작품 전면에 부각되어 있는 등 당시의 봉건 체제에 대한 거부 의사가 간접적으로 나타나 있기도 하다. 내용과 배경이 모두 부귀공명富貴功名·입신양명立身揚名·일부이처一夫二妻 그리고 괴력怪力과 신술神術 등 진부하기 짝이 없지만, 이런 것들이 오히려 대중들의 불만을 해소하고 기호를 충족시켜주는 데에는 더 적합하여 일반인들 사이에 널리 유행하게 되었다. 뿐만 아니라 문장 역시 순수한 북경北京 언어로 구사되어 있어서, 통속적인 느낌을 주는 동시에 방언 연구 자료로서의 가치도 매우 높은 작품이다.

《삼협오의》는 원래의 이름이 《충렬협의전忠烈俠義傳》이었으며, 모두 120회로 구성되어 있다. 전체적으로 북송 때의 유명한 재상 포증包拯과 그를 둘러싼 의적들의 활약상을 그리고 있는데, 특히 포증은 청렴하고 모범적인 관리의 표상으로 묘사되어 있다. 그는 황제에게 충성하고 백성들을 친자식처럼 사랑하는 충군忠君·애민愛民 사상을 견지하면서, 개인 감정에 치우치지도 권세가들을 두려워하지도 않은 채 늘 청렴결백하고 공정한 판결을 내리곤 하였다. 항상 천자天子를 위해 걱정을 함께 나누었으며, 백성들을 괴롭히는 사회악을 제거하기 위해 온갖 곤란과 위험을 무릅쓰면서 베일에 쌓인 갖가지 의혹 사건들을 낱낱이 파헤쳐 억울한 사람들의 한을 풀어주었다. 미궁에 빠진 사건들을 철저하게 재심사하여 시비를 가려냄으로써 나쁜 사람들에게 벌을 가하고 선량한 사람들이 보호 받도록 해 주었기 때문에, 당시 사람들은 그를 『청천대로야靑天大老爺』(청렴결백한 지사 나으리)라고 부르면서 아버지처럼 존경하였으며, 반면에 못된 짓을 일삼던 악당들은 그의 이름만 듣고도 간담이 서늘해질 정도로 무서워하였다고 한다. 포증이 해결한 사건들 중에서 가장 유명한 것은 송나라 진종眞宗 때 태자가 바뀌었던 사건이다. 진종에게는 유씨劉氏와 이씨李氏 두 비妃가 있었는데, 이들이 함께 임신을 하였다가 이씨가 먼저 아들을 낳았다. 유씨는 껍질 벗긴 고양이를 이씨가 낳은 아들과 몰래 바꿔 놓고 이씨가 괴물을 낳았다고 말을 퍼뜨렸으며, 왕자를 강물에 내다 버리게 하였다. 그런데 왕자는 마음씨 착한 하인의 도움을 받아 죽지 않고 팔왕八王의 집으로 인계되어 숨어서 성장하였으며, 훗날 진종이 대를 이을 자식도 없이 세상을 뜬 다음 결국 대통을 이어받아 제위에 올라 인종仁宗이 되었다. 포증은 개봉開封 지사知事로 있을 때 민간에서 이비李妃를 만나 보고 마침내 태자가 바뀐 사건을 밝혀내었으며, 이로 인해 인종은 이비가 친모라는 사실을 알고 대궐로 모셔 들였다고 한다.

포증은 또 삼협三俠·오의五義라고 총칭되던 유명한 도적 무리들을 감화시켜 과거를 뉘우치게 하였으며, 그 후 그들과 함께 불쌍한 사람들의 편에 서서 악한 무리와 도적들을 물리치고 반란군을 진압하는 등 많은 활약을 한 것으로 묘사되어 있다. 이 작품에는 《수호전》을 방불케 하는 의적들의 활약상들이 두루 묘사되어 있고, 또 어려운 사건들을 하나하나 풀어나가는 추리 소설의 면모도 함께 담겨 있다. 그 당시처럼 사회 부조리가 만연해 있고 백성들이 통치계급으로부터 온갖 박해를 받으면서도 마땅히 호소할 만한 곳이 전혀 없었던 상황 하에서, 독자들은 이 작품을 읽으며 치밀어 오르는 울분을 떨쳐버리고 잠시나마 마음의 위안을 찾을 수 있었을 것이다. 등장 인물의 수가 매우 많고 작품 구성도 상당히 복잡하게 엮어져 있는데, 전체적인 주제의 흐름이나 인물의 성격 묘사 등은 거의 일관되게 진행되고 있으며, 단지 몇몇 인물들의 형상만 비교적 선명하게 부각되어 있다. 문장 면에서는 구어체 표현을 아주 세련되게 운용하고 있어서, 같은 부류의 작품들 중 최상의 위치를 차지하는 데 전혀 손색이 없을 정도이다. 훗날 청나라 말기의 학자 유월俞樾은 《삼협오의》 중의 일부 내용을 수정하고 등장 인물도 몇 명 더 추가하여 《칠협오의七俠五義》란 제목으로 변경 출판하였는데, 이 작품 역시 대중들로부터 많은 환영을 받으며 널리 읽혔다.

《아녀영웅전》이나 《삼협오의》 같은 작품들은 무력으로 사회악을 제거한다든지 선과 악을 뚜렷이 구별지워주는 등 시원스러운 줄거리를 담고 있다. 그래서 사회가 혼란스러웠던 그 당시에 일반인들의 대단한 환영을 받을 수 있었다. 이런 작품들이 널리 유행하자 이들을 본뜬 유사 작품들이 많이 쏟아져 나왔으며, 또 오늘날의 무협소설에 의해서 그 명맥이 그대로 이어지고 있기도 하다. 주요 유사 작품들로 《소오의小五義》·《속소오의續小五義》·《영경승평永慶昇平》·《만년청萬年青》·《영웅팔대의英雄八大義》·《영웅소팔의英雄小八義》·《유공안劉公案》·《이공안李公案》·《시공안施公案》·《팽공안彭公案》 등 수많은 의협 소설과 공안 소설들이 속속 출판된 바 있는데, 이들은 천편일률적으로 권선징악과 인과응보 사상 같은 것들을 다루고 있을 뿐 별다른 사상이나 특징 같은 것을 나타내지 못하였다. 그래서 사회가 어수선한 그 당시에 사람들의 가슴을 통쾌하게 풀어주면서 대단한 성행을 누리기는 하였지만, 문학적인 면에서의 가치는 별로 없는 작품들이라 할 수 있다.

48
견책譴責 소설

만청晩淸 시기 특히 그 중에서도 청 왕조 최후의 20여년 가량은 중국소설사에 있어서 소설 창작이 가장 활발하게 이루어졌던 시기이다. 양가락楊家駱이 편찬한 <만청소설목晩淸小說目>에 창작 소설 463종과 번역 소설 608종이 소개되어 있는데, 그것도 두세 편을 제외한 거의 모두가 의화단義和團 사건이 일어난 1900년부터 청 왕조가 멸망한 1911년 사이에 출판된 것들이다. 그리고 잡지 《소설림小說林》에 게재된 각아覺我의 <정미년소설계발행서목조사표丁未年小說界發行書目調査表>에도 1900년 한 해 동안에 출판된 창작 및 번역 소설이 모두 120여 종이나 된다고 밝혀져 있어, 그 당시에 매년 100종 이상의 소설이 출판될 만큼 공전의 성황을 이루었음이 확인되고 있다. 아영阿英은 《만청소설사晩淸小說史》에서 이 시기에 소설이 이처럼 크게 유행할 수 있었던 원인을 다음과 같이 설명하고 있다.

첫째, 인쇄 사업의 발달로 인해 책 출판이 예전보다 훨씬 용이해졌으며, 신문 발행이 활성화되면서 소설 연재 기회가 엄청나게 증대되었다. 그리고 양계초梁啓超가 발행한 《신소설新小說》(1902년 창간)을 위시하여 이보가李寶嘉의 《수상소설繡像小說》(1903)·오옥요吳沃堯의 《월월소설月月小說》(1906)·증박曾樸의 《소설림小說林》(1907) 등등과 같은 소설 전문 잡지들도 봇물처럼 쏟아져 나왔다.

둘째, 그 당시의 지식 계층 인사들이 서양 문화의 영향을 받아, 소설의 사회적 중요성에 대하여 충분한 인식을 갖게 되었다. 단적인 예로 엄복嚴復·하수경夏穗卿의 <본관부인소설연계本館附印小說緣啓>(1897)를 비롯하여 양계초의 <역인정치소설서譯印政治小說序>(1898)·<논소설여군치지관계論小說與群治之關係>(1902)와 초경楚卿의 <논문학상소설지위치論文學上小說之位置>, 송잠松岑의 <논사정소설여신사회지관계論寫情小說與新社會之關係>, 하수경의 <소설원리小說原理>, 천육생天僇生의 <논소설여개량사회지관계論小說與改良社會之關係>·<중국역대소설사론中國歷代小說史論>, 각아의 <여지소설관余之小說觀>, 왕국유王國維의 <홍루몽평론紅樓夢評論> 등등과 같이 소설의 중요성을 역설한 논문들이 속속 발표된 바 있다.

셋째, 지식인들이 소설 창작을 통해 서양 열강들의 침략 앞에 손 한번 제대로 써 보지 못하고 무너져내리는 청 왕조의 무력함과 사회 전반에 만연해 있는 부정부패 현상을 신랄하게 비판하는 동시에, 나아가 유신維新의 필요성을 인식시키고 애국심을 고취시키고자 하였다.

이러한 배경 하에서 당시 작가들은 앞다투어 소설을 발표하게 되었고, 그리하여 중국 소설은 2,000여년 동안 줄곧 이어져온 천대와 경시의 늪을 완전히 벗어나 온전한 하나의 문학 장르로 자리를 확고히 굳히면서 그 가치를 충분히 인정받기에 이르렀다. 이 시기의 작가들은 계속된 내우외환을 경험한 상태에서, 소설 작품을 통하여 정부의 무능함과 사회 전반에 만연해 있는 비리와 폐단 같은 것들을 낱낱이 적시하고 규탄하였으며, 나아가 제도의 개혁이나 부국강병책을 부르짖는 한편 일반 민중들에게 애국을 호소하곤 하였다. 이런 작품들은 단순하게 사회 풍토를 비판하는 수준을 뛰어 넘어, 훨씬 더 강한 어조로 사회 병폐를 꼬집고 또 탐관오리들을 책망하고 있다. 그 안에 풍자 의식이 매우 짙고 선명하게 드러나 있으며, 강하고 공격적인 어조를 통해 노골적이면서도 날카로운 비판을 가해 두고 있다. 그런 점에서 현대 문학자 노신魯迅은 《중국소설사략中國小說史略》에서 이러한 작품들을 단순한 풍자 소설들과 구별하여 『견책譴責 소설』이라고 명명한 바 있다. 이 당시에도 물론 《홍루몽》의 영향을 입은 애정 소설 작품들이나 협객들을 다루고 있는 협의 소설 작품들 역시 상당 수 발표되었다. 그렇지만 이들은 모두 만청 시대의 사회 현실을 충실히 잘 반영하고 있는 견책 소설과 비교해볼 때, 문학적인 가치가 훨씬 낮은 것으로 평가되고 있다.

청말의 견책 소설 작품들 중에서 가장 대표적인 작품으로는 흔히 『사대견책소설四大譴責小說』이라 불리고 있는 이보가(1867~1906)의 《관장현형기官場現形記》· 오옥요(1866~1910)의 《이십년목도지괴현상二十年目睹之怪現狀》· 유악劉鶚(1857~1909)의 《노잔유기老殘遊記》· 증박(1871~1935)의 《얼해화孽海花》 등을 들 수 있다.

그 중 이보가는 대표적인 견책 소설 작가로 정평이 나 있다. 그는 관료 체제의 부패와 청 왕조의 무능을 실감하고, 의화단 사건 이후 줄곧 상해上海에서 신문과 잡지를 발간하며 국민 계몽과 정치 개혁 운동을 전개하였다. 특히 1903년에 그가 발간한 《수상소설繡像小說》은 중국 소설의 발전에 크게 기여한 근대적인 소설 전문 잡지로 그 중요성을 높이 인정받고 있다. 《관장현형기》 60회는 1901년부터 1905년에 걸쳐 발표된 작품으로, 체재가 《유림외사》와 흡사하여 전체를 관통하는 일정한 줄거리가 없이 같은 유형의 인물들을 그린 여러 단편 작품들을 모아 한 편의 장편을 이룬 것처럼 되어 있다. 작품 속에서 작자는 봉건 관료들의 매관매직·뇌물 수수·사치·음탕·교만·아첨·포학·횡령 등등 각양각색의 비리와 비행을 신랄하게 비판함으로써, 만청 사회의 관계官界 풍토를 여지없이 파헤쳐 놓고 있다. 이보가는 그 외에도 《문명소사文明小史》·《활지옥活地獄》·《해천홍설기海天鴻雪記》 등등의 소설을 통해, 그 당시 관료 사회의 추악한 단면들과 반식민지 상태에 놓여 있던 암울한 현실을 예리하게 고발하였다. 그의 작품은 특히 만화식漫畵式의 과장과 희화화戲畵化의 방식을 사용하여, 관료들의 만행을 적나라하게 잘 그려낸 것으로 유명하다.

오옥요 역시 대표적인 견책 소설 작가이다. 그 무렵 양계초는 무술변법戊戌變法에 실패하고 일본에 망명해 있으면서 개혁 성향의 근대적인 문학 잡지 《신소설》을 발간하였는데, 오옥요는 1902년 《신소설》의 창간 당시부터 장편소설을 투고하기 시작하였다. 그 이후로 소설 창작에 깊이 몰두하여 견책 소설을 비롯한 모두 30여 종의 소설 작품을 창작한 바 있으며, 1906년에는 주계생周桂笙과 함께 《월월소설》이란 잡지를 발행하기도 하였다. 그의 《이십년목도지괴현상》은 1903년부터 1909년에 걸쳐 쓰여졌으며, 모두 108회로 이루어져 있다. 체재는 《관장현형기》와 거의 비슷하지만,

작자의 다양한 경력이 반영된 탓인지 더욱 더 광범위한 내용들이 기술되어 있다. 『구사일생九死一生』이란 자호自號를 가진 주인공을 내세워서 그가 20년 동안 보고 겪은 갖가지 특이한 세상사들을 두루 묘사하고 있는데, 조정의 사대부로부터 상인·병졸·창녀·배우 등에 이르기까지 거의 모든 계층의 인물들이 총망라되었고, 그 당시의 전설이나 기이한 소문들은 물론 괴상한 내용의 옛날 이야기들도 다시 들추어내어 새롭게 기술해내었다. 묘사는 매우 유창하지만, 과장이 너무 심하고 사실과 거리가 먼 내용이 많아, 감동력이 반감되었다는 지적이 있다.

유악은 관료이면서 갑골문甲骨文에 관련된 책도 저술하였고, 수학·의학·수리학水利學 등 서양의 신학문을 깊이 연구하고 활용하기도 하였던 그 당시로서는 아주 드문 진취적인 사대부 관료였다. 그의 《노잔유기》 20회는 최고의 견책 소설로 손꼽혀온 작품이며, 1903년 《수상소설》에 연재될 당시부터 상당한 호평을 받았고, 1906년 상해上海 상무인서관商務印書館에서 단행본으로 간행한 이후에는 여러 출판사들이 다투어 유사 작품들을 발행하였을 정도로 대단한 인기를 누린 바 있다. 노잔老殘이라는 주인공이 각지를 여행하면서 보고 느낀 바들을 적은 기행문 내지는 견문록의 형태를 취하고 있는데, 서양 열강들의 침략 앞에 풍전등화風前燈火처럼 위태로운 조국의 운명을 걱정하면서 중국 사회를 다시 재건해낼 방안을 나름대로 모색하고자 하는 작자의 의도가 잘 담겨져 있다. 작품을 통해 관료들의 부정과 비리를 잘 폭로하였는데, 특히 청백리로 알려져 있는 관리들이 저지르는 부조리를 날카롭게 잘 꼬집어 두었다. 주제가 잘 부각되어 있고, 구성 방식도 잘 짜여져 있으며, 전체적인 세부 처리도 매끄럽게 잘 이루어져 있다. 그래서 견책 소설 중 문학적인 성과가 가장 높은 작품으로 평가 받기에 전혀 손색이 없다 하겠다.

《얼해화》 20회는 1907년 잡지 《소설림》에 실렸던 작품으로, 앞부분 제2회까지는 김송잠金松岑이 지었고 그 뒤는 모두 증박이 속작續作하였다. 청 말기 30년 동안의 정계 일화들을 두루 서술함으로써, 그 당시의 정치 풍토를 실감나게 그려낸 작품이다. 등장 인물들이 모두 실존 인물을 모델로 설정되었다고 하여, 작자 자신은 이 작품을 역사歷史 소설이라고 부르기도 하였다. 그런데 작자의 주관에 따라 지나친 과장이나 노골적인 악감정惡感情 표현 등을 많이 가해 두고 있어서, 객관성이 상당히 결여되어 있다는 지적을 받는다. 그렇지만 다른 작품들보다 구성이 훨씬 치밀하고 문장이 아름답게 잘 꾸며져 있다는 점에서 많은 이들의 주목을 끌었다.

청 말기에는 이들 외에도, 사회의 병폐를 들추어낸 견책 소설 작품들이 대대적으로 지어진 바 있다. 이러한 견책 소설들은 대체로 지식인 작가들이 나름대로의 책임감과 열정을 갖고, 당시의 사회상과 역사적 위기에 대하여 적극적인 비판을 가하려는 의도로 지은 작품들이다. 그 속에는 몰락해가는 중국의 전통을 수호하고 다시금 강력한 국민 국가를 건설하고자 하였던 중국의 지식인 및 대중들의 희망이 담겨져 있으며, 그런 의미에서 중국 전통 소설의 대단원을 화려하게 장식한 것으로 볼 수 있다. 그렇지만 엄밀히 따져볼 때 이들 작품에서는 《유림외사》에서 볼 수 있는 냉정한 풍자나 《홍루몽》과 같은 치밀한 소설적 구도 등을 거의 찾아보기 어려우며, 소설의 문학적인 성취도란 측면에서 볼 때 많은 문제점을 안고 있다. 그리고 작가들에 따라서는 대량 복제가 가능한 새로운 대중 매체를 통하여 자신의 이름을 널리 알리고자 하는 명예욕이라든지, 또는 자극적인 표현을 많이 활용하여 대중성과 통속성을 확보함으로써 판매 부수를 늘리고 상업적인 이익을 크게 취하려는 등등의 문학 외적인 의도가 많이 개입되기도 하였다. 이러한 점들은 모두 견책 소설의 의의를 훨씬 반감시켰다. 그런 이유로 인하여 견책 소설은 애당초 순수하고 건설적인 계몽문학적 의도로부터 출발하여 한 동안 상당한 대중적 호응을 얻을 수 있었지만, 얼마 지나지 않아 감동력을 상실하고 상투적인 한계의 늪에 함몰되어버림으로써 현대문학과 효과적으로 연결되지 못하였다. 단적으로 평가를 내린다면, 청 말기에 쏟아져 나온 많은 견책 소설들이 대부분 4대견책소설 작품들을 흉내낸 것에 불과하고, 수준도 훨씬 뒤떨어지는 정도에 머물고 말았다. 또 상당 수 작품들이 처음부터 끝까지 폭로성 문장으로만 이어져 있어 사람을 감동시키는 힘이 매우 부족하며, 일부 저질적인 작품들은 사사로운 개인 감정을 내세워 남을 의도적으로 헐뜯고 욕하는 흑막黑幕 소설로 변질되기도 하였다.

찾아보기

ㄷ

ㅁ

ㅅ

ㅇ

ㅈ

ㅊ

ㅍ

ㅎ

이철리(李哲理)

영남대학교 중어중문학과 (문학박사)
공주사범대학 중국어교육과 전임강사 역임
中國 天津師範大學 · 東北大學 客員敎授 역임
中國 延邊大學 · 吉林華橋外國語大學 名譽敎授 역임
경남대학교 중국학과 교수 (현재)

논문 : 《人間詞話》 研究 (석사학위 논문),
鍾嶸 《詩品》 研究 (박사학위 논문) 등
저서 : 大學敎養漢文, 중국문학개설, 중국문학입문, 譯註 《詩品》 등

쉽게 풀어 설명한

中國文學 48題

1판 1쇄 발행 _ 2012년 11월 30일
1판 2쇄 발행 _ 2019년 1월 30일

저　　자 • 이 철 리
발 행 인 • 정 현 걸
발　　행 • 신 아 사
인　　쇄 • 대명프린팅
출판등록 • 1956년 1월 5일 (제9-52호)
주　　소 • 서울특별시 은평구 통일로 59길 4 (2F)
전　　화 • 02)382-6411 · 팩스 02)382-6401
홈페이지 • www.shinasa.co.kr
E-MAIL • shinasa@daum.net

ISBN 978-89-8396-785-5(93720)

정가 *13,000*원